욥, 까닭을 묻다

이해할 수 없는 현실에서 만난 하나님

욥, 까닭을 묻다

지은이 | 김기현
초판 발행 | 2022. 2. 23
5쇄 발행 | 2023. 11. 21
등록번호 | 제1988-000080호
등록된 곳 | 서울특별시 용산구 서빙고로 65길 38
발행처 | 사단법인 두란노서원
영업부 | 2078-3352 FAX | 080-749-3705
출판부 | 2078-3331

책값은 뒤표지에 있습니다.
ISBN 978-89-531-4166-7 03230

독자의 의견을 기다립니다.
tpress@duranno.com www.duranno.com
*본문에 인용된 성경은 표기가 없는 한 새번역임을 밝힙니다.

이해할 수 없는
현실에서 만난 하나님

욥, 까닭을 묻다

김기현 지음

두란노

차례

인생은 고통이다. 산다는 것은 고난받는다는 말과 같다. 누구도
예외가 없다. 하나님의 아들이신 예수 그리스도도 십자가를 통
과하지 않으면 안 되었으니, 뉘라서 고난 없는 삶을 상상하랴.
해서, 고난 없는 인생 없다. 삶이 있는 곳에는 고난이 있다. 사
는 내내 고난은 그림자처럼 나와 동행한다. 하여, 욥기는 내 고
난의 동반자다.

　게다가 팬데믹으로 우리의 고난은 중첩되었다. 이전에는 사람
의 수만큼 다양한 고난의 이유가 있었다면, 지금은 모든 사람이
서로 다른 이유로, 그리고 같은 이유로 고통을 겪는다. 모든 사
람이 고난을 받는다는 점에서 하나라지만, 코로나19로 인해 전
인류는 고통에 관한 한, 한 가족이 되었다. 우리 모두에게는 욥
기가 필요하다.

　욥기는 우리의 고난을 해석해 준다. 놀랍게도 욥기는 팬데믹
에 대한 시각을 갖게 해 준다. 인수 공통 감염병인 코로나는 인
간이 인간의 한계를 넘어서, 그리고 자연의 경계를 넘어서 타자
의 영역에 난입한 결과, 야생동물 사이에 머물던 바이러스가 인

간의 생명과 사회를 위협하는 지경에 이른 것이다.

폭풍 속에서 들려온 하나님의 음성은 시종일관 경계를 지킬 것을 명령한다. 우리는 폭풍보다 더 거센 욕망에 붙들려 창조자와 창조 세계를 악용했고, 그 결과 모두가 고통받고 있다. 창조자의 섭리와 질서에 순응하는 길이 살길이다. 욥기의 마지막이 희망이듯, 코로나19 이후의 우리는 새로운 희망을 말할 수 있으리라.

이 책은 욥기에 대한 정밀한 학문적 주석이 아니라 개인의 묵상이다. 정교한 논문이 아니라 자유로운 에세이다. 욥기 연구자들의 도움을 받아서 텍스트에 매인 자이고자 했고, 욥기의 저자이신 하나님이 주신 자유를 따라 텍스트 안의 드넓고 무궁한 행간 안에서 맘껏 상상하며 놀았다. 그래서 발칙한 상상도, 파격적인 주장도 종종 보게 될 것이다.

뿐만 아니라 문장은 거칠고 까칠하다. 날것 그대로의 단어와 문장을 의도적으로 구사했다. 이는 욥기 자체가 그렇기 때문이다. 7일 밤낮을 울어 준 친구들에게 입을 뗀 욥의 첫 말이 자신이 태어난 날을 저주하는 것이지 않았는가. 성경이 가는 대로 가고, 성경이 이끄는 대로 나아가는 나로서는 본문의 거친 결을 따라 덩달아 꺼칠꺼칠한 글을 쓰지 않을 수 없었다.

또한 너무나 고통스러운 현실 때문이다. 평상시는 점잖고 젠체해도 이유 모를 고난의 한복판에 내동댕이쳐지면 생각지도 않던 내 밑바닥 언어가 튀어나온다. 내 생경한 언어가 현실을 못 따라갈 정도다. 욥의 말도 많이 순화하고 걸러낸 것이리라. 부조리한 세상과 이해할 길 없는 하나님에 대해, 통곡하다가 찬양하고 순복하는 욥의 여정을 그저 따라갔을 뿐이다.

감사할 분들이 참 많다. 먼저, 욥기를 함께 읽고 나눈 로고스교회와 성도들의 묵상과 담임 목사에 대한 응원과 지원에 나는 빚진 자로 산다. 그리고 이 책이 나오기까지 수고해 준 두란노서원에 감사를 전한다. 무엇보다도 욥의 아내 같은 내 사랑하는 아내 이선숙, 나의 토론 상대이자 인문학자의 길을 걸어가는 아들 김희림, 새로운 도전에 나서는 딸 김서은에게 감사와 사랑을 전한다.

또한 욥을 뜯어고치려 들었던 세 친구처럼 내 글의 작은 먼지 하나도 기어이 찾아 고쳐 주고, 칠주 칠야를 울어 주던 친구처럼 독자가 읽기 좋은 글이 되도록 조언을 아끼지 않은 이들이 있다. 대전 함께꿈꾸는교회 김기현 목사님, 용인 전대중앙교회 김기형 목사님, 춘천 은혜더하는교회 최병유 목사님, 대구 참좋은교회 김정희 전도사님, 부산 수영로교회 최설미 집사님이다. 그들에게 감사를 전한다.

나는 이제 욥처럼 고백한다. 나 역시 욥처럼 고난에 대해 잘 알지 못하면서도 많은 말을 했음을 책을 쓰고서야 알았다. 말을 마칠 때가 되었다. 이제는 독자의 시간이다. 욥기는 욥 한 사람의 이야기가 아니라 우리 모두의 이야기다. 우리는 모두 또 한 명의 욥이고, 욥들이다. 부디 욥처럼 고난받고, 욥처럼 고난을 통과하고, 욥처럼 하나님을 다시 만나기를. 그리하여 욥의 결말처럼 행복하기를 바란다.

부산에서

김기현

1부

욥,
하늘 향해
탄식하다

01

욥은 누구이고,
누가 욥인가?

❖ 1:1-5 ❖

나는 대략 5년 정도 사망의 음침한 그림자가 드리운 골짜기를 통과했다. 내 딴에는 차마 견디기 어려워 지랄하고 발광을 떨었다. 지나고 나서 돌아보니 별일 아니었는데, 그때는 별일인 양 야단법석을 피웠다. 내가 한 짓이 우습다 못해 꼴사납게 보였다. 그러나 당시에는 날마다 죽느니 사느니 하며, 별소리를 다 지껄일 정도로 꽤나 심각했다.

무릇 사람이란, 아니 그때의 나란 놈은 샘물이 아니라 구정물이라는 것을 알았다. 샘물은 퍼내면 퍼낼수록 맑아진다. 반면 구정물은 겉보기에는 깨끗하고 고요하지만, 한번 흔들면, 아니 툭

욥, 까닭을 묻다

치기만 해도 가라앉았던 온갖 더럽고 역겨운 것들이 한꺼번에 올라온다. 그것이 나였다. 누군가가 어떤 사람인지 아는 최상의 방법 중 하나는 고난으로 흔들어 보는 것이다. 고난의 시간을 어떻게 지나는지 보면 그 사람이 다 드러난다. 감출 수 없다. 그동안 교양과 상식, 믿음과 체면으로 감추어지고 가려졌던 실상이 여지없이 까발려진다.

그나마 다행은 손에 잡히는 대로 하나님께 마구 내던지며 반항했다는 것이다. 세상만사 하나님 뜻 아닌 것이 없을진대, 하나님의 것이 아닌 게 없을진대, 그렇다면 다 하나님 것이니 하나님이 가져가시라며 던져 버려야 마땅하지 않겠는가. 기실 욥기 전편에 흐르는 욥의 강한 불만과 그 나름의 대답은, 고난에 관해 하나님 당신께 책임이 있으니 대답하시라는 거다. "당신이 잘못 만들었으니 당신이 책임지고 해결하란 말이오."

여하튼, 나는 하나님께 투정 부리는 정도가 아니라 할아버지 수염을 뜯어 버린 못된 손주 녀석과 다를 바 없이 했다. 사람들은, 고통이라는 잣대를 통하지 않고서는 그 전모를 알 수 없는 미궁이자 미로와 같다. 인간은 그저 고통받는 존재일 뿐이다.

내 고통의 프리즘으로 바라본 사람들은 하나같이 욥이었고 하박국이었다. 아무 잘못 없이, 설령 잘못이 있어도, 그렇게 가혹한 시련을 당할 하등의 이유가 없었다. 그들 각각의 사연은 달라도, 고통의 정도와 강도는 달라도, 그들 모두 분명 욥이다. 법 없

욥은 누구이고, 누가 욥인가?

이도, 주먹 없이도, 하나님 잘 믿고 성실하게 살면서도 남들보다 두세 배의 고난을 겪는 사람, 그가 내 곁의 욥이다.

___

이 시대 모든 욥의
대리자

욥은 누구인가? 저자는 욥이 어떤 인물인지, 즉 그의 신앙, 가족, 재산에 대해 일러 준다. 욥의 신앙은 종교적인 것과 윤리적인 것으로 분리되지 않는다. 진실한 신자는 타인에게 악을 행하지 않는다. 가식적으로 행동하는 것과는 거리가 멀다. 한두 번, 한두 사람은 속여도, 매번 모든 사람을 그리고 자신과 하나님까지 속일 수는 없다. 욥은 내적인 성품과 외적인 선행이 따로 놀지 않았다. 균열 없이 하나로 통합된 영성의 소유자였다.

그가 얼마나 철저했는지 보여 주는 대표적인 모습이, 자녀들의 생일잔치 뒷날 한 행동이다. 행여 놀다가 즐거움에 취해서 부지불식중 하나님 보시기에 불경한 말이나 심한 농지거리라도 하지 않았을까 그는 노심초사한다. 우리말 성경 번역본들은 하나같이 '아이들이 하나님을 저주했을까 봐 걱정했다'(1:5)고 되어 있지만, 히브리어 본문은 '찬양'으로 표현했다. 감히 하나님께 경박하고도 무엄한 단어 '저주'를 사용할 수 없어서 에둘러 표현한 단어가 '찬양'이다.

하여간에 그는 자녀들을 정결케 하려고 자녀들 숫자만큼 번제를 드렸다. 나는 여기서 진실한 신자들의 내면을 묵상한다. 제아무리 하나님 앞에서 경건한 삶을 살아도 하나님의 시선을 피할 수 없고, 온통 까발려진 우리 내면은 순도 100%의 신심이 아니기 때문이다. 그런 죄책과 불안은 신앙이 깊을수록 비례하는 듯하다. 하지만 본문은 그의 내적 불안에 초점을 두지 않는다. 이 구절은 그가 얼마나 코람 데오(Coram Deo)의 자세로 살았는지를 보여 주는 하나의 예증이라는 점을 간과해서는 안 된다.

욥은 신앙만 좋은 게 아니다. 풍성한 은혜를 누리는 그는 경제적으로도 아주 풍요롭다. 동방, 즉 이스라엘의 요단강 동편 일대에서 가장 부유한 사람이다. 부를 가늠케 하는 것은 축산인데, 욥은 한 개인이 축적할 수 있는 최대치를 가졌던 것으로 보인다. 자신이 성실히 노동하고 관리할 수 있는 범위 안에서 최대의 부를 일군 사람이니까, 오늘날로 치면 꽤나 견실하고 규모 있는 중견기업의 사장 정도로 보면 어떨까.

그렇지만 그가 얼마나 부자인지를 말하기보다는 그것이 신앙과 연결되어 있다는 점을 강조해야 한다. 욥은 하나님 앞에서 경건한 사람이었고 그 경건에 합당한 부를 누린다. 때문에 사탄은,

복의 산물을 제거해 보면 그의 경건이 참인지 아닌지 단박에 알 수 있을 거라고 제안한다(1:9-11). 이 스토리는 잃었던 재산을 복원하는 것으로 종지부를 찍는다. 성경에 나오는 신앙과 부의 상관관계는 천편일률적이지 않다. 때로 부는 하나님이 주신 복이기도 하고, 하나님으로부터 멀어지게 하는 유혹이기도 하다. 욥기에서는 당연히 전자다.

신앙 좋고 돈 많은 것만으로도 더 부러울 게 없는데, 욥기는 이후의 반전과 충격을 증폭시키기 위해서인지 욥을 온전한 사람으로 계속 묘사한다. 둘도 없는 부자요 독실한 신자인 데다 가족도 화목하다. 부부 사이가 좋고 부모와 자녀 관계가 원만해도, 자녀들끼리 화기애애하기는 어렵다. 헌데, 이 아이들은 자신의 생일이면 형제자매를 초청해서 즐거운 시간을 보낸다. 어느 집 아이들처럼 툭탁거리며 싸우지도 않았겠냐마는, 재산 분쟁은 언감생심 생각도 안 하고, 형제나 자매에게 일이라도 생기면 하나 되어 위로하고, 기꺼운 마음으로 축복해 주는 사이좋은 남매들이다.

여기에 무엇을 더할 수 있을까. 아, 건강이 있다. 2장에서 욥이 건강을 빼앗긴 것으로 보면 그는 건강한 사람이었고 아내에게도 다정다감했다. 이런 그의 이력은 욥을 매우 특별한 사람, 나 같은 놈은 근처에 얼쩡거릴 수도 없는 고매한 인물로 인식하게 만든다. 그리하여 욥의 이야기는 그의 이야기, 그때의 이야기로 축소된다. 그런 식이라면, 나의 이야기, 지금의 이야기일 수 없다.

그러나 욥은 모든 욥 중 한 욥, 모든 욥의 대표자요 대리자이다. 제임스 조이스(James Joyce)는 "한 사람의 이야기는 모든 인류의 이야기이다"라고 말했다. 영화 〈쉰들러 리스트〉에 나오는 '한 사람을 구출한 것이 전 세계의 구원'이라는 대사까지 덧대면, 욥기는 욥의 이야기로 끝나지 않는다. 어떤 말씀이 나를 위한 이야기가 아니랴마는, 마음 상한 자의 동반자는 단연 욥기다.

좀 더 나아가면, 그는 신명기적 신앙에 철두철미한 사람이다. 신명기적 신앙이라 함은, 신명기 28장을 떠올리면 된다. 축복장이라고 알려진 그 본문은 신앙과 축복을 아주 단순한 공식으로 그려 낸다. '순종은 축복, 불순종은 징계.' 하나님의 축복을 바라는 이는, 하나님의 가르침을 따라 교회에서는 온 힘 다해 섬기고, 사회에서는 손해를 감수하면서도 정직하게 생활하고, 가족끼리는 서로를 챙겨 주면서 오붓한 행복을 누린다.

그런데 아무리 들여다봐도 불순종한 게 그리 많지 않은데도 고난이 연달아 터지는 이들이 있고, 하나님께 순복하는 삶이 없는데도 걸리적거리는 것 없이 형통하고 무난하게 사는 사람들이 있다. 머리 숙여 기도하려 해도 번성하는 악인들 때문에 기도가 나오지 않고, 성경을 읽을 때마다 현실과는 너무 달라서 고개를 도리질하는 이가 있다면, 그가 바로 이 시대의 욥이다.

욥은 우리 모두의 고난을 대표하는 인물이고, 대리적 고난을 겪는 하나님의 사람이다. 그의 고난으로 우리의 고난을 읽을 수

욥은 누구이고, 누가 욥인가?

있고, 그의 고난은 나의 고난을 해명하는 기준점이다. '이런 사람
도 고난을 받는구나, 이런 사람도 피할 수 없구나, 이런 사람도
고난 앞에서는 하나님께 대들고 따지는구나…'라는 생각이 든다.
하여, 이 사람이 받는 고난의 충격은 극대화된다. 신앙 좋고 돈
많고 인품 훌륭하고, 뭐 하나 부족한 것 없어서 고난이 없을 것 같
은 사람이기에 우리 모두의 고난으로 읽히는 것이다.

　그렇다고 욥의 명백한 실체를 도외시하면 안 된다. 그저 나만
의 이야기로 읽고자 작심하고 의도적으로 읽는 것은 욥에 대한
또 하나의 폭력이 아닐까. 나 아닌 너, 또는 그/그녀를 있는 그대
로 존중하고 인정하는 것이, 아무 까닭 없이 하나님을 믿는 이들
의 모습이어야 하지 않겠는가.

예수 이전의
예수였던 이

구약 학자들에 의하면 욥은 족장 시대의 인물이거나 왕정 시대
또는 바벨론 포로기의 어느 한 사람이라고 한다. 욥기에 쓰인 언
어와 문화 등을 살펴보면 그 각각 나름의 논리가 탄탄하다. 이삭

이나 야곱과 거의 동시대의 인물 이야기를 후대에 정리하고, 포로기에 완성한 것인지도 모른다. 즉, 모든 시대에 각기 다른 욥이 있다는 말이다. 슬픈 진실이다.

한 가지 흥미로운 것은 욥이 정통 이스라엘 사람이 아닐 가능성이 크다는 점이다. 그가 나고 자란 우스는 야곱의 형 에서의 족보에 등장한다(창 36:28). 예레미야서에서도 에돔이나 모압 지역의 지명(렘 25:20)으로 나오고, 예레미야애가는 에돔의 딸이 우스 땅에 산다고 말한다(애 4:21). 그러니까 욥은 에돔 사람, 에서의 후손일 가능성이 높다. 물론 단정할 수도 없고, 그것이 욥기 해석에 큰 영향을 미치지는 않는다.

그러나, 그랬기에 그가 다른 누구보다도 하나님에 대한 틀에 박힌 공식에 이의 제기를 할 수 있었는지 모른다. 그 역시 야웨 신앙의 울타리 안에서 살았겠지만, 남들이 정답이라고 가르쳐 준 것을 무조건 수용하지 않았는지도 모른다. 물론, 모든 울타리가 걷히고 발가벗겨진 채로 내동댕이쳐지는 운명을 맞이했지만 말이다. 그런 사람이었기에 하나님을 내 방식으로 재단하지도 않았고, 내 틀에 집어넣지도 않았던 것이다. 한마디로 변두리 신앙인이었던 것이다.

그것은 그의 이름에도 반영된다. 욥은 '적', '원수' 또는 '인내하다', '회개하고 돌아서다'라는 히브리어 어근에서 유래한 이름이다. 그는 만인의 원수, 미움받는 사람이 될 것이었다. 모두가 그에게서 돌아설 것이었다. 하나님마저 그를 등지고 떠나신 것처럼 보일 것이었다.

어느 학자는 '나의 아버지는 어디 계신가?'라는 말의 단축어가 욥이라는 견해를 제시한다.[1] 그렇다면 사랑했던 하나님과 가족, 친구와 이웃에게 공공의 적이 되어 버린 그의 절규가 이름에 고스란히 반영되어 있다. 이제 그는 욥기 전체에 걸쳐서 하나님을 향해 당신은 어디에 계시느냐고, 지금 뭐 하고 계시느냐고 항의하게 될 것이다. 만약 우리가 이 견해를 따라 욥의 이름을 부른다면, 수천 년 후 십자가에 달리신 예수의 외침을 미리 듣는 것이다. 그러니까 예수는 또 하나의 욥이고, 욥은 예수 이전의 예수다.

_____

욥이면서
욥의 친구인 우리

나는 질문을 바꾸고자 한다. 누가 욥인가? '욥은 누구인가'보다 '누가 욥인가'를 묻는 것이 성경을 더 잘 읽게 한다. 욥기가 우리 모두와 바로 나의 이야기, 나를 위한 이야기임을 알게 되니까 말이다. 어느 시대에나 욥은 있다. 지금도 무고히 고난받는 욥은 생

욥, 까닭을 묻다

겨나고 있고, 앞으로도 무수히 생겨날 것이다. 나는 욥이고, 욥은 나다.

욥기가 없다면, 내 고난의 이야기를 해석하고 규명할 도리가 없다. 욥기가 없다면, 내 고난의 이야기가 다다를 종말을 결코 알지 못한다. 비록 욥에 비해 덜 경건하고 덜 가정적이고 몹시 가난한 나지만, 욥을 통해 고난을 통과하는 길을 얼추 가늠할 수 있다. 그러므로 내가 욥처럼 고난받을 수밖에 없다면, 욥처럼 고난을 통과해야 하리라. 욥은 나다! 내가 욥이다!

아, 여기서 글을 마치면 좋으련만, '우리는 모두 욥'이라는 나의 읽기에 한 가지를 더 보충하지 않으면 안 된다. 이 둘은 보완 관계이면서 상반된 진실이다. 둘이 서로 모순되지만 둘 다 진실인 '역설'인 것이다. 예수 그리스도가 참된 하나님이시자 참된 인간이라는 신앙 고백은 역설이요 신비다. 인간이면 하나님이 아니고, 하나님이시라면 인간일 리 없다. 그러나 예수 안에서는 둘 다 진실이다. 마찬가지로 '우리는 욥'이라는 문장과 '우리는 욥의 세 친구'라는 문장은 외관상 모순이다. 그러나 조금만 깊이 들어가면, 역설적 진리다. 둘 다 진실이다.

우리는 언제나 욥처럼 살지 않는다. 그렇다고 욥의 세 친구처럼 사는 것도 아니다. 인간의 다면성으로 인해, 내 안에는 욥뿐만 아니라 욥의 친구들도 떡하니 자리 잡고 있다. 영적으로 도덕적으로 의로운 사람을 뒷담화하고 고자질하는 사람이 누굴까? 이에 대한 나의 대답도 마찬가지다. 바로 나다. 참소하는 자가 나요, 벗인데도 적이 되는 자가 바로 나다.

앞으로 욥기를 읽으면서, 나 자신을 욥의 자리에 두는 동시에 고집스럽게 욥을 정죄하는 세 친구의 자리에도 두어야 한다. 성경에서 보듯, 욥은 적고 적은 많다. 욥처럼 행동할 때보다 친구들처럼 살 때가 부지기수다. 그러니 우리는 욥기를 읽으면서 무시로 되뇌어야 한다. "나는 욥이다." 그리고 "나는 욥의 세 친구다."

그리고 "옛날 옛적 욥이라는 한 사람이 살고 있었다"로 시작되는 욥기가 나의 이야기라는 것, 사망의 음침한 골짜기를 통과하는 모든 이의 이야기라는 것을 기억하자. 이 골짜기를 서둘러 빠져나갈 생각 말고, 42장까지 이르는 짙은 계곡을 통과해서 "욥은 행복하게 살았더라"라는 결말이 마침내 나와 당신의 이야기가 되기를 바란다.

나눔과 질문

1. 욥에게서 나의 모습이 보인다면 어떤 모습인가? 왜 그런가?

2. 당신은 욥인가, 욥의 세 친구인가? 그들과 나의 공통점은 무엇인가?

02

사탄,
그들과 함께 서 있는 우리

✦ 1:6-12 ✦

욥기를 읽을 때마다 이해하기 어려운 점이 한둘이 아니었다. 특히 욥이 하나님의 대답을 듣고 너무 쉽게 굴복한다는 인상을 받은 마지막 대목이 가장 힘들었다. 막판에 등장한 구원 투수 엘리후와의 불꽃 튀기는 설전 후에 등장한 하나님의 대답은, 그 이전의 논쟁에 비해 논리의 밀도도 떨어지고 설득력도 희박했다. 그런데도 욥은 뒤로 물러섰다. 왜 그랬을까? 그 대목을 이해하는 것이 욥기 해석의 관건이요 관전 포인트이리라.

다음으로 이해하기 어려운 것은 사탄의 존재였다. 우리가 통상적으로 알고 있는 사탄과 욥기의 사탄은 달라도 너무 달랐다.

신약 성경의 사탄은 광야에서 예수님과 극적인 대결을 펼쳤고, 예수님의 말씀으로 마치 번개가 땅으로 내리꽂히듯 하늘에서 떨어졌다. 그러니까 예수와 사탄은 철저히 적대 관계다. 예수는 사탄을 완벽히 제압했고 사탄은 극렬히 저항했다.

반면 욥기에서 사탄은 하나님의 어전회의의 일원이다. 일단 사이가 좋아 보인다. 하나님과 사탄 사이에 살갑지는 않아도 일상적인 의사소통이 이루어진다. 하나님이 묻고 사탄은 대답한다. 질문이 급기야 논쟁으로 번지기는 했지만, 그렇다고 원수지간은 아니다.

그리고 사탄은 하나님의 일꾼이다. 하나님은 사탄에게 "어디를 갔다가 오는 길이냐?"(1:7)라고 물으신다. 다 알면서 물으신다. 그에게 맡기신 일이 있다. 그러기에 그도 하나님의 회의에 일원으로 참석하고 있다. 사탄은 오늘날 감찰관의 역할이다. 법정으로 치면 검사다. 하나님이 창조하신 세계 내에서 하나님의 뜻에 부합하지 않는, 창조 질서를 위배하고 뒤집는 이들을 찾아내 하나님께 고소하는 임무를 맡고 있다. 그러니까 사탄도 하나님의 일을 하는 종이다. 욥을 향해 정답게 "내 종"이라고 할 때의 그 '종'에 당연히 사탄도 포함된다. 아니, 사탄이 하나님의 종이라고?

결론을 미리 말한다면, 이 사탄의 존재와 역할, 그리고 한계를 아는 것은 욥기 전체를 관통하는 주제를 꿰는 것과 다르지 않다. 여기에 막히면 욥기 독해가 걸린다. 내 목에도 콱 걸렸었다. 잘 안 넘어갔다. 외려 내가 넘어졌다. 그런데 그 사탄이 3장부터는 온데간데없이 사라진다. 어디로 간 걸까? 나는 그 자리를 욥의 세 친구가 차지했다고 본다. 사탄이 하나님의 일꾼으로서 욥을 고소했듯이, 세 친구는 끊임없이 욥을 고발한다.

죽음과
부활의 역설

내가 이런 생각을 하게 된 계기는, 격월로 발행하는 《매일성경》(성서유니온)의 욥기 해석을 맡으면서였다. 34-42장을 맡았었는데, 베헤못과 리워야단이 등장하는 40-41장이 가장 힘들었다. 리워야단은 욥이 자신의 생일을 저주하는 3장에서 잠시 언급된 후, 본격적으로 나타난다.

리워야단은 토마스 홉스(Thomas Hobbes)의 《리바이어던》에 나오듯이 구약 성경 전체에서 강대국, 잔혹한 제국, 하나님을 대적하고 약소국을 짓밟은 국가를 가리킨다. 그런데 이 못된 것을 하나님은 자신이 창조하셨다고, 그것도 고통에 신음하는 욥에게 아주 당당하고 거침없이 말씀하신다. 안 그래도 죽겠는데, 죽으라는 말이 아니고 무엇이랴.

더 가관인 것은, 이 리워야단이 하나님께는 재롱떠는 강아지나 아이들이 갖고 노는 장난감처럼 묘사된다는 것이다. 하나님은 전능한 창조주이시니 그런 놈이 대수롭지 않고 귀여운 인형처럼 보일지 몰라도, 악하고 강한 놈에게 당하는 민초의 처지에서 보면 기가 막힌다. 그래서 어쩌라고? 우리는 작은 고통에도 죽을 것 같다. 숨이 잘 안 쉬어진다. 그런데도 하나님은 저리 즐거우신 걸까? 속이 부글부글 끓었다. 그런데도 어째서 욥은 입을 다물고 하나님이 옳다고 얼른 꼬리를 내린 걸까?

그것이 내게 쉬 납득되지 않았던 것은 악의 문제를 가볍게 대한다는 인상 때문이다. 기독교 신앙에서 고통은 중대한 문제다. C. S. 루이스(Clive Staples Lewis)가 《고통의 문제》(홍성사)에서 말했듯이, 기독교는 고통을 해결하는 종교라기보다 고통의 문제를 야기하는 종교다. 유일신론인 기독교로서는 악의 존재와 기원을 설명하는 일이 실로 난감하기 때문이다.

무신론은 신이 없으니 악과 고난을 신과 결부시킬 필요가 없다. 다신론은 신이 하도 많아서 그 이름을 다 알 수 없을 정도다. 여러 신 중 아무 신에게, 만만한 신 하나에게 책임을 떠넘기면 그만이다. 마니교나 조로아스터교와 같이 선한 신과 악한 신의 대결로 보는 이원론적 시스템에서는, 다신론과 마찬가지로 악한 신으로부터 악과 고통이 유래했다고 말하면 깔끔하다.

그런데 기독교는 하나님만이 유일하고도 참된 신이시고, 천지를 창조하셨으며, 그분이 짓지 아니한 것이 하나도 없다고 믿는다. 그렇다면 악이란 어디서 오는 걸까? 하나님이 만드시지 않은 것이 있다면, 그분은 전능하지도 않고 완전한 창조주도 아닐 테다. 악을 하나님이 만드셨다면, 하나님은 선하지도 않고 무력한 창조주일 테다. 어느 쪽도 선택하기 어려운 진퇴양난이요 딜레마 중 딜레마다.

고전적인 답변 중 하나가 성 아우구스티누스(Aurelius Augustinus)의 이론이다. 그는 《고백록》에서 '악은 선의 결여'라는 이론을 서구 기독교 사상사에 제시했다.[2] 그 요체를 간단히 말하면 이렇다. 등불이나 전구, 형광등을 켜 보라. 그러면 방 안이 환해진다. 그러나 빛이 구석구석 골고루 미치지 않는다. 어느 한구석은 어두운 곳이 있기 마련이다. 그러니까 빛이 모자라거나 적은 상태가 어둠이듯, 악은 선의 결핍이거나 결여다. 즉, 악은 선이 모자란 상태다.

나는 이러한 이해에 오랫동안 저항해 왔다. 말도 안 된다고 생각했다. 왜냐하면 악은 선의 결여가 아니라 선의 대적이기 때문이다. 십자가를 보라. 선의 부족이 아니라 악이 적극적으로 선의 본체이신 분을, 시쳇말로 결딴낸 것이 아닌가. 20세기의 일대 사건들을 회상해 보라. 서구의 아우슈비츠 등 수많은 참사를 떠올리면, 그것은 악인의 자발적이고 즐거운 선택이었다. 그렇게 죽어 간 사람들은 십자가의 예수처럼 잔혹한 죽음을 맞았다. 그러니 성 아우구스티누스의 이해를 도무지 받아들이기 어려웠다.

나는 여전히 그의 생각에 반대한다. 그러나 그 의도는 수용하게 되었다. 악을 적극적인 실재가 아니라 그저 선에 기생하는 어떤 것으로 설명한 논리 체계의 이면이랄까. 아우구스티누스의 그 마음을 내 나름으로 읽은 것이다. 간단하다. 선에 비하면 악은 결국 아무것도 아니다. 선은 결국 승리한다는 말이다. 악이 기승을 부리고 악인이 아무리 승승장구해도 끝이 있기 마련이다.

아우구스티누스는 그걸 말하고 싶었던 게 아닐까? 우리 눈에 악이 아무리 크고 도저히 끝나지 않을 것처럼 보여도, 하나님 앞에서는 지극히 작고 언젠가 끝장날 것이라는 확신과 바람 아니었을까? 그가 그렇게 말하지 않았다 하더라도 나는 그렇게 믿는다. 그것이 기독교 신앙이니까. 그렇지 않으면 도무지 살 희망이 없으니까.

악이 제 딴에는 날고뛰어도 그것을 선으로 바꾸시는 하나님의 노련한 전략을 당할 재간은 없다. 그 대표적인 사례가 십자가다. 사탄은 '하나님의 아들 예수를 죽이면 그가 만든 이 세상은 우리 차지가 될 거야'라고 생각했다. 마태복음에 기록된 예수의 비유에 등장한 주인이 보낸 종과 아들을 죽인 소작농들처럼. 그러나 하나님은 종들을 보내서서 그 모두를 심판하시고 다른 이들에게 위임하신다.

성경 밖의 이야기에도 좋은 예가 있다. C. S. 루이스의 《나니아 연대기: 사자와 마녀와 옷장》에 나오는 아슬란의 죽음과 부활이다. 마녀는 이겼다고 믿었던, 이기는 방식이라고 생각한 그것이 도리어 그녀가 패배하는 결정적 계기가 되었다. 이럴 때 사용하는 단어가 '아이러니'이고 '역설'일 게다.

내 안에 있는
사탄

욥을 두고 벌이는 하나님과 사탄의 내기, 그리고 대화에서 요체는 사탄의 존재가 아니다. 하나님이시다. 하나님이 사탄을 통제하시고 그분의 통치 아래 두고 계신다는 사실이다. 사탄이 제 잘난 지혜로 악한 짓을 벌여도 종말론적인 큰 그림으로 보면 모든 것이 합력하여 선을 이룬다. 그래, 그렇다. 고난이 내 삶을 파괴하는 듯 보여도 모든 것이 하나님의 손안에 있다. 하나님이 나를 극진히 사랑하셔서 자기 아들도 아끼지 아니하시는 분이라면, 고난을 통해서 그분의 일을 하실 것이라는 아픈 진실에 닿는다.

학자들은 성경 역사와 교회사에서 사탄이라는 존재는 하나님의 일꾼이었다가 차츰 하나님의 원수로 발전해 나간다고 한결같이 말한다. 그런데도 최종적으로는 하나님의 통제와 통치 하에 있다는 사실은 변하지 않는다. 바로 이 점 때문에 고난은 신앙의 걸림돌이지만, 이것을 받아들인다면 놀라운 도약을 이루게 하는 디딤돌이다. 논리로 파악할 것이 아니라, 블레즈 파스칼(Blaise Pascal)이 말한 바, 가슴으로 마음으로 깨쳐야 할 진리요 신비다.

이것은 엄연한 현실이다. 한번 생각해 보자. 나는 욥인가? 나는 그렇다고 말했다. 아무 이유도 없이 고난받은 내 삶을 돌아보건대 나는 정녕 욥이다. 그러나 내 내면과 본성을 홀로 깊이 오래 들여다보면, 누군가에게 내가 사탄의 역할을 충실히 하고 있다는 역겨운 진실을 대면한다. 아, 이럴 때는 욕이라도 실컷 하고 싶다.

나는 누군가에게 욥이지만, 동시에 누군가에게 사탄이다. 다른 책에서 썼듯이, 내 속에는 가룟 유다가 있다.[3] 더 적극적으로 말하면 나는 가룟 유다다. 돈 때문이라면, 아니 다른 이유에서라도 그토록 따랐던 스승을, 사랑했던 친구를 얼마든지 배신할 사람이 바로 내가 아닌가. 내 속에 유다가 있다. 아니, 내가 가룟 유다다.

바로 이런 불편한 진실 때문에 일레인 페이걸스(Elaine Pagels)는 다음과 같이 말한다. "사탄은 이질적이고 낯선 원수가 아니다. 이와는 반대로 그는 친밀한 원수다."[4] 하나님의 궁전에서 하나님과 함께 하나님을 위해 일하던 사탄이 종내는 하나님을 죽이려는 모의에 가담하는 반역자가 되었다. 그것이 어디 사탄뿐이겠는가. 내 이야기가 아니겠는가.

자끄 엘륄(Jacques Ellul)은 우리가 언제 어디서라도 누군가를 비난하고 그 비난을 통해 누군가의 사이를 갈라놓는 일을 한다면, 바로 그곳에 사탄이 있다고 말한다. "한 사람이 다른 사람을 비난하면 그는 (이 경우에는 보통명사가 된) 사탄에게 속한 것입니다."[5] 우리가 까닭 없이 누군가를 그냥 싫다는 이유로, 아니 속내를 감추고 어떤 한 사람을 물고 뜯으면, 그 순간 나는 영어로 대문자 '사탄(Satan)'은 아니지만 소문자 '사탄(satan)'이 된다는 말이다.

불편하고
불안한 진실

내가 사탄 또는 욥의 세 친구라는 말을 기분 나쁘게 들을 필요는 없다. 욥기 독법에 유익하기 때문이다. 욥기를 읽으면 나 자신을 때로 욥의 자리에 둬야 하지만, 반대로 세 친구와 동일시하며 읽을 필요가 있는 것이다. 그 반대도 마찬가지다. 그럴 때 욥기가 풍성하고도 생생한 하나님의 이야기, 나의 이야기가 된다. 내가 욥인 경우도 있지만, 누군가의 삶의 이야기에는 사탄 캐릭터로 등장하지 않겠는가?

요한 볼프강 폰 괴테(Johann Wolfgang von Goethe)의《파우스트》첫 장면은 하나님과 사탄이 대화를 나누는 욥기 장면을 모티브로 삼았다. 그곳에서 하나님은 늙고 교활한 메피스토펠레스에게 말한다. "나는 너희 같은 무리들을 미워한 적이 없느니."[6] 하나님은 악마를 미워하지 않으신다. 미움받는다고 착각한 것은 악마 자신이었고, 그리 생각했기에 하나님께도 무엄하게 대하고 사람을 자신과 똑같이 만들고 싶어 안달하는 것이다.

나는 욥기가 무척 어려워 이해하기도 쉽지 않을 뿐더러, 그 속에 담긴 진실이 너무나 불편하고 불안하다. 하나님이 사탄을 사용하신다는 것, 그리고 내가 또 하나의 사탄이 될 수도 있다는 이 불온한 진리가 아프다. 사탄이 내가 속한 공동체의 그 누구라는 것, 그것이 바로 나일 수 있다는 사실이 화가 난다. 나는 내가 하박국이고 욥인 줄로 알고 살았다. 내 고난의 연대기를 통과할 당시에는, 그리고《하박국, 고통을 노래하다》(복있는사람)를 쓸 때는 내가 무고히 고난받는 쓸쓸한 욥이라는 인식만 가득했다. 고통 가운데서 하나님의 정의로운 심판과 자비로운 구원을 부르짖는 하박국인 줄 알았다.

그 후 몇 년이 지나면서 돌아보니, 나를 힘들게 했던 그들도 욥이고 하박국이라는 사실이 서서히 깨달아지기 시작했다. 내가 성숙한 걸까. 인정하기 힘든 깨달음이지만, 보이는 걸 어쩌나. 욥기는 도통 이해하기 어려운 책이라고 그랬다. 아니다. 더 정확히 말하면, 욥기는 살아 내기에 너무 아픈 성경이다. 욥기 42장까지 가려면 너무 멀다.

나눔과 질문

1. 사탄의 등장과 사라짐, 그 후 세 친구의 등장은 어떤 연관성이 있는가?

2. 고난이 걸림돌에서 디딤돌이 될 수 있다는 생각의 전환은 어디에서 일어나는가? 왜 그렇게 생각하는가?

03

어찌 까닭 없이
믿으리까?

✦ 1:9-12 ✦

일본인 작가 마쓰미 토요토미가 쓴 책 중 사랑의 진실에 관해 다
룬 탁월한 책이 있다. 《참 사랑은 그 어디에》로 번역된 소책자인
데, 본래 제목은 '세 가지 사랑(3 Kinds of Love)'이다.[7] 첫 번째 사랑
은 '만약에(If) 사랑'이다. 내게 무언가를 해 준다면 사랑할 것이라
는 이기적인 사랑이다. 다음은 '때문에(Because) 사랑'이다. 그 사
람의 어떤 됨됨이나 행동 때문에 사랑하고 사랑받는다는 사랑이
다. 이 경우 사랑의 조건이 깨지면 사랑도 사라지고 만다. 토요
토미에 의하면, 참 사랑은 '불구하고(In spite of) 사랑'이다. 상대
가 내게 무엇을 했든, 그가 어떤 모습이든, 그럼에도 불구하고 사

랑하는 것, 사랑하기를 포기하지 않는 사랑이다.

이 작은 책을 읽으며 '나는 이런 사랑을 할 수 있을까? 이런 사랑을 받고 싶다'는 생각을 했다. 하나님과 사탄의 대화 중에서 사탄이 했던 "욥이 어찌 까닭 없이 하나님을 경외하리이까?(1:9, 개역개정)"라는 말을 보면서 나는 이 세 가지 사랑이 퍼뜩 떠올랐다. 그러니까 사탄은 '너는 어떤 사랑으로 하나님을 사랑하는가?'를 묻는 것이다. 역으로 하나님은 나를 어떤 사랑으로 사랑하시는지 아느냐고 묻는다.

물론, 사탄의 저 말은 믿음에 관한 것이다. 나는 어떤 믿음으로 하나님을 믿는가? 하나님이 내게 무언가 해 주실 것이라는 가정에 근거해서인가, 이미 해 주신 무언가에 근거해서인가, 아니면 그냥 하나님이 좋아서인가? 어느 복음성가 가사처럼 '예수님이 좋은 걸 어떡합니까'인가? 나는 왜 하나님을 믿는가?

'고난'이라는

시험지

여기서 우리는 욥기의 근본 주제가 무엇인지를 한번 따져 볼 필요가 있다. 나는 욥기는 '고통에 관한 책'이라고 알고 있었다. 무고한 한 사람이 자신의 고난 속에서 왜 고난이 있는지, 그 고난이 언제까지 지속될 것인지를 놓고 하나님과 분투하는 이야기로 알았다. 내 고난을 욥을 통해 해석하고 싶었고, 욥은 내 고난의 모범이었다.

그러나 욥기의 주제는 '까닭 없이 믿을 수 있느냐'이다. 어떤 가정이나 조건, 보상 없이도 한번 믿기로 한 하나님을 변함없이 신뢰할 수 있느냐는 말이다. 그 믿음의 신실성 여부를 테스트하는 리트머스 시험지가 다름 아닌 고난이었다. 고난의 수렁 속으로 깊이 떼밀어 보면, 그가 어떤 사람인지, 어떤 믿음을 가졌는지 단박에 안다. 사람의 바닥이 보인다. 고난의 한가운데 처박혀도 하나님의 선하심을 확신하고 인내할 수 있는지 드러난다.

그렇기에 사탄은 하나님이 욥에게 주었던 많은 조건, 즉 축복을 앗아가면 하나님을 욕할 것이라고 말한다. 사탄이 보기에 욥은 겉으로만 우아하고 고상한 척하는 성도다. 누리고 있는 온갖 축복을 걷어 내면 그도 여느 신자와 하등 다를 바 없는, 그렇고 그런 사람이다. 욥만큼 축복을 받으면 누구나 욥처럼 하나님을 잘 믿을 것이다. 그렇지 않겠는가. 뭐 하나 부러울 것 없이 하나님이 주신 분복을 누리는데도 하나님을 안 믿으면 배은망덕한 것이다. 사탄이 보기에도 말이다.

자기 수고와 공로도 있었겠지만 결국 그 모든 것이 하나님께로부터 내려온 선물이라는 것을 잘 아는 욥의 신앙이 좋지 않으면 되레 이상하다. 별 볼 일 없는 나라도, 욥 같은 복을 받으면 욥에 버금가는 신자가 되고도 남을 것이다. 이것이 사탄의 말이다. 그러니 축복을 받았건 말았건, 고난이 있건 없건, '그럼에도 불구하고' 하나님을 믿을 수 있느냐는 것이다. 사탄의 말을 빌린다면, 참 믿음은 모든 울타리를 한 번에 걷어 내도 변하지 않는다.

이런 점에서 욥은 프랑스 철학자 폴 리쾨르(Paul Ricoeur)가 말한 의심의 해석학자 세 사람과 닮았다. 바로 칼 마르크스(Karl Heinrich Marx), 지그문트 프로이트(Sigmund Freud), 프리드리히 니체(Friedrich Nietzsche)다.

마르크스는 신념은 그 사람의 경제적 수준과 지위에 따라 결정된다고 보았다. 프로이트는 무의식, 곧 성적인 것이 의식적인 선택을 좌우한다고 했다. 니체에 따르면, 권력 욕망, 즉 사물을 통제하고 장악하려는 의지가 종교는 물론이고 인간의 이성과 생활을 이해하는 요체다. 이들의 이론에 따른다면, 우리가 하나님을 믿는 것은 내 경제적인 필요를 채워 주시니까, 육체적 욕망을 충족할 수 있으니까, 타인과의 관계에서 내가 그를 지배하고 우위에 서는 데 유리하니까 믿는다는 것이다.

이 세 사람의 생각이 하나도 틀리지 않다는 것을 오늘의 기독교가 보여 주고 있지 않은가? 기독교가 부유해지고 사회에서 지배적인 위치에 올라서자 자신의 내적 욕망을 마구 분출하고 있다. 건물도 큼직하게 짓고, 돈도 펑펑 쓰고, 광장으로 뛰쳐나와 사회를 향해 이래라저래라 큰 소리로 외치고 있다. 만약 한국 기독교를 두고 하나님과 사탄이 내기한다면, 참담하게도 하나님이 백전백패하실 것이라는 불길한 예감이 든다.

그런 점에서 욥기는 관습적인 기독교인에게 치명적인 책이다. 나는 하나님의 법정에 서서 내 믿음을 심문하고서는 유죄 판결을 내린다. 사탄이 말했듯, 하나님이 넉넉하게 주시고 그것을 지켜 주시는 시스템이 바로 나의 신앙이었기 때문이다. 하나님은 사탄에 대해서 하실 말씀이 많은지 몰라도 나는 유구무언이다.

그러기에 니체는 "신은 죽었다"고 말한 것이다. 그따위로 믿는 신은 없다는 것이다. 그의 말을 곧이곧대로 들으면 하나님은 죽으셨다는 뜻이다. 그러나 그가 말한 신이 '어떤 신(which God)'인지, '누구의 신(whose God)'인지를 되물어야 한다. 사탄이 말한 하나님은 이미 죽었다. 아니, 그런 하나님은 애초에 없었다. 있다고 믿고 싶었고, 없으니까 만든 거다. 그런 것을 성경은 '우상'이라고 한다. 허상의 다른 이름이다.

욥, 까닭을 묻다

'그럼에도 불구하고'의
믿음

여기서 사족을 하나 달자. 사탄은 욥이 하나님을 믿는다는 것 자체는 부정하지 않았다. 욥이 나름 진실로 하나님을 믿는다는 것을 사탄도 쉽사리 부인하지 않는다. 하나님을 믿는 욥의 진정성을 인정한다. 욥의 경건을 높게 평가한다. 그러나 거기까지다. 그 이상도 그 이하도 아니다.

우리의 믿음을 이렇게 평가 절하하는 것이 바로 사탄의 말이다. 예수가 광야에서 받았던 유혹도 욥기와 다르지 않다. 사탄이 예수에게 했던 말을 반추해 보면, 그도 예수가 하나님의 아들이라는 것을 잘 알고 있다. 하나님의 아들인지 아닌지 시험해 보겠다는 것이 아니었다. 하나님의 아들이라면 당연히 이런 것을 할 수 있고, 그래야 하나님의 아들답지 않겠느냐고 한다. 바람에 날리는 돌가루로 쌀과 밀을 만들고, 화려한 성전 꼭대기에서 우아하게 땅으로 착지하고, 막강 군대를 동원해 역사에 다시없는 거대한 제국을 건설해야 하나님의 아들이라고 할 만 하지 않겠냐는 것이다. 그렇지 않고서야 어찌 하나님의 아들이라고 하겠느냐는 유혹인 셈이다.

그러니까 예수는 욥이다. 하나님의 아들이라는 정체성을 '만약(If)'과 '조건(Because)'에 기반을 두지 않았다. 욥처럼 말이다. 그는 집이나 소유물, 건강의 유무와 분량에 신앙의 뿌리를 내리지 않았다. 어떤 이들은 비아냥거릴 것이다. 이것이야말로 맹목적 신념이 아니고 무엇이냐고 말이다.

욥기는 물론이고 성경의 모든 언설을 소위 수직적인 하나님과의 관계에서만 보려고 해서는 안 된다. 하나님에 관한 말은 곧 사람에 관한 말이다. 즉 신학은 윤리학이라는 말이다. 교리는 윤리와 직결된다. 욥기에서 말하는 믿음, 곧 신실함은 하나님뿐만 아니라 나의 이웃, 곧 타자에 대한 윤리다.

나와 다른 이웃, 곧 나 자신을 포함해서 가족과 이웃에게 내 기대를 채우려고 하지 않는 것, 보상을 바라고 대하지 않는 것, 있는 그대로 인정하고 만나는 것. 그것이 욥기가 말하는 까닭 없는 믿음이고 위대한 로마서의 주제인 '하나님의 의'인 것이다. 하나님도 보상을 바라고 믿는데 하물며 하나님 아닌 사람에게랴.

그러니까 사탄은 하나님께 말한다. "하나님, 정말로 당신은 사람들이 당신을 진심으로 믿는다고 생각하시는 건 아니지요?" 하나님은 시험 사례로 욥을 지목하셨다. "욥을 봐라. 욥이 증인이다." 사탄은 우리에게 말을 건넨다. "너는 하나님을 진짜로, 진짜로 믿는 거 맞아? 솔직히 말해서 너 뭔가 이유가 있지?"

욥은 어떤 보상이나 대가도 없이 하나님을 하나님으로 믿는 것이 가능하다는 것을 증언한다. 욥의 말이다. "모태에서 빈손으로 태어났으니, 죽을 때에도 빈손으로 돌아갈 것입니다. 주신 분도 주님이시요, 가져가신 분도 주님이시니, 주님의 이름을 찬양할 뿐입니다"(1:21). 과연 나는 욥처럼 고백할 수 있는가?

우리가 욥처럼 말할 수 있느냐를 따져 묻기 전에 한 가지 전제된 것이 있다. 바로 하나님의 믿음이다. 그럼에도 불구하고 우리를 믿어 주시는 하나님의 믿음, 그럼에도 불구하고 우리를 소망하시는 하나님의 소망, 그럼에도 불구하고 우리를 사랑하시는 하나님의 사랑! 아무 까닭 없이 당신의 아들마저 십자가에 기꺼이 내어 주시는 사랑으로 사랑하신 하나님, 그 하나님이 있기에 하나님을 향한 까닭 없는 신실한 믿음이 가능한 것이다. 그러니까 하나님의 신실함이 욥의 신실함의 토대다. 단언컨대, 하나님의 의로움이 없이는 욥의 의로움도 없다.

나는 하나님이 얼마나 욥을 믿으셨는지 보면서 눈물이 났다. 나도 그렇게 믿어 주실 것이 아니냐는 말이다. 나도 그렇게 믿어 주실 텐데, 그러나 나는 욥이 아닌데…. 그러나 나는 욥기를 의지하여 최종적으로 말한다. "나를 '그럼에도 불구하고'의 믿음으로 믿어 주시는 하나님, 당신이 설령 내가 기대하고 예상했던 것과 달리 행하시더라도, 누가 뭐래도, 그럼에도 불구하고, 믿습니다. 아무 이유 없이 그냥 당신이 좋습니다!"

그러므로 우리의 욥기 읽기는, 그리고 우리의 매일의 삶은, 하나님과 사탄 중 누가 옳았는지를 증명하는 증거물이다. 만약 지금 천상에서 하나님과 사탄이 나를 두고 내기를 한다면, 하나님은 욥에게 했던 그대로 말씀하실까? 우리가 언젠가 하나님 앞에 설 때, 하나님과 사탄 중 누가 옳았는지 내 삶으로 말해야 하리라. 나의 소망이자 확신은 이것이다. "하나님은 반드시 승리하신다. 하나님은 나를 통해서도 반드시 승리하신다."

나눔과 질문

1. 사탄은 하나님을 향한 욥의 사랑을 어떻게 정의하는가? 하나님을 향한 당신의 사랑은 어떤 종류의 사랑인 것 같은가?

2. 내 기대와 다르게 행하시는 하나님을 경험한 적이 있는가? 그때 나의 반응은 어떠했는가?

04

대본 없는
인생

✦ 1:13-22, 2:1-8 ✦

성경은 본래 모호한 구석이 많다. 부피가 얇은데도 불구하고 내게 강력한 영감을 준 책이 하나 있다. 하버드대학의 구약학자였던 폴 D. 핸슨(Paul D. Hanson)이 쓴 《성서의 갈등 구조》다. 책의 주 내용은, 구약에는 제사장과 예언자라는 상호 대립되는 갈등 구조가 있었고, 그 대립과 긴장으로 인해 성서가 풍성해졌다는 것이다.[8] 우리 인생에도 대립과 갈등이 끊이지 않는다. 그래서 깔끔하게 재단되지 않고 까끌까끌하다. 이렇듯 우리 삶이 애매모호한데 성경이 어찌 매끌매끌할 수 있겠는가.

나는 성경 때문에 우리가 그런 건지, 아니면 우리가 그래서 성경이 그런 건지 모르겠다. 어쨌든 둘이 하도 닮아서 그렇다는 말을 하고 싶다. 삶은 애매하고, 그래서 선택지가 있다. 성경은 모호해서 다양성이 풍부하고, 우리가 개입할 소지가 다분하다. 불안해할 이들이 많을 것 같아 결론을 미리 말한다면, 성경은 이야기 속으로 우리를 초대한다. 여지가 많기 때문이다.

성경만 그런 것이 아니다. 인생도 그렇다. 인생은 모호할 뿐만 아니라 모르겠다. 인생은 참으로 알다가도 모르겠다. 아니 도통 모르겠다. 공자의 언어를 빌린다면, 참된 지식은 아는 것을 안다고 말하고, 모르는 것을 모른다고 말하는 것이다. 그렇다면 인생에 관해서는? 공자는 귀신에 관해 묻자, 사람 일도 모르겠는데 어찌 귀신을 알겠느냐며 퉁명스럽게 답했다. 그의 귀신에 관한 이해는 차치하자. 그가 말한 귀신과는 전혀 다르지만 인간사를 벗어난 초월적 존재를 사랑하고 그분의 덕에 힘입어 사는 나로서는, 그가 말한, 그가 안다고 말한, 그가 알려고 노력한 인생과 인간에 대해서 당최 모르겠다.

사실, 여기서 말한 인생은 엄밀히 말하면 미래다. 내일이다. 그러니까 어려서 많이 불렀던 안이숙 선생의 복음성가 가사처럼 '내일 일은 난 몰라요'다. 알고 싶지만, 알 길이 없다. 내 영역 밖의 일이다. 하지만 알 수 있다고 해도 모르는 것이 좋다. 알면 더 힘들어지고 피할 수도 없기 때문이다. 미래를 알기 위해 노력할 시간에 욥기나 읽자. 욥기가 보여 주는 냉혹하고 냉정한 사실주의가 읽기 어렵고, 고개를 돌리고 싶기도 하지만, 그게 인생을 사는 데 훨씬 도움이 된다.

연달아 터진
총체적 재앙

욥은 자기도 모르는 새, 하나님과 사탄의 내기 판돈이 되었다. 욥에게는 분통 터지는 일이 아닐 수 없다. 왜 본인은 영문도 모르게 마음대로 갖고 논단 말인가. 어찌 그리도 죽을 고생을 시킨단 말인가. 해도 해도 너무한다.

느닷없이, 정말 황당하게도, 욥에게 엄청난 사건들이 연달아 터진다. 누가 알았겠는가, 욥에게 이런 일이 생기리라는 것을. 욥이 당하는 재앙의 성격은 '총체적'이다. 동서남북 사방에서, 하늘과 땅에서, 사람과 자연을 통해서 온갖 재앙이 연방 폭발한다. 다음으로 '연속적'이다. 한번 어려움을 겪은 후 어느 정도 안정이 되고 성숙하고, 그래서 다시 고난을 담담하게 맞이할 여유도 주지 않고 마구 몰아친다.

또한 '긴급'하다. 재난 소식을 전하는 전령들의 발걸음이 숨 가쁘다. 앞 사람의 보고가 채 끝나기도 전에 다음 사람이 숨을 헐떡이며 달려온다. 침 삼킬 틈도 주지 않는다. 마지막으로 '점층적'이다. 갈수록 강도가 세진다. 처음에는 가축이었는데 마지막에는 자녀들의 죽음이다. 숨 쉴 겨를도 없이 달려와서 전하는 소식은 경천동지(驚天動地)할 만하다.

하나님과 사탄의 두 번째 대화 이후에 전개되는 재앙은 직접적이다. 물론 자녀들의 죽음도 욥에게 직접적인 고통이지만, 이번에는 욥의 신체에 가해지는 고통이라는 점에서 더 직접적이다. 종기가 나고 잿더미에 앉았다고 한다(2:7-8). 단지 질병을 앓았다는 말이 아니다. 사회적으로 격리되었다는 뜻이다. 잿더미는 마을 공동체 밖에 있다. 그곳에 앉아 옹기 조각으로 가려운 데를 긁고 고름을 짜고 있다. 하나님이 사탄에게 생명은 건드리면 안 된다는 제한을 두지 않으셨다면, 정말 살아남지 못했을 것이다.

이런 말도 안 되는 참극이, 동방 지역에서 가장 의롭다고 소문난 욥에게, 그것도 그가 그렇게 신뢰하는 하나님의 허락 하에 하루아침에 벌어진다. 나는 그리 못 산다. 죽는다. 죽어야 살지, 살아서는 살지도 못하고 죽지도 못한다. 앞에서 말했듯이, 내가 겪은 약 5년의 고난은 욥 앞에서는 그야말로 조족지혈(鳥足之血)이다.

이따금, 듣는 것도 버거운 아픔을 겪는 이들을 만난다. 갑자기 사업이 망하고, 얼마 지나지 않아 가족 중 한 사람이 죽고, 또 다른 한 명은 오랜 기간 그것도 돈이 정말 많이 드는 투병 생활을 하는 중이다. 죽도록 일해도 먹고 살기가 빠듯하다. 빚 갚기는 물론이고 병원비도 언감생심이다. 그래도 살더라. 그래도 살아야 하기에. 그래도 살아 주어서 고맙지만 얼마나 힘들겠는가. 연타로 얻어터지면서도 욥처럼 죽기를 거부하고, 차라리 하나님께 거칠게 삿대질하기로 결단한 그들은 우리 시대의 욥이다.

어떤 이야기를
선택할 것인가

인생은 모호하다. 아무도 알지 못한다. 그 애매모호함이 우리로 하여금 삶을 어떻게 살아야 하는지 종잡지 못하고 헤매게 한다. 반면, 비어 있는 틈이 있어 내가 비집고 들어가 창조적으로 살아낼 여지가 있기도 하다. 알지 못해서 답답하지만, 어차피 알지 못하니 내 맘대로 살 수 있는 것이다.

욥은 어떤 이야기를 살 것인지 선택의 갈림길에 서 있다. '하나님의 이야기 vs. 사탄의 이야기'다. 까닭 없이도 하나님을 믿는 게 가능하다는 것을 보여 줄 것인지, 까닭 있어서 하나님을 믿는 기복적 삶의 한 사례로 남을 것인지 결정해야 한다. 쉽게 말하면 '더 좋은 이야기 vs. 더 나쁜 이야기'다.

어떤 이는 반박할 것이다. 우리가 꼭두각시냐고, 하나님의 정당성을 입증하는 도구냐고, 그런 분을 과연 하나님이라고 할 수 있느냐고, 어째 하나님은 그리도 쩨쩨하고 좀스럽냐고. 아니다. 그렇지 않다. 배우를 생각하면 된다. 배우는 인형도, 꼭두각시도 아니다. 대본을 읽는다고, 대사를 암기한다고, 몸짓을 한다고 다 연기자는 아니다. 연기자는 대본의 대사가 마치 살아 있는 것처럼 실감 나게 연기해야 한다. 어떤 배우는 연기를 하는 것인지, 대사를 읽는 것인지 모르겠다는 비판을 받는다. 또 어떤 배우는 마치 그 사람이 된 것인 양, 화신이라도 된 듯이 연기한다. 나는 나의 대본인 욥기를 읽고 있는가, 연기하는가, 살아 내는가?

우리는 어떤 이야기를 살아 내고 있다. 그것이 어떤 것인지는 누차 말했듯이 모른다. 욥은 그 자신도 모르는 새 하나님과 사탄의 내기 판돈이 되었다는 점에서 억울하다. 그럼에도 불구하고 그와 우리는 하나님도 정당하다고 하실 만한 이야기를 살 것인지, 아니면 사탄이 잘했다고 낄낄거리며 좋아할 만한 삶을 살 것인지, 결정해야 한다. 내 삶은 하나님 앞에서도 당당한 삶인가, 아니면 사탄이 좋아할 만한 삶인가. 아무도 살아 보지 못한, 전에 없던 이야기를 살아 낼 것인지, 아니면 남들이 다 갔던 길을 재미없고 싱겁게 걸을 것인지, 선택해야 한다.

욥의 세 친구는 틀에 박히고 고루한 하나님 이야기에서 한 치도 벗어나지 않는 이야기를 선택했다. 욥은 이전의 사람들이 믿었던 하나님과는 전혀 다른 하나님을 만났다. 아무도 가보지 않고 지도도 없는 길이라 넘어지고 깨지기 다반사였지만, 천신만고 끝에 짜릿하고 극적인 반전을 겪는, 모험으로 가득 찬 인생을 살았다. 두 종류의 이야기를 영화로 만들어 극장에 내걸었다면 당신은 어느 영화를 보겠는가? 그렇게 살자. 그 영화의 주인공으로 하나님은 나를 초대하신다.

나눔과 질문

1. 이해할 수 없는 인생의 문제 앞에서 해결하실 분이 하나님뿐이심을 믿고 하나님과 씨름한 적이 있는가?

2. 나의 이야기가 하나님의 이야기가 되기 위해 지금 나에게 가장 필요한 마음가짐은 무엇인가?

05

욥의 아내,
나의 아내

✦ 2:9-10 ✦

"사모님은 참 좋으시겠어요."

"왜요?"

"책 앞에 이름도 나오고, 목사님이 책을 헌정까지 했으니까요."

"……."

아내는 말이 없다. 할 말이 없었던 것은 아닐 테고 말을 하고
싶지 않았을 게다. 그 모진 세월을 지내면서 마음에 켜켜이 쌓이
고 쌓인 속상함을 털어놓자면, 긴 강물이요 큰 산일 것이다. 내
가 쓴 《하박국, 고통을 노래하다》는 내 고난의 연대기를 하박국
으로 읽어 낸, 그야말로 피를 찍어 쓴 책이다. 아내에게 헌정해

야 마땅했다. 왜냐하면 아내가 받은 고난의 7-8할은 나에게서 비롯된 것이니까. 옆에서 보다 못한 내가 답했다. "내가 좋은 남편이라서가 아니라 나쁜 남편이라서 그것으로라도 때운 거예요." 지금도 나는 미안하다는 말을 이렇게 에둘러 글로 쓰는 건지도 모르겠다.

글쓰기 학교를 하면서 알게 된 것이 하나 있다. 성인 글쓰기 반의 사오십 대 주부들은 어린 시절, 교회, 그리고 남편이 주된 글감이다. 어릴 적 이야기는 정감 어린 추억거리이고, 교회에 대해서는 애증이 교차하지만, 남편들은 대개 미운 대상으로 그려진다. 한 분이 그런 글을 발표하면 어찌나 서로 공감을 많이 하고 분노하는지…. 이제 나는 조금 안다. 내가 아내에게 무슨 짓을 했는지. 그런 내게 욥의 아내 이야기는 거북하다.

최근에 만난 성도도 그랬다. 욥기 큐티를 잘하고 있는데, 이 부분에 걸려서 못하겠더란다. 안 그래도 고생하는 마누라인데, 정말 미안한데, 왜 성경은 아내를 이런 여성으로 묘사하느냐고 투덜거린다. 그 사람도, 참. 엉뚱한 곳에다 화살이다. 허나, 그 심정 충분히 이해 간다. 우리 집도 그러하거니와 내 주변의 많은 아내가 남편 때문에 너무 많이 고생한다.

얼마 전에 아내가 딸의 친구 엄마를 만나고 왔다. 사회복지사로 일하는 분인데, 책만 좋아하던 남편이 최근에 교회를 개척했단다. 그간 우여곡절이 많았다고 한다. 두 사람이 만나서 그 남

편 흉을 실컷 본 모양이었다. 나 같으면 멋쩍어하며 말할 것 같은
데, 아무렇지도 않은 표정이다. 알아들으라는 눈치인 게다. 눈을
살짝 피했다. 뒷담화한 이야기를 한참 하더니 그 엄마에게 그랬
단다. "우리가 욥의 아내가 되지 말자."

　내색은 하지 않았지만, 코끝이 찡하고 울컥했다. 지지리도 못
난 남편 만나서 죽어라 고생한 것이 미안해 죽겠는데, 욥의 아내
가 되지 말자 한다. 그럼 나는 욥인가? 차라리 욥이라도 되면 덜
미안하지.

　　　───

함께 고난받는 자,
아내

지금껏 욥의 아내에 대한 해석은 온통 부정적이다. 악처의 전형
으로 알려진 소크라테스의 아내 크산티페와 맞먹는다. 아우구
스티누스는 그녀를 일러, '악마의 보조자'라 했고 칼뱅은 '사탄
의 도구'라 했다. 4세기의 그리스 교부 크리소스토무스(Johannes
Chrisostomus)는 욥의 자녀들은 모두 죽고 유독 아내만 살아남은
것은, 그 어떤 재앙보다 욥에게 가혹한 채찍이 되었을 것이라고

했다. 이 정도면, 기독교 내 악처 콘테스트에서 욥의 아내가 1등은 떼어 놓은 당상이다.

그러나 욥의 아내는 다시, 또는 다르게 읽을 여지가 많다. 일단 텍스트 외적인 자료를 뒤적거려 보자. 현재 개신교가 사용하는 구약 성경은 히브리어 마소라 본문이다. 그런데 70인경으로도 알려진 헬라어 번역본에는 우리 성경에 없는 이야기가 하나 실려 있다. 욥 아내의 탄식이다. 낳은 수고와 키운 보람도 없이 자식들은 모두 죽고, 온몸에 구더기가 득실거리는 남편을 수년 동안 봉양해야 했던 아내가 고난 이후의 삶을 회고하는 내용이다. 집도 없이 들판에서 잠든 날이 얼마인지, 그래도 남편 먹여 살리려고 고무 대야를 머리에 이고 집들을 전전한 날이 얼마인지 셀 수 없다 한다. 온몸을 박박 긁고 있는 남편의 먹을거리를 위해 품팔이했던 것이다.

그런 다음 우리가 알고 있는 본문이 나온다. "이래도 당신은 여전히 신실함을 지킬 겁니까? 차라리 하나님을 저주하고서 죽는 것이 낫겠습니다"(2:9). 일단, 아내의 이 말은 재앙이 닥치고 얼마 안 된 시점이 아니라 상당히 오래 지난 뒤에 한 것이고, 남편과 함께 고생했다는 눈물겨운 스토리와 함께 나오기에 동정심을 갖게 한다. 그녀도 남편과 함께 고난받은 당사자다. 무작정 그녀를 신앙 없다고, 악처라고 탓할 수 없다.

남편에게 하나님을 욕하고 죽으라는 말은 단정이나 명령이 아닌 호소로 읽을 수 있다. 너무 오래 아파하는 남편을 보면서 차라리 죽는 것이 어떻겠냐는 뜻으로 말이다. 이렇게 살아서 뭐 하냐는 것이다. 힘들어하는 당신을 더는 못 보겠다는 마음이고, 주변 사람들의 손가락질도 더는 견디기 싫은 것이다. 그간 동방의 의인으로 살아왔던 남편이, 재물은 그렇다 치고 자식들 잃고 속앓이하는 뒷모습을 보았던 게다. 어쩌면 아내가 있는지도 모르고 아이들이 사무치게 그리워 울었을 욥이다. 가슴을 도려내는 아픔으로 울었을 남편, 그러면서도 하나님을 찬양하는 남편이 존경스럽고도 원망스러웠을 게다.

또 하나, 욥이 회복된 다음의 상황을 묘사하는 42장을 보자. 다시 아들 일곱, 딸 셋을 낳았다. 재산도, 자녀도, 명예도 되찾았는데, 아내를 다시 들였다는 말은 없다. 2장에서 불평을 터뜨린 욥의 아내가 남편을 내버리고 떠나간 것이 아니라는 말이다. 그녀는 그 말을 한 이후로도, 남편이 세 친구에게 계속 시달리는 것을 이를 악물고 지켜보았다. 속으로 눈물을 삼키면서 말이다. 아내는 함께 고난을 견딘 동지다.

욥의 대꾸에서도 그것을 알 수 있다. '어리석은'(2:10)이라는 말은 아내의 존재 자체를 나무라는 것이 아니다. 문자적으로는 영적인 경건이나 도덕적 성품이 부족하다는 의미다. 그러나 욥의 본심은, 아내를 걱정해서 그런 어리석은 말을 하지 말라고 타이르는 것이다. 신실하신 하나님이 자신들을 신원하실 것을 확신

하기에, 고생한 아내의 손을 잡아 주며 말한다. "여보, 안 그랬던 당신이 이렇게 말하다니, 내가 당신을 너무 고생시켰구려. 미안하오. 지금까지 잘 참았는데, 이제 와서 그런 말을 하면 미련한 사람이 되지 않겠소. 하나님을 믿고 좀 더 기다려 봅시다."

욥의 아내를 긍정적으로 볼 수 있는 또 하나의 근거가 있다. 욥은 아내더러 어리석게 행동하지 말라고 다독인 다음에 '우리가 누리는 복'(2:10)이라고 말한다. '내'가 아니라 '우리'다, 우리! 아내는 욥과 함께 고난받는 자인 것이다. 아내는 그 고난의 자리에 붙박이인 양 남아서, 결코 떠나지 못하는 자기 신세를 한탄한 것이다. 그 사실을 욥은 잘 알고 있다. 또한 나중에 회복될 때 아내도 회복될 것임을, 아내와 함께 가혹했던 지난 시절을 회상할 날이 올 것임을 믿고 있다, 욥은.

마지막으로 결정적인 근거를 하나 더 대겠다. 욥이 결국 아내의 말대로 하나님을 욕한다는 사실이다. 하나님을 저주하고 죽으라는 아내의 말을 살짝 비틀어 보자. 그러면 '죽는 한이 있어도 하나님을 욕해 보라'는 말이 된다. 겉으로 경건한 척 그만하라는 뜻이다. 다른 사람은 몰라도 아내는 안다. 남편의 경건을, 그 속마음을. 속으로는 '하나님이 내게 이러실 수 있는가' 하며 의문과 분노가 치밀어 오르는데 안 그런 척 애써 버티고 있는 남편이 가엽다.

그런데 희한한 내용이 또 있다. 욥이 끝내 "말로 죄를 짓지 않왔다"(2:10)는 구절은 실로 요상하다. 사실 입술로 죄를 안 지었을 뿐, 말이 아닌 몸, 그러니까 욥의 존재 자체는 하나님께 저항하는 중이다. 욥이 알든 모르든 간에 아내 눈에는 그것이 보인다. 그래야 산다는 것을 잘 안다. 그렇게 안 하면 죽는 게 뻔하기에, 말로 고상 떨지 말고 말로 진심을 전하라는 것이다.

그래서 나온 것이 다음 3장의 욥의 저주다. 그는 자기가 태어난 날부터 저주한다. 차라리 안 태어났으면 좋았겠다고 고래고래 소리 지른다. 그렇게 해서 욥은 애처가가 되고, 하나님이 인정하신 영성가가 된다. 예나 지금이나 아내 말을 잘 들어야 한다.

———

결정적 공헌자,
아내

그러나 걱정이다. 요즘 아내의 목소리가 갈수록 커진다. 남성 호르몬이 나와서 그렇다나. 그동안 내가 못난이 노릇을 많이 했기에, 아내 스스로 자신을 지키기 위해 그렇게 된 것도 한 요인일 것이다. 그래서 요즘 생각한다. 아내가 내게는 어떤 존재인지를. 가만 생각해 보니, 아내의 허락을 얻은 다음 로고스교회나 로고스서원에서 시행하면 그르치는 법이 없다.

아내의 격려와 지지가 없었다면 욥이 하나님께 감히 대들기나 했을까? 그랬을지도 모르겠다. 그러고도 충분히 남는다. 욥이 아니라 어느 신앙인이라도 이런 절절한 고통의 상황에 내몰리면 하나님께 따지니까. 그런데도 텍스트는 욥이 그러한 본모습을 찾도록 결정적 공헌을 한 것이 그의 아내, 악처가 아니라 양처인 욥의 아내 때문이라고 말한다. 오랫동안 우리는 가부장적 질서에 갇혀서 성경을 그렇게 읽었고, 읽고 싶은 대로 읽었다. 불쌍한 욥의 아내. 이제 욥의 아내가 신학적으로 복권되었다면, 내 아내는 가정에서 복권되어야 하겠지. 아내가 "아, 난 참 좋았다"라고 말하는 그날까지.

나눔과 질문

1. 나와 가까운 사람들의 고통을 지켜본 경험이 있는가? 그때 나의 반응은 어떠했는가?

2. 본문(2:9-10)을 나의 언어로 바꾸어 표현해 보자.

06

차라리
태어나지나 말 것을

✦ 3:1-26 ✦

내 고난의 연대기는 기실 죽음을 묵상하는 시간이었다. 주야로 말씀이 아닌, 죽음을 묵상했다. 그렇다고 딱히 뭔가 시도를 한 것은 아니었다. 차라리 죽는 게 낫겠다 싶었다. 너무 괴롭고, 너무 외롭고, 너무 힘들어서 차라리 뛰어내리고 싶었고, 떠나 버리고 싶었다. 차마 그러지 못했던 것은 첫째는 신앙, 둘째는 가족, 셋째는 독서, 넷째는 삶에의 의지 때문이었다. 날마다 죽음을 묵상했다는 것은 날마다 참다운 삶을 목말라했다는 말과 같다.

날이 덥고 습해서 다른 날보다 조금 일찍 깨어나 3장을 조용히 읊조렸다. 진도가 나가지 않는다. 이 사람, 욥이 또 나를 울린다. 얼마나 힘들었으면 이런 말을 아무렇지도 않게 마구 내뱉을까, 얼마나 살고 싶었으면 불경스러운 언사를 툭툭 던지는 걸까. 욥의 마음이 읽혔다. 특히 10절에 '태어나지 않았다면 고난을 겪지 않아도 되었다'는 말과 마지막 26절에서 '평화도, 안정도, 안식도 없다'는 대목이 또 나를 울린다.

고난받는 자의
불평과 탄식

어리석은 친구들은 이 말을 듣고 욥이 하나님께 크게 잘못한 것이라며 야단법석을 떤다. 참 나쁜 친구들이다! 그게 아닌데, "나 힘들다"고, "나 죽을 것 같다"고, "나 손 좀 잡아 달라"고, "나 살려 달라"고 악을 써대는 것인데 그걸 몰라주나. 고난받지 않은 자는 고난 겪는 자의 언어와 문법을 이해하기 요령부득일 테지만, 마음을 읽지 못하고 문자에만 매달린다. 저 고난의 언어는 표층이 아니라 심층 문법으로 해독해야 한다. 표면적 고난받는 자는 도무지 알 길 없는 이면적 고난받는 자의 저 난해한, 그러나 아주 간단한 언어는? 불평이다!

3장부터 전개되는 욥의 언어는 명징한 논리 체계를 지니지 않는다. 고난을 겪지 않는, 제3자의 시선을 가진 자에게 그 언어는 외계어에 가깝다. 번역기가 없기 때문에, 듣는 이들은 욥의 친구들처럼 고난 겪는 자를 확인 사살한다. 차라리 말을 하지 말지. 듣는 이들에게 욥의 언어는 불평과 탄식의 언어다. 그것은 유치원이나 초등학교에 다니는 아이가 제 수준으로는 도무지 알 까닭 없는 아빠 엄마의 행동에 "아빠 미워, 엄마 미워"라고 하는 것과 같다.

아니, 욥기는 그 이상이니 부모 가슴에 못을 쾅쾅 박는 사춘기 아이들의 무시무시한 말이라고 하는 게 더 맞겠다. "그렇게 살 거면 차라리 죽어 버려요!" 또는 "이렇게 살 거면 차라리 죽어 버릴 거예요!"와 같다. 아이의 투정에 비하면 어느 정도 큰 자식의 말은 비수처럼 꽂힌다. 그러나 부모는 아린 가슴 감추고 아이를 달랜다.

그 말이 문자 그대로 죽으라는, 죽겠다는 뜻이 아니지 않은가. 그런다고 욥에게 사정없이 달려드는 친구들의 행태가 웃기지도 않는다. 그럼에도, 욥의 말은 그저 불평으로만 보기에는 불경스러움이 넘친다. 태어난 것을 원망하고 저주(1-10절)하던 욥은, 출생하는 즉시 죽지 못한 것을 한탄(11-15절)하고 출생하기 전에 죽지 않은 것을 비통해(16-19절) 한다. 이런 일련의 발언들은, 겉으로는 죽음을 향한 갈망이지만 그 속내는 삶을 바라는 동경이라고 읽으면 된다. 그게 맞다. 요는, 죽어도 죽을 수 없는 자신의 상황에 대한 장탄식이다. 죽음만이 유일한 탈출구이건만 고난을 돌파할 통로마저 철저히 봉쇄해 버린 하나님이 미운 것이다. 죽고 싶어도 못 죽게 하는 하나님을 탓하는 것이다.

욥기는 그저 고난받는 자가 하나님께 넋두리하는 책이 아니다. 하나님을 탄핵하는 책이다. 악과 고난에 관한 일차적인 혹은 최종적인 책임이 하나님께 있다면서 하나님을 심판대 위에 세우는 고소다. 이 점을 파악하지 못하면, 왜 욥의 친구들이 그토록 집요하고 격렬하게, 때로는 악랄하게 욥을 물고 뜯는지 이해하기 어렵다. 고작 하나님께 투정 부리며 자기 처지를 하소연하고 구원을 요청하는 읍소 차원에서 욥이 말한 것이라면, 욥의 친구들은 정말이지 동정심이라곤 눈곱만큼도 없는 못된 벗들인 게다.

욥의 첫 발언이 있기 전에 친구들을 생각해 보라(2:11-13). 욥 소식을 들은 그들은 열 일 마다하고 찾아왔다. 얼굴도 거의 알아보지 못할 만큼 변한 욥의 모습에 충격을 받은 그들은 죽은 친구의 장례식에서 곡하는 기간인 칠주칠야를 울어 주었다. 어떤 말로도 위로할 수 없다는 것을 알고 아무 말도 하지 않았다. 그런 그들이 갑자기 중죄인 다루듯 엄청난 공격을 퍼붓는 데는 나름의 이유가 있다.

우리가 욥기를 읽으면서 차차 알게 되겠지만, 고난받지 않는 자가 고난받는 자의 언어와 마음을 이해하지 못한 것도 큰 이유다. 그러나 근본적으로 친구들이 도저히 받아들이기 어려운 폭탄 발언이 있었다. 그것은 바로 욥이 하나님을 자기 고난의 궁극적 원인자로 지목한 것이었다. 맙소사, 선한 하나님을? 그것도 하나님이 인정하시는 욥이 하나님을?

3장 20절을 보자. "어찌하여 하나님은, 고난당하는 자들을 태어나게 하셔서 빛을 보게 하시고, 이렇게 쓰디쓴 인생을 살아가는 자들에게 생명을 주시는가?" 생명을 주셨기에, 인간으로 태어나게 하셨기에, 쓴 고난을 받을 수밖에 없으므로 하나님이 괜한 짓을 하셨다는 것이다.

여기서 한 걸음 더 나간 것이 23절이다. "어찌하여 하나님은 길 잃은 사람을 붙잡아 놓으시고, 사방으로 그 길을 막으시는가?" '붙잡아 놓으시고'는 개역개정에서 '하나님에게 둘러싸여'로 번역되어 있다. 이는 사탄이 욥을 고발하면서 사용한 부정적인 말이다. 하나님이 욥을 둘러싸고 계셔서 그가 축복을 누리는 것이며 그래서 하나님을 잘 믿는다고 할 때의 그 단어다.

그런데 욥은 하나님이 나를 둘러싸고 계셔서 어디로도 갈 수 없게 막혀 있다고 탄식하며 이 단어를 사용한다. 세상에! 하나님이 둘러싸고 지켜 보호하신다고 말해야지, 하나님 때문에 길이 아득하다고 말하다니. 이러니 친구들이 노발대발하는 것이다. 하나님은 사탄에게 다른 것은 다 건드려도 생명만은 안 된다고 하셨다. 사탄에게 한계를 그으셨다. 그러나 욥의 입장에서는 생명을 보호한 것이 아니라 두 번 죽인 것이다. 이렇게 사는 것이 참다운 생명(Life)이고 삶(Life)이냐는 것이다.

강력한 또 하나의 증거를 보자. 4절이다. "그날이 어둠에 덮여서" 또는 "그날이 캄캄하였더라면"(개역개정)으로 번역된 이 구절은, 창세기 1장 3절 "빛이 있으라!"(개역개정)와 정확히 반대다. 욥은 청개구리처럼 비꼰다. "어둠이 있어라!" 하나님의 창조가 생명과 평화라면, 욥이 경험하는 세계는 죽음과 불안이다. 평화도, 안정도, 안식도 사라지고 끝없는 두려움에 몸서리쳐야 한다 (3:26). 죽어도 죽지 못하고, 사는 내내 불면에 시달려야 한다. 매일같이 바윗돌을 산 정상으로 밀어 올리는 벌을 받은 시시포스처럼, 저주받은 삶을 견뎌내야 한다. 그러니 차라리 그 빛이 사라지고 빛이 있기 이전의 세계로 돌아가면, 자신을 비롯한 인간이 생겨나지 않고, 그러면 고난도 없을 테니 그렇게 외친 것이다.

일면, 욥은 지금 뒤집힌 창조 세계를 경험하고 있기에 저런 말을 하는 거다. 그런 잘못된 세계에 대한 책임을 궁극적으로 하나님께 묻는다. 하나님이 잘못했다는 것이다. 이러니 친구들이 불경하다고 대경실색하는 것은 당연하다.

주변의 고통과
연대하는 욥

사실 고난은 하나님의 존재를 의심케 하는 강력한 증거로 많이 활용되어 왔다. 그중 한 사람이 바로 C. S. 루이스이다. 그는 《고통의 문제》에서 왜 하나님을 믿지 않았느냐는 질문을 받으면, 곧잘 다음과 같이 대답했다.[9] 규칙적으로 운행하는 냉정한 우주, 그 우주에서 고통스럽게 살다가 죽은 수많은 생명체, 그리고 고통을 더욱 깊고 강하게 의식할 수밖에 없는 우리의 이성 등 일련의 증거들은 자비로운 신의 존재를 믿을 수 없게 만들며, 설령 신이 존재한다고 해도 그 신은 선악에 무관심하거나 악한 신의 하나일 것이라고. 그러므로 고난받는 세계는 신의 존재를 의심하거나 부정하는 결론으로 이끈다. 나중에 폭풍 가운데 등장하신 하나님이 창조 세계의 존재와 질서, 그 유지에 관해서 일장 연설을 하시는 것도 바로 이 때문이다.

그러나 욥으로서는 조금 억울한 측면이 없지 않다. 왜냐하면 욥만 자신의 생일을 저주한 것이 아니기 때문이다. 예레미야도 그랬다. 이 눈물의 선지자도 자기가 태어난 날을 저주했다(렘 20:14-18). 그 부분을 읽어 보면, 욥기를 베낀 것 같은, 어디서 본

듯한 기시감이 든다. 누가 먼저이고 나중인지는 모르겠는데 분명한 것은 두 사람 모두 자신의 생일을 저주했다는 것이다. 이 대목은 예레미야서 11장부터 20장에 이르는 긴 고백문의 정점에 해당한다. 여기서 예레미야는 다섯 번의 고백을 한다. 말이 좋아 고백이지 불평이다. 처음에는 탄식하더니 악인을 향한 저주를 퍼붓고 종내는 자기가 태어난 것 자체를 저주한다.

그런데 김근주 교수는 흥미로운 해석을 했다.[10] 예레미야가 고난을 묘사하는 단어들은 자신의 소명과 관련되어 있을 뿐만 아니라, 하나님 앞에서 심판받는 백성들의 고초를 반영한다는 것이다. 자기 한 사람의 고난으로 인생 자체를 회의하고 괴로워하는 수준을 넘어서서, 당대의 이웃들이 겪는 아픔을 대신 아파하고 함께 괴로워하며 그들의 속절없는 울부짖음을 반영하고 공명하는 저주라는 것이다.

김 교수의 해석에 비추어 욥의 탄식도 살펴보면, 자신의 쓰디쓴 인생에 대한 저주일 뿐만 아니라 자기와 같은 경험을 하는 자들이 속에 품고 있는 불만을 저주로 표현했다고 볼 수 있다. '폐허가 된 성읍'(14절)은 단정할 수는 없지만, 외부의 공격으로 초토화가 된 도시를 연상시킨다. 이것은 바벨론 포로기 경험을 반영한다. 또한 '노예를 부리는 감독관'(18절)의 다그치는 소리가 없다는 말은 애굽 생활을 환기시킨다.

이것은 일차적으로 욥의 경험은 아니다. 그것은 누군가가 겪은 일이다. 욥은 자신의 고통에만 빠져 있지 않다. 자기를 넘어선다. 자신이 아닌 타인의 고통스러운 삶을 기억하고 말한다. 그러니까 예레미야처럼 주변에 널려 있는 고통을 이야기함으로써 그들과 연대하고 연민을 품는다.

그러나 예레미야와 견주어 보면, 욥의 저주는 훨씬 파격적이다. 사실, 생일을 저주한다는 것은 낳아 준 부모에 대한 저주와 같다. 만약 그렇게 되면 부모를 저주하는 자를 사형시키라는 레위기 말씀(레 20:9)에 따라 반드시 죽어야 한다. 이걸 피하기 위해서인지 예레미야는 아들이 태어났다고, 그것이 기쁜 소식이라고 아버지에게 알려 준 사람을 저주한다. 예레미야는 하나님 자체를 문제 삼지 않았던 반면에 욥은 약간 완곡하게 표현했지만, 결국 하나님을 겨냥하여 저주한다.

하나님이 자신을 태어나게 하셔서 고난받게 한다는 말은 앞서 말한 대로 사춘기 아이들이 부모에게 대들 때 하는 말 정도로 받아넘길 수 있다 치더라도, 하나님 때문에 내가 고난당한다는 말은 허투루 넘길 사안이 아니다. 친구들은 하나님이 아니라 바로 너 자신 때문에 고난이 있는 것이라고 욥을 계속 공박하고 윽박지른다. 욥은 또 그게 아니라고 항변하고…. 하여간에, 전통적인 신자는 욥의 핵폭탄급 발언에 "참람하다"를 외치며 융단 폭격을 가하게 되는 것이다.

자, 이 부분을 두고 앞으로 욥기의 주연 배우들이 치밀하고 치열하게 논쟁을 벌일 테니 벌써부터 성급하게 답을 구하거나 단정 지으려 하지 말자. 그러자면 욥기 42장까지 읽어야 한다. 답을 서둘러 찾으려는 것은, 4장부터 하나님의 대답이 끝나는 41장까지를 있으나 마나 한 본문으로 만든다. 우리는 욥의 물음을 좀더 자세히 들어야 하고, 지금껏 내가 한 모든 가르침, 조언, 충고와 하나도 다르지 않은 친구들의 완고한 대답을 통해 고난받는 자 앞에서 나는 어떤 사람이었는지를 직면해야 한다.

욥의 어깨를
두드려 주라

죽고 싶은 5년을 겪어 내면서 나는 매일 죽겠다고, 죽을 것 같다고, 죽고 싶다고 나 자신에게 말하곤 했다. 살아도 사는 게 아니었으니까. 그러나 내 진심은 죽고 싶지 않았다. 살고 싶었다. 그냥 사는 게 아니고 참답게, 즐겁게, 제대로 살고 싶었다. 잘 살고 싶은 만큼 죽겠다는 말을 아무렇지도 않게 나불거렸다.

그러면서도 나름 성경과 책을 열심히 읽었다. 하는 일이 없었고, 할 수 있는 일도 별로 없었다. 사실 돌아보면, 나 스스로 그렇게 생각하고 주변 세계로부터 차단한 것이었다. 사람을 만나면 불평을 털어놓게 되고 그러면 어색하고 부끄러워져 교회 안의 작은 서재에 나 자신을 파묻었다. 그래서 한 손에는 성경을, 다른 한 손에는 독서를 외치며 읽고 또 읽었다. 그래서 살았다. 살아났다. 성경을 읽고 말이다.

욥기 3장에서 욥은 입만 열면 죽고 싶다는 말을 반복하지만, 문제의 근원이신 하나님께로 곧장 치고 올라가는 대범함과 급진성을 품고 있다. 자신이 당한 고난에 대해 하나님에게까지 거슬러 올라가서 문의하고 근본적으로 검토하는 욥은, 래디컬리스트(Radicalist)다. 이러한 급진성은 한편으로 친구들의 격한 반발을 초래한다. 인습적인 신앙에 사로잡혀 아무런 문제의식 없이 살던 이들이 쉽사리 받아들일 수 없는 주장이었기 때문이다. 다른 한편, 끝없이 초지일관 밀어붙이는 욥의 급진성은 하나님의 새로운 얼굴을 만나도록 초대한다.

하나님에 대해 불평이 많은 이들은 욥의 DNA를 지니고 있다. 욥 같은 우리의 욥들은, 욥처럼 지금보다 더 철저하게 불만을 품고 하나님께 달려들기를 바란다. 하나님과 끝장날 때까지 한판 붙었던 야곱처럼 씨름해야 하리라. 그렇게 하는 이들을 주변에서 만나면 '아, 이 사람은 욥이구나. 욥처럼 고난을 받는구나. 욥처럼 거침없이 말하지만, 욥처럼 살고 싶어서 저러는구나' 생각하고, 욥처럼 하나님께 대들라고 말해 주자. 하다가 그만두

지 말고 욥처럼 다부지게 밀고 나가라고 어깨 한 번 두드려 주
면 좋겠다.

나눔과 질문

1. 주변의 누군가가 하나님께 불평이라는 고통의 말을 하고 있다면, 숨겨진 진
   짜 목소리는 무엇이라고 생각하는가?

2. 가까운 사람의 고통을 지켜보는 나는 그에게 어떤 사람이었는가? 왜 그렇
   게 생각하는가?

2부

욥,
하나님께
묻고 따지다

07

죄 없는 사람이
망하더냐?

❖ 4:1-5:27 ❖

내가 한때 열렬히 사모하던 철학자가 있다. 보통 사람들은 한평생 하나의 사상을 세우는 것도 거의 불가능한데, 이 철학자는 자신이 세운 사상을 자기 손으로 허물고 다른 사상을 확립한, 그야말로 철학사에서 전무후무한 사람이다. 바로 루드비히 비트겐슈타인(Ludwig Wittgenstein)이다.

비트겐슈타인의 후기 철학의 대표작인 《철학적 탐구》에는 아주 유명한 경구가 하나 있다. "생각하지 말고, 보라!"(Don't think, look!)[11] 어떤 단어를 듣거나 말할 때, 한 가지 의미만 있다고 생각하지 말고 실제로 어떻게 사용되는지를 주의해서 보라는 뜻이다. 예컨대, '사랑'이라는 단어를 넣어서 문장을 만들면 백이면 백, 다른 문장을 구성한다. 그리고 그 각각은 다른 의미를 갖는다. 하나님의 사랑과 부모의 사랑, 부부나 연인의 사랑이 다 다르다. 비트겐슈타인은 이렇게 서로 겹쳐지고 포개지지만, 본질적인 어떤 것으로 환원되지 않는 의미의 다양성을 추구했다.

권선징악의
역사관

욥의 탄식 어린 독백을 들은 엘리바스의 반응을 촌평한다면, 생각하고 보았다는 것이다. 자기 생각으로 욥의 말을 들었고 판단했다. 그의 첫마디는 "생각해 보아라"(4:3, 7)였고 "부디 잘 듣고 … 생각해서라도"(5:27)라는 말로 마친다. 그가 보기에 욥은 깊이 생각하지 않고 마구 떠벌리고 있다. 마음을 통제하지 못하고 나오는 대로 지껄이는 것을 엘리바스는 더 듣지 못하겠다고 짜증을 부린다. 욥의 발언에 담긴 엄청난 폭발력을 감지한 것이다. 그의 발언은 기존의 종교 체제와 근간을 마구 뒤흔들었다. 그래서 엘리바스로서는 한 치도 물러설 수 없다. 그동안 믿어 왔던 신앙과 신념을 일거에 무너뜨리는 동시에 자신이 그토록 믿는 하나님에 대한 모욕이기 때문이다.

엘리바스는 욥의 말을 깊이 듣지 않고 제 마음대로 재단한다. 그렇다고 그가 무신경한 사람이라는 뜻은 아니다. 그는 세 친구 중에서 가장 연장자이고, 학식과 지혜가 풍부하다. 이는 그가 제일 먼저 발언한 점과 특히 첫 발언의 분량이 논쟁 부분에서 가장 길다는 점에서 드러난다. 게다가 처음에는 욥을 동정하는 발언으로 시작했다(4:2-5). 욥의 예전 모습을 환기하면서 지금은 전혀 그렇지 않음을 부각하는 내용인데, 일면 욥을 비꼬는 투로 들리기도 하지만, 애정 어린 슬픔의 말로 읽을 수도 있다. 그러나 그는 욥을 자기 관점에 구겨 넣으려고 한다.

그 점을 따지기 전에, 우리가 얼마나 엘리바스처럼 생각하고 말하는지를 보자. 나는 하나님을 걸고넘어지는 욥의 발언도 당황스럽지만, 하나님을 걸고 말하는 엘리바스도 당혹스럽기는 매일반이다. 두 가지 이유 때문이다. 첫째, 그의 모든 말이 내가 하는 설교와 하나도 다르지 않기 때문이다. "지금 당장은 어려워도 결국 믿음으로 사는 선한 사람이 승리한다. 그러니 하나님을 붙잡고 기도하자." 결국 승리한다는 것과 하나님께 나아가라는 것에서 벗어나지 않는다. 기도하거나 말씀을 읽거나 금식하거나, 뭐 그런 것들을 말한다. 개중에 어떤 이들은 욥의 친구들처럼 혹 죄지은 것이 없는지 살펴보라는 말도 빼먹지 않을 거다. 하여간에 엘리바스가 말하는 방식과 크게 다르지 않다.

둘째, 엘리바스의 연설이 신명기에 기반하기 때문이다. 다음 구절을 보라. "잘 생각해 보아라. 죄 없는 사람이 망한 일이 있더냐? 정직한 사람이 멸망한 일이 있더냐? 내가 본 대로는, 악을 갈아 재난을 뿌리는 자는 그대로 거두더라"(4:7-8). 심은 대로 거두는 법이라고, 죄를 심었으니 망했다는 것이다. 욥이 죄를 지었으니 이런 고초를 겪는다는 것이다.

이런 관점을 학자들은 '신명기 역사관'이라고 하는데, 그 요체를 간단히 정리하면 이렇다. 순종하면 복 받고 불순종하면 벌받는다! 대표적인 것이 신명기 28장이다. 성읍에서도 복을 받고 들에서도 복을 받고, 들어와도 복을 받고 나가도 복을 받는다는, 누가 들어도 기분 좋은 복된 말씀으로 유명한 장이다. 그다음은 딱 듣기 싫은 온갖 저주의 말이 쏟아진다. 축복의 말을 정확하게 뒤집은 것이고 그것보다 훨씬 길다는 특징이 있다.

복과 화를 가르는 분기점은 바로 순종 여부다(신 28:2, 15). 앞의 모든 축복도 순종하지 않으면 그림의 떡이다. 하나님의 말씀에 순종하는 자에게는 축복이 폭포처럼 떨어질 것이다. 뒤에 나오는 모든 저주도 순종하는 자와는 아무 관련이 없다. 불순종하는 자에게 떨어지는 하나님의 징계이기 때문이다. 이를 간단한 공식으로 표시하면 이렇다. '순종 = 축복, 불순종 = 저주.'

이것이 이스라엘 사회의 틀을 유지하는 기본이었다. 어느 사회든 법과 정의, 도덕을 보는 눈은 신명기적 시각과 같다. 한마디로 권선징악이다. 이 원칙이 제대로 작동하지 않는 사회가 있다고 가정해 보자. 간신이 등용되고 충신은 유배 가고, 착한 사람은 지지리 궁상떨며 살고 나쁜 사람은 하는 일마다 잘되고, 원칙은 통하지 않고 반칙이 판을 치는 공동체. 어떻겠는가? 물으나 마나다. 만인에 대한 만인의 투쟁이 벌어질 것이 명약관화하다. 그 사회는 머지않아 그 안에서부터 붕괴할 것이다. 가만히 놔두어도 무너진다.

신명기를 빙자한
비난

여기까지는 그다지 큰 문제가 아니다. 이 교리를 근본적으로 잘못 이해하고 적용해서 사달이 벌어지는 것이다. 이러한 신학적 관점으로 고난을 보면, 고난받는 자는 뭔가 죄가 있다는 결론이 나온다. 그렇지 않고서야 선하신 하나님이 징계하시지 않았는데 어찌 벌을 받으며, 잘못한 것도 없이 어찌 화가 있을까. 그러니까 신명기 역사관을 정확히 뒤집으면 이런 공식이 나온다. 고난받으면 불순종한 것이고, 축복받으면 순종한 것이다!

예를 들어 보자. 자기 자신이나 다른 누군가가 돈을 잘 벌어서 집과 차를 사고, 자녀들은 명문 대학에 가거나 재벌 회사에 취직하면, 하나님께로부터 복을 받은 게 자명하다는 듯이 말한다. 반면에 돈을 적게 벌어서 집도 없고, 자녀들은 지방 대학에 가거나 작은 회사에 다니면, 더 나아가 그 가족에게 이러저러한 아픔이 있으면, 뒤에서 수군덕거린다. "주일을 안 지켜서 그런 거야. 기도를 안 해서 그래. 십일조를 도둑질해서 그래." 많은 신자가 엘리바스처럼 그렇게 생각하고 믿고 있다.

엘리바스의 말이 신명기에 입각한 설교가 아니라 신명기를 빙자한 비난이 된 것은 바로 위와 같은 이치에서다. 하나하나 따져 보자. 먼저, 신명기 사관이 적용되지 않는 예외가 있다는 사실을 그는 간과하고 있다. 하나의 이론이 언제 어디서나, 누구에게나 보편타당하게 적용되지는 않는다. 예외 없는 이론이란 없다는 말이 있듯이, 신명기의 눈금으로 해명할 수 없는 상황이 있다. 그 대표적인 예가 욥이다. 죄가 없어도 고난을 받는다! 죄가 있어도 축복을 받는다! 이런 예외적 상황을 다루는 것이 욥기이고, 시편의 그 많은 탄식시와 저주시이다. 그러니 한 가지 원칙을 아무에게나 마구 적용하면 위험하다.

'개신교'라는 단어는 영어로 프로테스탄트(Protestant)다. '항의하는 사람들'이라는 뜻이다. 교리상으로 보면, 개신교는 가톨릭

(Catholic)에 대한 도전이고 반대다. 가톨릭은 '보편적, 우주적'이라는 뜻이다. 자신들의 교회와 교리가 우주 어느 곳에서나 통용되는 진리라고 주장한다. 여기에 반해 개신교는 내게 진리인 것이 진리다. 개별적인 진리를 인정한다. 모든 사람에게 진리라고 나에게도 진리일 수 있는가?

갑자기 이런 거창한 이야기를 하는 것은 개신교인은 바로 욥의 후손이기 때문이다. 신명기적 역사관이 역사와 사회를 바라보는 정통적인 시각이고, 사회를 유지하는 기본 원리라는 것을 부인하지는 않는다. 그렇지만 아무 때나, 아무에게나 마구 적용하는 것은 꺼린다. 개인의 사정을 충분히 고려해야 한다는 말이다.

신명기적 관점이 모든 사람에게 적용 가능하더라도, 나 한 사람, 욥에게 맞지 않으면 과감히 홀로 저항한다. 바로 이것이 욥의 정신이다. 욥의 인내를 강조하는 것 못지않게 욥의 저항 정신을 기억하고 전승하고 살아 내야 한다. 물론, 고난받는 모든 사람이 욥은 아니지만 고난받는 모든 사람이 죄를 지은 것은 아니다.

지금까지 인간적 현실을 고려해서 엘리바스의 말을 반박했다면, 이제는 하나님 이해를 통해서 그의 말에 무엇이 문제인지 살펴볼까 한다. 그의 신관(神觀)에는 결정적 오류가 있다. 엘리바스의 하나님은 인과응보, 권선징악의 틀을 결코 벗어나지 못하는 하나님이시다. 이런 하나님은 한편으로 너무 쪼잔하다. 죄 짓기를 기다렸다는 듯이 벌을 주시는 하나님, 조금만 잘하면 웃음을 감추지 못하고 희희낙락하며 상 주시는 하나님은 마냥 좋지만은 않다. 그런 하나님이 내가 믿는 하나님이라면, 나는 지금 없다.

나중에 욥은 이런 하나님 이해를 실컷 조롱한다. 아니, 거절한다. 파스칼이 말한 바 우주의 물방울 하나로도 죽일 수 있을 만큼 약하고 약한 인간의 행동 하나가, 전지전능하시고 무소부재하신 하나님께 뭐 그리 대수라고 이렇게 일거수일투족 감시하고 복도 주고 화도 주느냐고, 욥은 하나님에게 덤빈다.

다른 한편으로는 자유가 없다. 하나님이 제정하신 법칙들이지만, 그분은 그것들에 제약받지 않으신다. 그분 스스로 자신을 제한하여 그 법들을 지키신다. 하나님에게서 그 법이 나온 것은 사실이지만, 그 법이 역으로 하나님과 동일시되지는 않는다. 하나님의 법이지만, 하나님은 아니다. 하나님이 그 법을 만드신 것은 진리이지만, 그 법을 자유롭게 운용할 여지조차 없고 그럴 능력도 없는 존재로 만드는 것은 하나님을 분노케 할 일이다.

그래서 폭풍 가운데 등장하신 하나님은 "내가 내 뜻대로 하는데, 네가 왜 큰 소리냐? 너는 할 수 있겠느냐?"라고 하신다. 욥에게 하신 말씀이지만 엘리바스와 두 친구에게도 공히 적용된다. 예측 가능한 하나님, 내 예상대로 움직이시는 하나님은 애당초 하나님이 아닐 것이다. 하나님을 고작 그런 수준으로 격하시키니까 하나님이 최종적으로 욥의 손을 들어 주셨다.

'하나님의 의로움'에 대한

착각

엘리바스의 하나님 이해가 결정적으로 잘못되었다는 것을 여실히 보여 주는 것이 4장 17절이다. "인간이 하나님보다 의로울 수 있겠으며, 사람이 창조주보다 깨끗할 수 있겠느냐?" 맞는 말이다. 하나도 그르지 않다. 그러나 하나님이 사람보다 의로우시다고 할 때의 의로움은 어떤 의로움이고, 사람보다 더 의로우신 하나님은 어떤 하나님인가? 이는 예수님과 바리새인 대결의 전주곡이다. 예수님과 바리새인들은 같은 목표를 추구했다. 거룩함이다. 거룩은 하나님을 닮는 것이고, 하나님을 닮기 위해서는 구별되어야 한다. 여기까지는 입장이 같다. 그런데 바리새인은 거룩하기 위해서는 거룩하지 않은 사람들, 예컨대, 세리, 죄인, 창기들 같은 불결한 이들과 어울리면 안 된다고 주장했다.

반대로 예수님은, 진정한 거룩은 거룩하지 않은 사람을 거룩하게 만들고 진정한 정결은 부정한 사람을 깨끗하게 하는 것이라고 하셨다. 그래서 그들과 밥도 드시고, 이야기도 하시고, 제자로 삼으셨다. 바리새인의 의로움이 누군가를 죄인으로 만드는 것이라면, 예수님의 의로움은 누군가를 의인으로 만드는 것이다.

복음서만 그런 것이 아니다. 신명기도 의로우신 하나님을 말하는데 그 의로움은 은혜이다. 왕대일 교수는 신명기 26-28장을 다루면서 그 제목을 '보상이 아니라 은총입니다'라고 했다.[12] 그는 이 본문을 인과응보 사상으로 보기보다는 하나님의 정의로움에 관한 본문으로 읽으라고 조언한다. 오히려 "신명기가 전하는 인과응보는 하나님의 사랑이 언약에 기초해 있다는 것을 보여 주는 수사(修辭)"라고 한다.

곧이어 "이런 식의 수사가 신명기 전체에 깔려 있다"고 덧붙인다. 그러니까 엘리바스는 하나님의 은혜와 정의라는 본의와 맥락을 놓쳐 버리고, 문자적으로 욥의 상황에 대입하다가 하나님께 혼쭐이 난다. 그는 욥의 고통을 가중시켰다. 그러므로 다시 말한다. 생각하지 말고, 보라!

나눔과 질문

1. 나에게 하나님은 어떤 분이신가? 어떻게 설명할 수 있는가?

2. 내 신앙의 틀로 다른 사람의 신앙을 재단한 적은 없는지 생각해 보자.

08

내 말이
거칠었던 것은

✦ 6:1-30 ✦

로고스서원에서는 매주 책을 한 권 읽고, A4 한 장 분량의 글을
쓰는 훈련을 한다. 첫 학기의 두 번째 책은 박미라의 《치유하는
글쓰기》(한겨레출판)다. 제목 그대로 글쓰기를 통해서 마음을 치
유하라는 메시지를 담고 있다. 첫 번째 책은 줄리아 카메론(Julia
Cameron)의 《아티스트 웨이》(경당)다. 우리 안에는 창조자 하나님
을 닮은 창조적 예술가가 있어서 누구나 글을 잘 쓸 수 있다는 점
을 격려하기 위해 제일 먼저 읽도록 한다. 반면, 《치유하는 글쓰
기》는 아무것이나 생각나는 대로, 형식에 구애받지 말고 마음대
로 자유롭게 쓰라고 독려하는 차원에서 《아티스트 웨이》 다음에

배치했다. 친구들 만나 수다 떨 듯이, 마구 발설하듯이 글을 쓰라는 의미다.

이 책에서 가장 흥미로운 부분은 '미친년 발설하기!'다. 단어만 듣고도 흠칫 놀라 뒤로 한 걸음 물러설 사람이 많다. '미친년'이라니? 용어도 거칠고 어감은 까칠하다. 헤아릴 수 없는 상처를 품고 사는 사람들의 마음에는 울부짖는 짐승이 한 마리 산다. 통상적인 문법 체계에 맞는 문장으로는 도저히 표현될 수 없는, 내면에 숨어 있는 아픔을 그대로 묻어 두다가는 큰일 낼 사람들의 언어가 그것이다. 사회에 적응하지 못하고 변방으로 밀려난 사람들은 무릇 주류와 다른 언어를 사용한다. 그것이 바로 '미친년의 언어'이다. 그래서 박미라는 이런 미친년 같은 글이 약자의 생존전략이라고 말한다.

비정상이 일상이 되어 버린 상황에서는 비정상적 언어로 말하는 것이 오히려 정상적이지 않을까? 청소년들의 언어에 욕이 들어가지 않으면 말이 안 되는 것도, 미칠 것 같은 가정이나 학교에서, 아무도 자기 말을 들어 주지 않고 그저 입 닫고 공부만 하라고 다그치기 때문이다. 학교, 학원, 교회, 심지어 가정에서도 말할 기회와 틈을 주지 않고 어른들만 일방적으로 말하지 않았던가.

쏟아지는

분노의 신음

욥의 상황이 꼭 그렇다. 욥은 마치 미친년처럼 씨불이고, 아이들처럼 욕지거리 해 댄다. 화들짝 놀란 친구들은 그런 비정상적인 언어 자체를 문제 삼고 공박한다. 왜 그따위로 말하느냐고, 좀 곱게 말하면 안 되냐고, 굳이 그런 식으로 말해야 하는 거냐고. 그렇게라도 말하지 않으면 속에서 울화가 치미는 심사를 조금도 헤아려 주지 못하니 욥은 더 미치는 거다. 욥의 거친 언사는 날이 갈수록 강도가 세진다. 그만큼 욥이 당하는 고통이 논리적인 언어로 차근차근 말해질 성질의 것이 아니기 때문이고, 아무도 자기 말을 제대로 들어 주지 않으니 더욱 강하게 말하는 것이다.

욥도 자신의 말이 듣기 거북하다는 것을 잘 안다. 자기 스스로 거칠었다고 실토한다(6:3). 개역개정에서는 '경솔하다', 새번역에서는 '거칠다'로 번역한 이 단어는 정제되지 않고 절제되지 않은 말들이 마구 쏟아진 것을 뜻한다. 자기 자신도 통제가 안 되는 것이다. 내 속에 이런 말들이 있었나 싶은 것들이 쏟아져 나오는 통에 욥 자신도 당혹스러운 것이다. 그도 그럴 것이 그의 내면이 앞서 말한 '미친놈'의 감정이기 때문이다. 격정적인 그의 말은 곧 그의 심한 고통과 격한 분노(6:2)의 반영이다. 안 하고 싶어도 자신도 모르게 저절로 터져 나온다. 그렇게라도 안 하면 속이 터질 것 같아 욥은 외친다. 허나, 그 소리는 함성이라기보다는 신음에 가깝다. 그는 한 개인이 온전히 받아 내기에는 불가능한 무게에 짓눌려 끙끙거린다.

지금 욥은 내 한 몸 덮은 모래가 아니라 바닷가에 지천으로 널린 모래알 전부의 무게와 자신의 고난을 비교한다. 그것이 얼마나 무거울지는 그저 상상해 볼 따름이다. 엄청난 모래가 내리누르는 힘 이상의 어떤 것이 그의 영혼을 짓밟고 있다. 바닷가나 강가에서 누구나 한 번쯤 모래찜질을 해 보았을 것이다. 고운 모래로 온몸을 덮은 후 챙이 넓은 모자로 얼굴을 가리고 한잠 자고 나면 얼마나 개운한가. 그러나 친구의 도움 없이는 혼자 일어나기 쉽지 않다. 모래가 좀 무거운가. 가늘고 고운 모래가 뭉치면 태산이 되는 법이다.

욥은 그것보다 자기가 당하는 고통이 더 무겁다고 한다. 사실, 그렇다. 주관적으로 느끼는 고통의 크기와 넓이는 자신의 고통이 가장 힘든 법이다. 그래서 모든 고통은 삼인칭이 아니라 일인칭이다. 그의 고통은 없다. 나의 고통만 있다. 그의 고통이 무엇이든지 간에 내 고통이 가장 버겁다. 그래서, 왜 내 아픔 몰라주느냐고, 좀 알아 달라고 부끄럽지도 않은지 소리를 버럭버럭 지르는 것이다.

욥의 앓는 소리를 들은 친구들은 딱딱하고 교리적인 잣대를 들이대지만, 기실 욥의 말은 지나가는 바람(6:26)과 같다. 예수님과 니고데모의 대화에서도 보듯이, 바람은 잡을 수 없고 만질 수 없다. 그것만큼 허망하고 어리석은 일은 또 없을 것이다. 그냥 느낄 뿐이다(요 3:8). '아, 바람이 부는구나'라고 알아차릴 뿐이다. 흩날리는 낙엽을 보면서 바람이 저쪽에서 불어와 이리로 가는 것을 안다. 깨진 마음에서 나오는 말은 바람과 같다. 논리적이지 않고 앞뒤가 안 맞다. 그냥 그 말을 통해 그가 표현하고 싶은 마음을 읽으려고 애써야 할 따름이다.

허나, 욥의 사나운 말에는 분노가 실려 있다. 그 방향은 세 곳으로 흐른다. 하나님(1-7장), 친구들(14-33장), 그리고 자기 자신(8-13장). 순서대로 살펴보자. 욥은 처음부터 하나님을 고난의 원인 제공자로 지목했다. 당돌하다 못해 불길하고 불경하며 불운한 도발적 언사가 친구들의 심사를 뒤틀리게 만들고, 독자들에게는 혼선을 조장한다. 욥은 자기의 고난이 하나님에게서 왔다고 화를 낸다. 하나님이 직접 활을 당겨 쏜 화살은 욥을 정확하게 가격한다.

그것을 엘리바스는 죄에 대한 하나님의 심판이라고 주장하지만, 욥은 죄 없는 자를 심판하는 것이 하나님답지 않다며 하나님을 탄핵한다. 지금껏 알고 믿었던 하나님과는 달라도 너무 다른 하나님의 모습에, 그는 아내 말마따나 실망하고 욕하고 떠나지는 않지만, 사탄이 바랐던 것처럼 하나님을 저주하지도 않지만, 계속해서 반항하는 길을 택한다. 이것이 욥의 신실함이고 진실함이고 의로움이다.

욥은 자신을 향한 불쾌한 시선을 잘 안다. 그래서 분노의 방향이 위로는 하나님을 향했다면, 밖으로는 친구들에게로 향한다. 힘들어 죽을 판인데, 친구라는 것들이 찾아와서 위로는커녕 상처에 소금을 뿌린다. 숫제 관에다 못을 박는다. 동정하지 않을 거면 쪽박은 깨지 말아야지, 침 한번 제대로 삼킬 수 없고 숨조차 제대로 쉴 수 없는 욥을 짓뭉갠다.

욥이 친구들에게 바란 것은 정다운 말 한마디였다. 그는 대놓고 친구들을 비판한다(6:22-23). "내가 다른 것을 요구했냐. 그냥 들어만 주면 그만인 것을 사람을 이리 곤죽을 만드는 것이냐. 너희들이 정말 친구 맞느냐?" 말문이 트인 욥은 더욱 거세게 친구들을 몰아세운다(6:29-30). "지금껏 내가 헛소리한 적이 있느냐! 그랬던 사람이 아닌 내가 이럴진대, 좀 이해해 주면 안 되느냐? '얼마나 힘들면 저럴까'라고 말이다. 아니면 '안 그랬던 사람이 저렇게 말하는 것을 보면, 속없이 그냥 지껄이는 말은 아닐 것이다. 진실이 담겨 있을 거야'라는 생각도 안 해 보는 것이냐?"

하나님의 답변을 구하는

분노

그런데 발설의 특징은 남들이 잘 알아듣기 힘들다는 것이다. 말 그대로 '미친년 발설하기'이기 때문에 논리적으로 말할 계제가 아니다. 대표적인 것이 6장 14절이다. "내가 전능하신 분을 경외하든 말든, 내가 이러한 절망 속에서 허덕일 때야말로, 친구가 필요한데." 이 구절은 의미가 모호하다. 하나님께 버림받았더라도 친구라면 받아 주어야 하지 않겠느냐는 말도 된다. 낙심하여 하나님을 버린 자가 있을 때, 그 마음을 잘 위로하여 하나님께로 돌아가게 하는 그런 친구가 필요하지 않겠느냐는 이중적 해석도 가능하다. 욥의 친구들이 보기에 욥은 하나님을 버렸다. 그렇더라도 친구들이 하기에 따라 하나님께로 돌아갈 수 있지 않겠느냐는 말이고, 욥의 입장에서는 내가 하나님을 버린 것은 아닌데 너희들 때문에 하나님 믿는 것이 더 힘들다는 말도 된다.

욥의 발언이므로 후자의 해석이 옳지 싶다. 나중에 하나님도 욥의 발언을 옳다고 하셨듯이, 그는 하나님을 부정한 것이 아니다. 도무지 해석이 안 되는 하나님의 처사에 대해 끈질기게 대답을 듣고자 했을 뿐이다. 그런 욥의 저의를 파악하지 못한 친구들은 질문하는 욥을 의심하는 욥으로 매도하고, 의로운 자의 고난인데도 죄지은 자의 벌로 해석하면서 옹색하게 하나님을 변명한다. 이런 친구들의 짓거리에 이골이 나고 신물이 나서, 너희들이 말하는 대로의 하나님이라면 나는 못 믿겠다, 안 믿겠다고 말하는 것이다. 내가 아는, 내가 바라는 하나님은 그런 하나님이 아니라고 말하는 것이다.

실제로 하나님을 믿는 데 가장 큰 장애물은 다름 아닌 교회와 교인이다. 하나님 때문이 아니라 사람 때문에 교회가 싫다는 사람이 얼마나 많은가. 그리고 고통당하는 사람에게 한 말 때문에 교회를 떠나는 사람도 있다. 존 스토트(John Stott)는 교회를 싫어하고 혐오하는 사람들에게 그리스도를 설득력 있게 전하려고 했다.[13] 교회가 뭐라고 해도 듣지 않는 사람들에게, 그들이 공히 인정하고 존중하는 예수 이야기를 통해서 복음을 전하는 것이다.

반대로 로날드 사이더(Ronald Sider)는 교회가 회복되지 않으면, 즉 교회가 예수의 증언 공동체가 되고 기독교인들이 예수의 증인이 되지 않고서는, 우리가 아무리 예수 이야기를 해도 결국 소용없다고 말한다.[14] 논리로 따지자면 우열을 가릴 수 없다. 그러나 오늘날 한국 교회의 상황을 염두에 두고 읽으면, 나는 사이더의 주장이 더 현실적이고 적절한 대안이라고 본다. 욥과 같은 경건한 그리스도인도 또 다른 경건한 그리스도인들로 인해 하나님을 믿는 것이 힘들다고 토로할 지경이니, 비기독교인이야 말해서 뭣하겠는가.

욥의 분노가 위에 계신 하나님과 밖에 있는 친구들을 겨냥한다면, 그것들이 감싸고 있는 부분은 안에 있는 자기 자신이다. 욥도 서서히 소진되고 있다. 이미 1-2장에서 말도 안 되는 고통을 당해서 그로기 상태인데, 정든 친구들마저 등을 돌리는 마당이니 그의 내면이 온전할 리 만무하다. 핍진하다. 그가 지금 거의 '미친년 발설하기'에 가까운 말을 쏟아 내는 것도 그만큼 속이 텅 비어서 그렇다. 공허한 것이다. 허전하기 이를 데 없다. 먹어도 먹은 것이 아니고 아무리 옷을 입어도 춥다.

욥은 자기 심정을 감추지 않는다. 그의 발설은 거침없이 이어진다. "풀이 있는데 나귀가 울겠느냐? 꼴이 있는데 소가 울겠느냐?"(6:5) 이것은 지금 욥의 내면이 배가 고프다는 말이다. "내가 이러는 것은 뭔가 결핍이 있어서 그런 것이 아니냐. 그런데 너희들은 정작 내가 원하는 것은 못 주면서, 되레 엉뚱한 말로 내 허기를 더 도지게 만든다. 내가 듣기 원하는 대답은 내가 왜 고난을 받는지, 그리고 하나님이 왜 이렇게 행하시는지, 그것이다. 그걸 알려 주면 그만인데, 왜 나를 죽을 죄인을 만들고 죄책감만 심어 주느냐. 그것이 고난을 극복하는 데 하등 보탬이 되지 않는다는 것을 너희들은 모르냐?"

욥의 거침없는 분노는 같은 신자 입장에서도 민망하다. 하나님을 향한 정제되지 않은 언어는 분명 도를 넘었다. 그랬기에 거푸 대답을 요구하시는 하나님 앞에서 욥도 '말'에 관해 언급한다. 말을 너무 많이 했고(40:5), 함부로 말을 했다(42:3)고.

하지만 욥의 발설은, 엘리바스가 해석한 것과 달리 하나님에 대한 신앙이 잘못되었거나 그의 성품에 문제가 있다는 증거가 아니다. 그것은 하나님에 대한 무지도 아니고 성품이 천박해서도 아니다. 바닷가 모래알같이 무거운 고통의 천만분의 일을 보여 주는 증거이고, 다른 한편으로는 구원을 향한 갈망, 하나님의 해결을 바라는 소망이 고통의 언어로 표출된 것이다.

그러니까 엘리바스는 분노를 사람을 죽이는 어리석은 행위로 본 반면(5:2), 욥은 분노하는 것이 사람을 살린다고 말한다. 《분노하라》(돌베개)를 저술한 스테판 에셀(Stephane Hessel)의 말처럼, 분노는 잘못된 현실에 대한 비판이자 책임지는 행위다. 가장 나쁜 자세는 무관심이다. 즉, 책임지지 않으려는 태도다. 욥에게 분노는 하나님의 성의 있는 답변, 책임 있는 행동을 요구하는 것이다.

실제로 하나님은 욥의 요청에 그분 나름의 대답을 하신다. 그리고 욥에게도 역행하는 창조 질서를 회복하는 자로 나서라고 촉구하신다. 신자의 분노, 특히 고난받는 자의 분노에 찬 기도와 찬양은 하나님의 마음을 움직인다. 때문에 욥은 반성하는 말을 하지만, 하나님은 욥이 하나님 자신에 관해 한 말이 옳다는 평결을 내리신다(42:7).

나는 한국 교회의 많은 성도가 착한 신자 콤플렉스에 빠져 있다고 말한다. 착하고 거룩한 척하지만, 속은 썩어 문드러져 있고 주저앉기 직전이다. 그 마음에 쌓인 아픔을, 슬픔을, 분노를 어디에도 말하지 않는다. 그러다가 스스로 무너지거나 타인에게 폭력적인 말과 힘으로 터뜨린다. 그래서는 안 된다. 욥처럼 하라. 욥처럼 하나님께 하라. 하나님께 다 말하라. 사람에게 말하지 마라. 위로는커녕 정죄만 당한다. 욥이 그러지 않았는가. 처음에 함께 울어 주고 공감해 준 친구들이 반가웠던 그는, 마음에 있던 바를 토로했다가 공격당하고 결국 하나님을 찾는다. 그 하나님께 울고 소리 지르고 다 말하라. 미친 사람처럼 말이다. 그대의 이름은 욥이다!

나눔과 질문

1. 하나님 앞에서 형언할 수 없는 고통으로 몸부림친 적이 있는가? 그때 당신의 기도는 어떠했는가?

2. 욥의 반항의 길이 '하나님을 향한 진실함과 의로움'이라는 의견에 대해 당신은 어떻게 생각하는가?

09

인생이 땅 위에서
산다는 것

✦ 7:1-21 ✦

"전도자가 이르되 헛되고 헛되며 헛되고 헛되니 모든 것이 헛되
도다"(전 1:2, 개역개정). 내가 사랑했던 성경 구절이다. 이 말씀이
너무 좋아서 날마다 때마다 즐겨 암송했다. 그때가 머리 박박 깎
은 고작 중학교 2, 3학년이었다. 당시 교회의 학생회는 출석을 불
렀다. 학생회 서기가 나와서 이름을 부르면 "아멘!"이라고 대답
했고, 성경 구절을 하나 암송하면 점수를 1점 더 주었다. 분기 말
이나 연말이 되면 출석, 암송, 전도, 성경 읽기 등을 모두 합쳐서
점수를 매기고 상을 주었던 것이다. 그 상을 받고 싶은 마음도 있
었을 테지만, 당시 때 이른 아버지의 죽음을 겪은 나는 살고 죽는

게 무엇인지를 날마다 생각했기에 이 구절을 택했다.

인생은 허무하다! 돌아보면, 중학생 남자아이가 무슨 인생을 알았겠으며 그 무상함을 얼마나 깊이 알았을까 싶지만, 그때는 자못 진지했고 심각했다. 예배드리다가도, 공부하다가도, 길을 걷다가도 생각하고 또 생각했다. 그렇게 계속 생각하다 보니 허무한 것이 인생이었다. 죽도록 열심히 일만 하시다가 그렇게 떠나가 버린 아버지를 본 나였으니, 인생이 어찌 무상하지 않았겠는가. 덧없는 인생이 너무 슬펐다. 그렇게 우리네 삶이 끝나는 것이 너무 화딱지가 났다. 그렇지 않기를 바라고 바랐다. 그래서 예수를 믿었다.

파스칼은 《팡세》에서 인간의 비참함을 가장 잘 아는 두 사람으로 솔로몬과 욥을 꼽았다. 그러나 그 비참함에 이르는 경로는 다르다. 솔로몬이 행복과 쾌락을 통해서 허무라는 비참함에 도달했다면, 욥은 비천한 자가 되어 겪은 고통의 실체를 통해서 비참함에 다다랐다. 솔로몬이 인간이 누릴 수 있는 최상의 갖가지 행복을 통해서 하나님 없는 인간의 허무함에 이르렀다면, 욥은 인간이 피하고 싶은 갖가지 불행을 한 번에 당하면서 하나님 있는 인간의 비참함에 도달했다. 욥은 하나님 없는 고통 속에서 힘든 것이 아니라, 하나님 있는 고통 속에서 인간의 비루함과 비참함을 한꺼번에 경험한 것이다. 인생은 행복해도, 불행해도, 무상하고 허망하다.

관심과 보호가
감시와 감금으로

어려서 전도서를 틈날 때마다 중얼거렸듯이, 나는 욥기를 온종일 중얼거리며 읽고 또 읽는다. 욥기 7장을 아주 천천히, 나지막이 읊어 본다. 한 글자, 한 글자를 정성을 들여 읽는다. "내가 다시는 좋은 세월을 못 볼 것입니다"(7:7). 이 대목에서 눈물이 핑 돈다. 짧은 고난의 연대기를 지나면서 내가 느꼈던 마음을 어쩜 이리도 잘 표현했는지.

고난의 한복판에 있으면 시간이 흐르지 않는다. 언제까지나, 영원히 이렇게 고난받다 죽을 것 같다. 어제는 오늘과 같고, 내일도 오늘과 하등 다를 바 없는, 그렇고 그런 날들이 흐른다. 그냥 머물러 있다. 즐거웠던 시간은 아예 생각조차 할 수 없다. 그게 언제 적 일인지 도무지 기억나지 않는다. 이렇게 살다가 죽겠구나 싶어서 조바심 내고 어찌해 보려고 안달복달해도 그냥 그대로인 삶. 정말 미칠 것만 같은 날들. 이 황무한 삶이 끝나는 날이 온다는 희망이라도 있으면 버틸 것 같은데, 그 어디를 봐도 그런 날이 올 것 같지 않다. 악몽이 따로 없다. 인생이 악몽이다. 이러다가 죽겠구나 싶었고, 그것이 서러웠다.

욥의 이 고백은 간단히 나온 것이 아니다. 7장 1-6절은 욥의 회고다. 낮은 왜 이리 힘든지, 남의 집에서 일해 하루를 근근이 살아가는 날품팔이가 저녁을 기다리는 것과 같다. 밤은 또 왜 이리 길고 긴지, 자기가 버림받은 것이 도무지 납득이 안 돼 잠도 안 오고 자다가도 벌떡 일어나진다. 살아 봐야 별 볼 일 없다. 장수가 복이 아니다. 길게 살면 살수록 못 볼 것을 본다. 게다가 몸은 만신창이다. 구더기가 끓고, 낫는 듯하다가 다시 도진다. 끝도 없이 반복되는 삶이 지겹고 힘겹다. 이런 날을 내일 또 산다는 것이 얼마나 무서운지, 알면서도 당해야 한다.

사실, 욥의 의로움은 바로 이 대목에서 빛을 발한다. 그냥 죽지 않겠다는 것이다. '그냥 소리 없이 조용히 죽지 않겠다. 하나님이라도 할 말은 다 하겠다' 이런 결기와 오기가 욥의 의로움이고 신실함이다. 끈질기게 하나님을 물고 늘어지는, 그래서 하나님의 항복을 받아 낸 야곱도 욥이다. 하나님도 두 발, 두 손 다 들게 만든다는 점에서 욥과 야곱은 막상막하다. '죽어도 하나님께 내 할 말 다 하고 죽겠다, 당신이 죽이든 말든 상관없다'는 도저한 배짱과 오기가 어디서 나오겠는가. 하나님을 믿으니까 저러는 거다. 부모에게 생떼를 부리는 아이는 왜 그러겠는가? 아들이고 딸이니까 그러는 거다.

지금껏 욥의 말은 '하도 힘드니까 미친놈처럼 발설하는가 보다. 고난에 절다 보니 말까지 거칠어지는가 보다'라고 생각할 수

준이었다면, 이제는 막무가내다. 위험한 발언이 마구 쏟아진다. 7장 12절과 17절이 대표적이다. 둘 다 하나님을 아주 못된 하나님으로 묘사한다는 공통점을 지닌다. 전자는 하나님이 악의적으로 자신을 괴롭히신다고 주장하고, 후자는 하나님의 선의도 악의적인 것으로 보인다면서 심하게 툴툴거린다.

먼저 12절이다. "내가 바다 괴물이라도 됩니까? 내가 깊은 곳에 사는 괴물이라도 됩니까? 어찌하여 주님께서는 나를 감시하십니까?"(7:12) 여기서 바다 괴물은 고대 중근동 지역의 신화를 배경으로 한다. 그 지역에서 바다와 바다 괴물은 혼돈과 파괴를 상징한다. 때문에 신들은 이 바다 괴물을 제압하고 창조 질서를 회복한다. 이미 3장에서 생일을 저주하면서 슬쩍 언급된 리워야단, 그리고 하나님의 폭풍 대답에서 자세히 묘사되는 리워야단은 히브리식 버전의 바다 괴물이다.

욥은 지금 내가 그 괴물이냐고 하나님께 따지고 있다. 왜 나를 감금하고 불철주야로 감시하느냐고 항변한다. "나는 악당이 아니라고요. 왜 악인 취급하느냐고요?" 그러나 욥은 안다. 이것이 하나님의 지극한 사랑에서 온 것임을. 하나님이 욥에게 관심이 없다면, 그리 못하신다. 아니 안 하신다. 1-2장에서 보듯, 하나님은 욥에게 특별한 관심을 기울이신다.

세상을 두루 다니고 온 사탄이 하나님께 드린 보고에는 응당 욥에 관한 것이 있어야 했다. 욥이 얼마나 하나님을 사랑하는지,

그 사랑에는 눈곱만큼의 사심도 없다고, 보기 드물게 경건한 사람이라고 마땅히 보고해야 했다. 그걸 안 하니까 하나님이 먼저 욥 자랑을 하신 것이다. 욥에 대한 관심이 특심했던 것이 화근이라면 화근이다. 그걸 아는지 모르는지, 욥은 관심을 끊어 달라고 하나님께 요구한다.

앞의 말이 "내가 나쁜 놈이요?"였다면, 이제는 "관심 꺼 주쇼"다. 그것이 17절에 잘 드러난다. "사람이 무엇이라고, 주님께서 그를 대단하게 여기십니까? 어찌하여 사람에게 마음을 두십니까?"(7:17) 교회를 몇 년 다닌 사람은 이 구절을 보고 퍼뜩 시편 8편을 떠올렸을 것이다. "사람이 무엇이기에 주님께서 이렇게까지 생각하여 주시며, 사람의 아들이 무엇이기에 주님께서 이렇게까지 돌보아 주십니까?"(시 8:4) 본시 이 구절은 하찮은 미물에 불과한 인간을, 그 많고 많은 피조물 중에 유독 인간을 기억하고 보호하시는 하나님의 은총에 대한 찬양이다. 별 볼 일 없는 인간을 별 볼 일 있는 존재로 삼으셨으니, 이보다 더한 은총이 어디 있겠는가.

허나, 욥은 그것이 못마땅하다. 좋게 말하면 뒤집어 보았고, 나쁘게 말하면 뒤틀어 보았다. 우리를 향한 하나님의 지독한 관심이 감시로 느껴진 것이다. 불꽃같은 눈동자로 우리를 지켜보시는 하나님은 한시도 시선을 거두지 않으신다. 1초도 당신의 눈을 떼지 않으신다. 이것이 관심인가, 감시인가? 나는 하나님의 보호 안에 있지만, 동시에 하나님의 블랙리스트에 기재된 요주의 인물이다. 바다 괴물이라도 되면 요시찰 인물로 주시하는 것이 타당하겠지만, 욥은 그런 존재가 아니지 않는가.

비참함을 아는
위대함

이 삐딱한 욥의 말은 나름 근거가 있다. 하나는 창조론이다. 세상은 정확하게 창조 세계를 역주행하고 있다. 앞에서도 말했듯이 고통은 선한 창조가 정확하게 전복된 상태다. 모든 것이 뒤죽박죽으로 뒤바뀌었다. 존재 자체가 고통이고 산다는 것이 고통이다. 고통 없는 존재도, 고통 없는 인생도 없다. 일그러진 세상은 하나님의 형상을 일순간에 바다 괴물로 만든다. 또 나 자신을 그렇게 인식하게끔 만든다. 욥은, 이렇게 될 거면 뭐 하러 세상을 만들었냐고 따지는 것이다.

다른 하나는 인간론이다. 인간은 바람같이 왔다가 그냥 덧없이 사라지고 마는 하찮은 존재인데, 그런 인간이 죄를 지었다 쳐도 그게 하나님께 뭐 그리 대수냐는 것이다. 또 자기같이 미미한 존재가 죄를 짓는 것이, 위대하고 전능하신 하나님의 세계 운영과 진로에 무슨 영향이나 미치겠느냐는 것이다.

설령, 열 번을 생각해도 자신이 이런 고난을 받을 만큼 죄지은 것은 없지만, 백 번 양보해서 자신이 이런 고난을 받을 만한 죄가 있다 하더라도, 자신을 선한 눈으로 바라보신다면 용서하셔야지 왜 자꾸 단죄하느냐는 것이다. 그러니까 욥은 세 친구를 통해서 끊임없이, 자기 죄로 인해 무지막지한 고통을 받는 것이라는 말을 듣는다. 그들의 말이 맞다면, 하나님은 자신을 바다 괴물로 인식하신다는 말이 된다. 파스칼의 말에 따르면, 욥의 이런 반항은 인간의 위대함에서 비롯된다.

인간의 위대함은 자신이 비참하다는 것을 아는 점에서 위대하다. 나무는 자기가 비참하다는 것을 모른다. 그러므로 자신의 비참함을 아는 것은 비참하다. 그러나 자신이 비참하다는 것을 아는 것이 곧 위대함이다.[15]

욥이 자신을 비참한 존재로 인식하는 것은 그가 나무가 아니라 인간이기 때문이다. 친구들은 사람이지만 자신의 비참함을 알지 못한다는 점에서 나무와 같다. 뿐만 아니라 욥을 비참하게 만든다는 점에서 짐승과 같다. 그리고 본문에서 보듯이, 자신이 비참하다는 것을 아는 것이 얼마나 비참한 일인지 욥은 개탄한다. 그렇기 때문에 욥은 위대하다. 물론, 파스칼은 균형을 맞춘다. 파스칼은 위대한 참된 종교란 인간이 위대하다는 것과 함께 비참하다는 모순되어 보이는 진리를 동시에 가르친다고 했다.[16]

나도 욥과 같은 생각을 했었다. 고난은 하나님이 우리를 사랑하기에 허락하시고, 축복을 주시기 위한 하나님의 수단이라는 생각이었다. 이 말은, 당시에 내 영혼을 한방에 침몰시키는 파괴력을 지닌 말이었다. 사랑한다면서 고통을 가하는 그런 하나님이시라니. 나는 덜 사랑하셔도 좋으니, 덜 축복받아도 좋으니 그저 고통을 감해 달라고 읍소했다. 다른 사람을 더 사랑하셔도, 그들을 엄청나게 축복하셔도 딴말 안 할 테니 내 고통을 좀 줄여 달라고 사정했다. 빌고 또 빌었다.

언제나 나를 바라보시는 하나님은 조지 오웰(George Orwell)의 《1984》에 나오는 빅 브라더와 같고, 침 꼴깍 삼키는 동안에도 내버려 두지 않으시는 하나님은 찰리 채플린(Charlie Chaplin)의 〈모던 타임즈〉에서 숨 돌릴 틈도 주지 않고 감시하는 자본가와 같다. 왜 굳이 빅 브라더나 자본가처럼, 내 허물과 죄만 찾으시는지 이해할 수 없다. 그런 하나님 앞에서 욥은 없다. 이미 없는 몸이다. 살아도 산목숨이 아니다. 헛되고 헛되다.

허무와
고통을 지나

2003년 10월 어느 날의 내 일기장이다. 보스턴대학교 철학 교수인 피터 크리프트(Peter Kreeft)의 책을 읽고 썼는데, 돌아보니 독서 일기라기보다는 단순 요약에 가깝다.

세 가지 철학이 있다고 한다. 전도서의 허무의 철학, 욥의 고통의 철학, 아가서의 사랑의 철학. 전도서의 허무의 인식론은 우리 인생 도처에 놓여 있는 지옥을 보여 주고, 욥기의 고통의 형이상학은 그 지옥 같은 인생을 한편으로 실용적으로 통과하는 법을, 그리고 다른 한편으로는 그 고통의 존재론을 전개한다. 마지막으로 아가서의 사랑의 미학은 우리를 천국으로 인도한다. 지옥의 나락에서 고통의 세상을 건너서 사랑의 천국을 설명한다. 마치 정반합의 변증법적 구조를 가지고 있다.[17]

각각이 인생의 국면을 반영하는 것인 동시에, 허무에서 고통으로 그리고 사랑에 이르는 여정이라는 그의 말이 맞는다면, 어려서 아버지의 죽음으로 허무를 알았고, 원치 않는 시련으로 고통을 겪었으니, 앞으로는 사랑으로 나아가야겠지. 나 아닌 타인의 부재로 상실감에 절절매던 시기를 지나고, 나 아닌 타인으로부터 받은 상처로 길길이 날뛰던 시간을 지나서, 나 아닌 타인을 진심으로 사랑하는 사람으로 점차 성숙하고 싶다. 진심으로!

이 땅 위에서 사는 한 죽음과 같은 허무를 피할 길 없기에 전도서가 필요하고, 고통을 피할 길 없기에 욥기가 있어야 하듯이, 허무하고 고통스러운 세상을 사랑하며 살지 않으면 안 된다. 자끄 엘륄은 전도서를 그의 저술의 최종 귀착점으로 설정했지만, 나는 크리프트의 설명처럼 허무에서 사랑으로 나아가련다. 그러나 욥기가 난공불락의 요새처럼 앞에 떡 하니 서 있다.

나눔과 질문

1. 인생이 허무하다고 생각한 적은 언제인가? 무엇 때문인가?

2. 고난이 하나님의 극진한 사랑임을 깨달은 경험이 있다면 이야기해 보자.

10

옛 세대에게
물어보아라

욥기에서 가장 애용되는 동시에 오용되는 구절은 바로 "네 시작
은 미약하였으나 네 나중은 심히 창대하리라"(8:7, 개역개정)는 말
씀일 것이다. 작은 가게든 큰 기업이든, 사업을 하는 기독교인이
라면 십중팔구 저 구절을 새긴 액자를 걸어 두고 있는 것 같다.
말 그대로 시작은 겨자씨처럼 미미했어도, 갈수록 그리고 나중에
는 크게 성장하고 싶은 소망과 확신이 오롯이 담겨 있다.

그러나 저 구절이 욥기의 주인공 욥에게는 참으로 가슴 아픈
말이라는 점을 아는 이는 많지 않다. 저 말은 욥이 아니라 욥을
공박하는 친구 중 한 사람인 빌닷의 말이다. 그의 논리는 이렇다.

'하나님은 선하고 공의로우시다. 그분이 무죄한 자에게 무고하게 고난을 주실 리 만무하다. 누군가 고난을 받는다면, 그것은 선하고 의로우신 하나님의 징계요 심판이다.' 따라서 욥은 자신의 죄로 인해 벌을 받고 있는 것이라고 한다. 살길은 한 가지로, 하나님께 잘못했다고 싹싹 비는 것이다. 그러면 이전보다 지금이, 처음보다 나중이 창대하게 된다는 말이다.

아비의 심장을 찢는

빌닷

빌닷은 자기 논리를 입증하기 위해서 욥의 죽은 아이들을 끌어온다. 열 명의 자녀들, 우애가 좋아서 저마다의 생일이면 서로를 초대하고, 함께 축하하고 기뻐하며 잔치를 열던 그 아이들 말이다. 반듯하게 자라서 신앙과 성품이 흠잡을 데가 없었으나, 그래도 혹시나 하는 아비 마음에 아이들 한 사람, 한 사람 맞춤형 번제를 드리게 했던 아들과 딸들이다. 이 아이들이 얼마나 예쁘고 사랑스러웠을까. 얼마나 귀하고 자랑스러웠을까. 그렇게 사랑스럽고 자랑스럽던 아이들이 한날한시에 영문도 모른 채, 거친 광풍에 집이 무너져 깔려 죽고 말았다.

아비는 그 아이들 생각을 하면 숨이 멎는다. 어쩌면 욥이 자기 생일을 그렇게 저주하며 죽고 싶다고 악다구니를 쓰는 것도, 무참히 죽어 간 아이들에 대한 사무치는 그리움 때문이 아니었을까? 그가 알든 모르든 간에, 그의 믿음을 입증하기 위한 테스트용으로 아이들이 죽었다는 사실에 한없는 죄책감을 느끼며 차라리 나도 죽게 해 달라고 하나님께 호소한 것이 아니었을까? 욥의 몸에서 흐르는 고름은 그의 피눈물이었고, 그의 피부가 바짝 탄 것은 그의 속이 시커멓게 탔기 때문이었으리라.

그런데도 빌닷이라는 친구는 함부로 입을 놀린다. "네 자식이 왜 죽었는지 아냐? 주님께 죄를 지어서 그런 거야. 벌을 받아 한 번에 죄다 죽은 거라고." 그의 머릿속을 가득 채운 신명기적 인생관은 사람을 살리자는 것일진대, 아예 한 사람의 인생을 조지고 도륙한다. 빌닷의 말을 들었을 때, 욥은 아마도 하얗게 질리고 오금이 저리고 손발이 떨렸을 것이다. 턱이 덜덜거리고 이가 갈렸을 것이다. 나라면, 그렇다. 내 죽은 자식들을 두고 저런 악담을 하는 놈이 내 친구라니, 하나님을 믿는 사람이라니, 저러고도 성도이고 그리스도인인가? 그래서 욥은 나중에 이러고도 너희들이 친구냐며 따지게 된다.

참 가관인 것은 빌닷의 입에서 나온 첫마디다. "언제까지 네가 그런 투로 말을 계속할 테냐?"(8:2) 하나님에 대해 악담을 퍼붓는 욥의 태도가 빌닷의 신경을 거스른 것이다. 빌닷은 '아무리 힘들어도 그렇지. 인간으로 태어난 주제에 자신을 창조한 하나님 앞에서, 본인은 의롭고 하나님은 불의하다는 말을 마음대로 지껄인단 말이냐. 그래 봐야 그런 말은 허풍에 지나지 않지만 말이다'라고 생각한 것 같다. 뿔난 빌닷은 욥의 약을 바짝 올린다. 의도적으로 그렇게 말하지 않았다 하더라도, 그의 세계관에서는 저런 말이 자연스럽다.

고난의 현장에서 한 발짝 물러선 사람들의 특징은, 말의 내용보다는 말투를 물고 늘어진다는 것이다. 그들은 교양 있고 상식적인 수준에서 욥이 울고불고했으면 좋겠는데, 그렇지 않으니 차마 눈 뜨고 못 봐주겠다고 한다. 아주 고도의 수법으로 욥을 깐다. 그의 가슴을 후벼 파는 말을 골라 한다. 그래야 욥이 기가 죽고 입을 다물 것이라는 계산에서, 욥의 상처를 정밀 타격한다.

정신 차리고 하나님께 용서를 구하면, 선하고 의로우신 하나님이 너를 불쌍히 여겨서 엄청난 축복을 내려 주실 것이라는 당근도 잊지 않는다. 바로 이 맥락에서 나온 말이 "시작은 미약하였으나 나중은 심히 창대하리라"이다. 우리가 이 말씀 액자를 걸면서 바랐던 것은 문자 그대로 창대한 미래였겠지만, 애초에 저 말을 들은 욥의 가슴은 갈가리 찢어졌다. 욥의 영혼은 난도질당했다. 그것이 자식 잃은 아비 심정이 아니겠는가.

초장에 논쟁의 기선을 장악했다고 생각했는지 빌닷은 이전보다는 차분하게 자신의 주장을 전개한다. 학자들에 의하면 빌닷은 욥과 논쟁을 벌인 친구들 중에 나이가 어린 축에 속한다. 엘리바스의 뒤를 이어 발언한 점과 그가 자신의 경험보다는 조상과 전통의 권위에 힘입어 논리를 전개한 점은 자신의 연소함을 덮으려는 방식이었을 것이다.

그러나 빌닷도 나름 논쟁가로서 누구에게도 뒤지지 않는다고 자부한다. 그는 욥의 말에 대해 정밀한 반격을 가하고자 조상과 전통을 개진한다. 7장에서 욥은, 인생을 살아 보니 허망하기 그지없다는 논리를 폈다. 말년의 내가 살면 얼마나 살 것이며, 그 많던 재산과 가족까지 다 잃은 마당에 살아서 무엇 하겠느냐는 자조 어린 탄식을 내뱉는다. 그러자 빌닷은 '한 사람의 인생으로 전체 인생에 대해 왈가왈부하지 마라, 너보다 더 오래 살았던 많은 선조의 지혜가 있다, 그 현자들의 증언이 쌓이고 쌓여서 얻은 삶에 관한 통찰이 다름 아닌 전통이다'라고 하며 그것에 기대어 욥의 논리의 허구성을 지적하려고 한다.

그 전통은 결국 인과응보다. 8장 11-19절의 내용을 압축하자면, '심은 대로 거둔다'는 것이다. 왕골과 갈대는 식물이므로 물 없는 곳에서는 자라지 못한다. 만약 식물이 시들고 끝내 말라 버렸다면, 그것은 예외 없이 물이 없어서 그렇다. 그것에 다른 이유가 있을 리 없다. 우리네 인생이 왕골과 갈대와 같다(8:11-12). 시편 1편의 시냇가에 심은 나무처럼 철철이 자라고 잎사귀를 내고 열매를 맺으려면, 시냇가 곧 하나님의 말씀에 깊이 뿌리 내려야한다. 다른 길은 없다!

집과 뿌리에 관한 이야기(8:14-19)도 결국 이 틀에서 벗어나지 않는다. '하나님께로 돌아가라! 하나님 앞에 서면 모든 죄 사함받고 큰 은총을 누릴 것이나, 끝내 하나님을 외면하고 하나님을 원망하면 죄로 죽을 것이고 큰 심판을 면치 못하리라'는 엄중한 경고를 날린다. 빌닷은, 이것이 자연의 이치요 많은 사람의 경험이 축적되어서 완성된 만고의 진리인데, 이것을 욥 너 한 사람이 부정하려 드는 것은 가소롭기 그지없다고 한다. 그도 그럴 것이, 새파란 젊은이가 인생의 실패를 줄이고 성공의 확률을 높이는 비법은 바로 인생 선배의 말에 귀를 기울이는 것이기 때문이다.

듣지 않은 자의
고난

이것은 내 경험이기도 하다. 내가 만약 나보다 경험이 많은 멘토와 선생, 선배들 말에 조금만 귀를 기울였다면, 아내의 말을 귀담아들었다면, 역사에 가정은 없다지만, 내가 두고두고 곱씹는 고난의 이야기는 없었을지도 모른다.

  석사와 박사 공부를 하는 동안 영혼은 마르고 심신은 지치고 재정은 바닥났었다. 그때, 당시 총장이셨던 이정희 교수님이 부목사 자리를 추천해 주셔서 가게 되었다. 정말 좋은 교회였다. 책만 죽어라 읽고 지냈던 터라, 설교하고 성도를 돌보는 사역이 신선했다. 은퇴를 앞두신 담임목사님과 성도들은 나를 후임으로 예정한 분위기였다. 그러나 나로서는, 젊은 사람이 편하게 물려받아 사역하는 건 아니다 싶어, 언젠가 개척하려는 마음을 먹고 있었다.

  2년이 지나가는 어느 봄에, 한 지인의 연락을 받았다. 집사님들 몇 분이 교회를 함께 시작할 목사를 찾는데 나를 소개했으니 만나 보라는 것이었다. 가고 싶다고 담임목사님께 말씀드렸더니 가지 말라고 만류하셨다. 처음에는 순종했다. 그런데도 가고 싶었다. 아내의 표현을 빌리자면, 안달복달했고 엉덩이가 들썩였다. 다시 말씀드렸더니 어두운 표정으로 허락하셨다.

  이 과정에서 이 총장님은 물론, 신뢰하는 많은 분과 의논했는데 대부분이 반대했다. 앞길이 구만리 같은 젊은 사람이 왜 그런 짓을 하느냐는 말도 들었다. 어느 분은 그건 죄라고까지 하셨다. 왜냐하면, 다니던 교회에서 목사님과 오랫동안 심한 갈등을 빚다가 교회를 나온 이들이 똘똘 뭉쳐서 시작하는 교회였기 때문이다.

  개척하고 싶었으나 돈이 없어 난망했던 나에게 이들은 함께 개척할 수 있는 동료로 보였고, 내가 돌봐야 할 사람들이라고 믿었다. 기성 교회와 목사에 대한 그들의 신랄한 비판은 새로운 교회를 하고 싶다는 바람으로 들렸고, 그들의 불만은 개혁적인 사람들의 모습이라고 합리화했다. 재정적으로도 위험 부담이 컸다. 그런데도 나는 가기로 했다. 모든 이의 강한 반대를 무릅쓰고 내린 결정이었다.

이후 나는 5년 동안 하박국서의 주인공이 되었다. 하박국처럼 노래하기까지 얼마나 후회를 했는지 모른다. 나 하나 때문에 나는 물론이고 아내와 아이들을 그렇게 고생시켰으니 유구무언이었다. 속으로 다짐했다. '이제는 내 마음대로 하지 말아야지. 아내와 어른들 말을 잘 들어야지. 철없이 행동하지 말고 권위 있는 분들의 조언을 새겨듣고 따라야지….' 신자로서 선택해야 할 때 신앙과 불신앙 사이의 결정은 거의 없다. 신앙과 신앙 사이에서의 고민이 대다수다. 그럴 때, 신앙 경험과 인생 경륜이 많은 선배의 조언은 안전하고 확실하다.

기독교 신학에는 신앙에서 권위 있는 것이 무엇인지, 권위를 갖기 위한 조건은 어떤 것인지를 토론한 길고 긴 역사가 있다. 대략 '성경, 전통, 이성, 경험'이다. 이것을 '웨슬리 4변형(Wesleyan Quadrilateral)'이라고 한다.[18] 빌닷이 기댄 전통과 경험은 숫자로만 본다면, 절반을 차지한다. 성경을 읽고 해석하고 실천했던 역사의 축적이 전통이라는 점에서 중요한 권위를 지닌다. 또한 인간은 자신의 경험을 벗어나서 성경을 해석할 수 없다. 성경을 살아내는 제자 공동체의 '경험'이 차곡차곡 쌓인 것이 '전통'이다. 그런 점에서 빌닷은 권위 있는 신학자다.

은혜가 없는
빌닷의 하나님

전통은 늘 갱신되어야 하고, 경험은 자기 한계를 벗어나지 못한다는 점에서 늘 비판받아야 한다. 전통은 오랜 경험과 해석의 총합이지만, 전통으로 설명하지 못하는 것이 등장하면 다시 해석하고 수정하지 않으면 안 된다.

때문에, 성경이 전통, 이성, 경험에 비해서 최종적이고 근원적인 권위를 지닌다는 점을 누차 강조해야 한다. 빌닷이 차용한 전통과 경험이 욥의 고난을 해석하는 데 풍부하고도 권위 있는 이야기이긴 하지만, 결코 성경을 앞서지는 못한다. 전통은 성경을 해석하지만, 성경은 전통을 창조한다.

빌닷의 논리가 녹록지 않지만 절대적인 것도 아니다. 왜 그런가 하면, 첫째, 욥의 경험을 제대로 해석하는 데 실패했기 때문이다. 고난이라는 한계 상황은 기존의 공식이 제대로 작동하지 않은 경우다. 하나님은 선하셔서 불순종한 자에게 벌을 주시고 의로운 자에게는 해를 끼치지 않으신다. 그래야 선하신 하나님이다. 그렇지 않으면 선하다 할 수 있겠는가. 그런데 의로운 사람이 고난을 받는다? 그렇다면 둘 중 하나다. 하나님이 선하시지 않던가, 아니면 그가 의롭지 않던가. 빌닷은 하나님이 선하시다는 전제를 결코 포기할 수 없었기에 욥이 의롭지 않은 죄인이라고 우긴다.

이것은 비단 옛적 일만이 아니다. 지금도 경험하는 현실이다. 대표적인 예가 세월호 침몰 사건이다. 학생들은 전문가인 선원들을 신뢰했기 때문에 움직이지 않았다. 법정에서 "왜 바로 탈출하지 않았느냐"는 질문을 받은 생존 학생은 이렇게 증언했다. "저희는 아무 지식이 없고, 그런 사람도 없고, (중략) 교육이 없는 상황에서 '기다리라'는 방송이 나왔잖아요. 아무래도 승무원이나 선장이 저희보다 지식도 많고 하니까 믿어야겠다는 생각이 들었어요. 그래서 그 말 믿고 계속 기다렸던 것 같아요."[19] 수십 년 배를 운항했던 전문가들이 결국 아이들을 죽음으로 내몬 것이다.

둘째, 빌닷의 결정적 과오는 하나님에 대한 잘못된 말, 잘못된 신학이다. 크게 두 가지다. 그의 신학에서는, 말씀과 성품에 신실하신 하나님이 아니라 예기치 못한 어떤 사태가 벌어져도 오직 한 가지 공식으로만 세계를 통치하시는 하나님이시다. 인과응보의 하나님은 경직되고 고정된 하나님이라는 점에서 하나님의 자유를 제한한다.

또한 그는 하나님을 은혜가 없는 무자비한 하나님으로 만든다. 빌닷의 신학에는 은혜가 없다. 빌닷의 하나님은 자유도 없고 은총도 없다. 이것이 빌닷의 죄다. 가장 애용되는 신학이 하나님을 가장 오용하고 있다는 서글픈 사실이다. 그래서 우리에게는 욥이 필요하다! 우리에게 자유를 주시고 은혜를 베푸시는 하나님이 필요하다! 그것이 고난받는 자에게 남은 단 하나의 희망이고, 고난을 견디고 이길 힘의 원천이다.

나눔과 질문

1. "네 시작은 미약하였으나 네 나중은 심히 창대하리라"고 말한 빌닷의 속마음은 무엇이었는가?

2. 나의 하나님은 어떤 분이신가? 혹시 하나님을 고정된 하나님으로 오해하고 경험 속에 하나님을 가두고 있지는 않은지 생각해 보자.

11

하나님은
의로우신가?

✦ 9:1-35 ✦

욥은 루터다. 절대 흔들리지 않을 것처럼 공고한 중세 유럽의 체제를 한판에 뒤집은 개혁자, 인간의 수고와 공로가 있어야만 하나님의 은총을 받을 수 있다는 천년 동안의 잘못된 신앙에 반기를 들고 일거에 뒤엎은 반항자, 하나님에게 가는 길이 아니라 하나님에게서 오는 길을 알려 준 개척자, 위엄찬 영광을 통해서 자신을 계시하시지 않고 십자가의 무력함으로 온 세상에 자신을 드러내신 하나님을 보게 해 준 신학자, 마르틴 루터 말이다. 아니, 루터가 16세기의 욥이다.

루터는 남다른 죄의식에 사로잡혀 있었다. 죄인 됨에 대한 그의 민감성은 스스로를 남다른 고행과 고해로 내몰았다. 그러나 아무리 죽음을 각오하고 용맹하게 정진하여 고행한들, 수시로 신부를 찾아가 내면세계를 샅샅이 훑어 남김없이 죄를 고해한들, 죄가 없어지지 않는다. 왜냐하면 하나님은 의로우신 분이기 때문이다. 인간이 제아무리 거룩한들 하나님 앞에서 거룩한 자가 없으며, 의로운 삶을 살려고 파닥거려도 하나님의 의에 결코 미치지 못한다.

그런 그는 로마서 1장 17절 "복음에는 하나님의 의가 나타나서"(개역개정)라는 구절을 미워했다. "죄인을 처벌하는 의로운 하나님을 사랑하지 못했고, 실제로는 그분을 증오했다."[20] 의로우신 하나님은 죄인을 처벌하실 수밖에 없다고 교육받았기 때문이다. 그렇지 않겠는가. 죄인 된 인간의 무엇 하나라도 의로우신 하나님 앞에서 용납될 만한 것이 있겠는가. 내 딴에는 흠 없는 삶을 살려고 필사적으로 애써도 하나님 앞에서는 죄인이고, 어떤 가망도 없다. 하나님의 의가 그런 식으로 이해되는 것이라면, 복음이 아니다. 기쁜 소식이 아니라 슬픈 소식이다. 그런데도 왜 하나님의 의로우심이 복음인가?

의로움에 대한
욥의 딜레마

욥은 루터보다 수천 년을 앞서서, 하나님의 의에 대해 루터처럼 극렬하게 저항했다. 루터의 생각대로 의로우신 하나님이 죄인 된 인간을 심판만 하신다면 그 하나님 앞에서 살아남을 자가 없다. 그리고 자기 기준에 차지 않는 인간은 모조리 겁주고 벌주고 화를 내시는 그런 하나님을 정말 의롭다고 할 수 있을까? 엘리바스와 빌닷은 죄인을 벌하시는 하나님을 의롭다고 확신한 반면, 욥은 죄인을 심판하는 것이 하나님의 의의 일부인 점은 인정하나 그것이 전부일 리가 없다는 의문을 품는다.

욥기 9장에 나타난 욥의 대답 전체를 이끄는 질문은 2절이다. "사람이 어떻게 하나님 앞에서 의롭다고 주장할 수 있겠느냐?" 이 질문은 사실 엘리바스의 것이다. 그는 욥에게 물었었다. "인간이 하나님보다 의로울 수 있겠으며, 사람이 창조주보다 깨끗할 수 있겠느냐?"(4:17) 대답은 당연히 "NO"다. 인간은 의롭지도 깨끗하지도 못하다. 그런데도 욥은 자기는 의롭다고, 이렇게 고난받을 만큼 죄지은 것이 없다고, 하나님의 의로우심에 뭔가 문제가 있는 것이라고, 그렇지 않고서야 이런 일이 내게 벌어질 리

만무하다고 항변하고 싶은 것이다.

엘리바스를 필두로 하는 무리와 욥의 대결 국면에서 가장 중요한 포인트가 바로 이것이다. 양측 모두 하나님이 의롭다는 데 동의한다. 다만, 그 의로움의 성격을 달리 해석한다. 빌닷이 포함된 엘리바스 측은 의로우신 하나님이 죄인인 욥에게 내리신 벌이므로 정당하다고 한다. 욥의 주장은 의로우신 하나님이 의인인 자신에게 벌을 내리신 것은 가당치 않다는 것이다. 하나님의 의와 인간의 고난 사이에 아주 깔끔하고도 확실한 공식을 갖고 있는 친구들이 자신감에 넘치는 반면, 욥은 의로우신 하나님이 인간에게 고난을 주신다는 사실이 도무지 믿기지 않아서 답답해하고 연달아 의문을 던지는 형국이다. 기존의 도그마에 의문을 표하기는 했지만, 어떤 탈출구도 찾지 못한 것이다.

그렇기에, 한편으로 하나님과 말싸움하는 것이 무슨 소용 있겠느냐는 짙은 회의에 사로잡혀 있다. 하나님과 법정에서 공방을 벌여도 전능하신 하나님 앞에서 나약한 자신은 한마디도 제대로 대답 못 할 것이기 때문이다(9:3-14). 설사 하나님이 자기의 항변을 듣고 고개를 돌리셔서 자기 말에 귀를 기울이신다 해도 답이 안 보인다. 의로우신 하나님이 자신을 죄인이라고 단정하실 것이기 때문이다(9:15-19). 욥도 인간인 한, 하나님 앞에서 결코 의로울 수 없다.

하나님이 욥을 의롭다고 판정하셔서도 막막하기는 매한가지다.

자신이 의인이라면, 하나님은 의인이라도 고난을 면제해 주시지 않고 죄인과 똑같이 취급하신다는 말이 된다. 그렇다면 자신이 의로울 필요가 무엇이며, 하나님이 의로우시다는 것은 또 무슨 뜻인가?

다른 한편, 욥은 하나님과 쟁론하기를 마다하지 않는다. 서슴없이 하나님께 의문을 던지고 대답을 강청한다. 하나님을 이해할 수 없기 때문이다. 욥이 말하는, "헤아릴 수 없는 기이한 일을 행하시는"(9:10) 하나님은 찬양의 근거인 동시에 당혹의 출발인 셈이다. 그 하나님이 우리에게 베푸시는 것은 감사하기 그지없다. 하지만 막상 그분이 도로 가져가신다면 감히 무슨 말을 할 수 있겠는가. 힘 빠지는 일이 아닐 수 없다.

욥은 지금 딜레마에 빠져 있다. 측량할 수 없는 하나님의 섭리는 하나님의 신비다. 그러나 그 신비로움이 하나님을 찬양하게 만들기보다는 부정적이고 혼란스러운 수수께끼로 느껴진다. 정녕 의로우신 하나님이 이리 행하실 수 있는가? 하나님의 의로움을 포기할 것인가, 아니면 하나님의 의로움을 다시 규명하고 규정할 것인가? 친구들은 그런 욥을 향해 참람하다고 난리를 치고, 욥은 이러지도 저러지도 못하고 있다.

한낱 속절없는
인생인가

옴짝달싹 못 하는, 이리 가지도 저리 가지도 못하는 욥의 궁색한 처지가 9장 곳곳에 포진해 있다. 의제는 '하나님의 의'였는데, 이후의 전개는 '하나님의 진노'에 집중하고 있다. 욥에게 의로우신 하나님은 진노하는 하나님이시다(9:5, 13). 욥에게 '하나님의 정의'는 '하나님의 진노'였고, 이 점에서는 친구들과 다르지 않다. 골자는 하나님의 정의와 하나님의 진노가 도무지 납득이 안 된다는 것이다. 친구들은 순순히 받아들였는데도 말이다. 오직 한 사람 욥, 고난받는 욥만이 거부하고 있다. "하나님은 그럴 리 없다!"고.

이토록 진노하는 하나님 앞에서 인간은 첫째, 나약할 수밖에 없다. 그분은 혼돈과 공포의 존재인 바다 괴물도 가볍게 짓밟고 짓이기신다(9:8). 바다 괴물의 다른 이름인 '라합'(9:13)은 바벨론 신화에 나오는 티아맛의 다른 이름이고, 구약의 리워야단이다. 이 괴물에게 협력하고 따르는 조무래기 괴물들이 많은데, 하나님이 화를 내시니 곧장 무릎 꿇는다. 그런 하나님이 화를 내시면 어찌 감당할 수 있겠는가. 속수무책으로 당할 뿐이다. 그만큼 하나님과 욥은 비대칭적이다.

둘째, 인간은 죄인일 수밖에 없다. 정의감이 투철하고 철두철미한 이가 진노를 발하신다면, 그것도 절대자라면, 어느 사람인들 피할 수 있겠는가. 인간의 몸에 묻은 먼지 하나, 머리털 한 오라기처럼 하찮은 것도 그분 앞에서는 결국 죄다. 인간에게는 그냥 그런 것으로 넘어가더라도 말이다. 나는 죄인이 아니라고 말하고 싶어도 하나님의 의로움 앞에서는 그 말이 쑥 들어가고 만다. 설령 용기를 내서 그렇게 말을 해도 하나님이 내 입의 말을 바꾸신다(9:20). 욥이 분명히 또박또박 "나는 무죄입니다"라고 발음을 해도, 하나님은 "나는 유죄입니다"로 고치시는 분이다.

그런 하나님 앞에서 인간은 애써 선을 행할 의욕마저 잃는다. 인간이 선한 일을 해도 어차피 하나님의 의로움에 미치지 못하고, 꼭꼭 숨은 죄마저도 탈탈 털어 찾는 분이 하나님이시라면, 사람은 그분에게 숨길 것이 없다. 또한 인간에게는 하나님의 공의로움을 통과할 내적 자원, 어떤 가능성이나 일말의 희망도 없다. 죄인이기에 하나님의 심판만 남았을 뿐이다.

그러므로 선하게 살아야 할 아무런 이유가 없다. 어차피 죄인이 될 터인데 그렇게 살아서 뭣 하겠는가. 어차피 왔다가 그냥 가는 인생이다. 초고속으로 운행하는 배요 날아가는 새보다 빨리 덧없이 지나는 인생(9:25-26)이니 웃으며 살자고 아무리 다짐한들 무슨 소용이 있겠나. 하나님 앞에서 죄인이고 고통으로 가득 찬 세상인 걸. 무엇을 하든 하나님 앞에서 덧셈이 되는 것도 없고 무엇을 안 해도 하나님 앞에서 뺄셈이 되는 것도 아닌데, 구태여 힘들게 살 이유가 없다. 그렇다면 인간에게 구원의 희망은 속절없는 것인가?

신앙 개혁에 시동을 건

욥

욥기 9장의 전체적인 분위기는 어둡고 우울하다. 하나님의 의로움 앞에서 쩔쩔매는 인간과 그 인간 앞에서 당당하게 호령하시는 하나님의 대조를 통해, 우리는 하나님의 영광과 엄위하심을 깨닫기보다는 '하나님도 참 심하시다. 그런 것까지 다 죄라고 규정하면 하나님 앞에서 살 사람이 없을 것이다'라는 생각을 한다. 그래서 욥은 간간이 절망 섞인 목소리로 깊이 탄식한다. 그렇게 인간을 정죄하기만 하는, 인간의 죄만 찾아내는 "그렇게 하는 이가 누구란 말이냐?"(9:24)고 한다. 그런 하나님을 어떻게 하나님이라고 할 수 있겠는가. 욥은 아무 보상도 기대하지 않고 그냥 있는 그대로 하나님을 하나님으로 인정하고 예배하고 사랑했는데,

지금은 도무지 하나님 같지 않다.

끊임없는 의심과 질문이 이어지는 간간이 욥에게는 앞서 말한 루터의 길이 보인다. 아니, 루터의 길을 열어젖힌다. "비록 내가 옳다 해도 감히 아무 대답도 할 수 없다. 다만 나로서 할 수 있는 일은 나를 심판하실 그분께 은총을 비는 것뿐이다"(9:15). 욥은 직접적으로 인지하지 못하고 있지만, 하나님의 의는 하나님의 은총이다. 하나님의 공의에는 분명 하나님의 진노가 포함되지만, 그것이 겨냥하는 바는 죄인 된 인간, 고난받는 인간을 향한 하나님의 자비로운 은총이다.

루터는 죄인을 벌하는 의로우신 하나님을 사랑할 수 없었고 도리어 밉다고 했다. 그러나 그는 그런 하나님이 어디 있느냐며 돌아서지 않았고, 성경을 내팽개치지도 않았다. 필사적으로 로마서에 나타난 하나님의 의를 연구했다. 결국 그는 의로우신 하나님이 우리를 의롭게 하신다는 사실을 깨달았다. '하나님의 의'라는 단어는 "믿음으로 인해서 자비로우신 하나님이 우리를 의롭다고 인정하시는 수동적 의를 지시"한다는 것을 알았다.[21] 그제야 새로 태어나는 기분이었고, 증오했던 '하나님의 의'라는 구절이 가장 달달한 구절이 되었다고 고백했다. 루터는 바로 욥이다.

이런 루터의 인식에 도달하기에는 욥의 삶이 아직 너무 고단하고 팍팍하다. 더 많이 씨름해야 한다. 아직도 가야 할 길이 멀다. 하나님의 의를 하나님의 은혜와 자유, 주권으로 깨닫기까지 욥은 더 많이 반항하고 주변의 벗들로부터 더 비난을 받아야 한다. 그러나 루터처럼 기존의 정답에 반기를 들고, 하나님과의 치열한 논쟁도 마다하지 않는 그의 모습 자체가 경이롭다. 하나님은 바로 그런 그를 순전하다고 평결하셨다. 하나님에 대한 신앙 개혁에 시동을 건 욥, 이제 시작이다.

나눔과 질문

1. 하나님의 정의를 오해해서 남다른 죄의식에 사로잡혔던 경험이 있는가?

2. 측량할 수 없이 크고 놀라운 일을 하시는 의로우신 하나님을 신뢰하고 있는가?

12

왜 나를
죄인 취급하십니까?

✦ 10:1-22 ✦

다음 글은 우리 교우의 욥기 묵상 글 일부다.

대학교에 다닐 때 방학을 맞아 고향에 내려온 적이 있었다. 그때 우리 집에서 구역예배를 드렸는데, 한 사건이 이슈가 되었다. 구역 식구였던 한 집사님의 초등학교 5학년 딸이 등교하다가 화물차에 치여 숨진 사건이었다. 똑똑하고 예쁜 아이였다. 학교에서 전교 부회장도 하고 장래가 촉망되던 아이였기에, 그 죽음에 큰 충격을 받았던 기억이 있다.

구역예배를 드리던 중 그 얘기가 나왔는데 다른 집사님들의 말이 잔인하기 그지없었다. 아이가 죽은 이유가, 그 어머니가 교회 생활을 성실히 안 하고 주일 성수를 못 했기 때문이라는 것이다. 그 말에 대해 서로 동의하는 대화를 주고받는 것이 아닌가? 그들의 대화에서 욥을 향한 친구들의 의식을 보았다면 비약이 될까? 아니, 그분들의 대화는 욥의 친구들보다 더 잔인한 어떤 것이 아니었을까? 그들에게는 교우 됨이 무엇이었으며, 그들의 하나님은 과연 어떤 하나님이셨을까?

사람들이 어떻게 선한 사람을 악한 사람으로 만드는지, 그리고 친구들이 욥에게 그랬듯 신자가 다른 신자를 어떻게 죄인으로 만드는지 보여 주는 사례다.

로마서와 루터의 핵심 사상을 나는 한마디로 요약한다. 하나님은 의로우시다. "여러분은 '하나님은 의로우시다'라는 말을 들으면 어떤 생각이 드나요?" 내가 로마서 1장 16-17절을 본문으로 설교하거나 루터에 관한 강의를 할 때, 청중에게 종종 묻는 말이다. 다양한 대답들이 쏟아지곤 하는데, 사실 내가 원하는 대답은 '죄인'이다. 하나님이 의로우시다면 인간은 죄인이다. 의로우신 하나님 앞에서 인간은 철두철미 죄인으로 드러난다. 이사야(사 6장)와 베드로(눅 5:8)가 그랬고, 루터도 마찬가지로 자신이 죄인임을 처절하게 느꼈다.

그런데 의로우신 하나님 앞에서 죄인으로 드러난 것이 이야기의 끝이라면 그 하나님은 우리와 무슨 상관이 있단 말인가? 우리를 죄인 만드는 것이 하나님의 의라면, 그것이 어떻게 의로움일까? 아무튼, 9장에서 욥은 하나님의 의로움에 대해 시비를 걸었고, 10장에서는 그 연속선상에서 의로우신 하나님이 왜 인간을 죄인으로 만드시는지 캐묻는다. 그 의로움이 왜 인간을 악인으로 만드느냐는 비판이다. 욥은 조금 극단적인 경우이고, 나뿐 아니라 내 곁의 사람들은 대개 선하다. 조금 선하거나 조금 나쁘다. 극악한 죄인도 없고 성스러운 의인도 없다. 그냥 평범하게 살아간다. 그런데 왜?

하나님의 정의를 위해서 인간을 불의한 자로 만들어서야 되겠는가. 도대체 인간을 죄인으로 만드시는 하나님은 어떤 하나님이신가?

고뇌에 찬
네 가지 질문

욥기 9장은 해석자에 따라 다르게 읽는다. 어떤 이는 창조주와 창조에 관한 관점으로 풀어낸다. 하나님이 지으신 아름답고 선한 세상과 그 세상의 일부이자 정점인 한 인간 욥에 대한 하나님의 태도를 비판한다. 창조주와 피조물 사이의 압도적인 비대칭 관계일진대, 한낱 피조물의 약점을 집요하게 들추어내는 것을 욥이 불평한다는 것이다. [22] 이러한 해석은, 불평의 신학적 토대는 잘 드러냈으나 그것이 종국에 겨냥하는 한 지점은 잊고 있다. 압도적으로 선하신 하나님이 한갓 피조물을 무엇 때문에 죄인으로 만드시냐는 것이다.

크리스토퍼 애쉬(Christopher Ash)는 네 가지 질문으로 10장 전체를 일별한다. [23] 욥이 던진 고뇌에 찬 질문 네 가지는 다음과 같다. "왜 저를 대적하십니까?"(10:1-3) "왜 저를 지켜보십니까?"(10:4-7) "왜 저를 지으셨습니까?"(10:8-17) "왜 저를 죽이지 않으십니까?"(10:18-22) 이 질문들은 10장의 구조를 뜯어보고 윤곽을 그리는 데 유용하지만, 네 질문 모두를 아우르는 한 가지 키워드를 놓치고 있다. 차라리 죽는 것이 나을 정도로 죄스러운 인생에 대한 욥의 한탄과 물음도 한 가지로 향한다. "왜 나를 죄인 취급하십니까?"

욥이 하고픈 말은 첫 문장에 다 있다. 잘 쓴 글은 자신이 하고픈 말을 대개 첫 문장에 담는다. 욥도 마찬가지다. "나를 죄인 취급하지 마십시오. 무슨 일로 나 같은 자와 다투시는지 알려 주십시오"(10:2). 과연 하나님이 욥을 죄인으로 만드신 것인지, 그 친

욥, 까닭을 묻다

구들이 주범인지는 따져 봐야 할 것이다. 어찌 되었건, 욥은 그렇게 느끼고 종주먹을 불끈 쥔다. 그간 찬양해 마지않았던 하나님의 선하시고 의로우신 그 모든 일이, 한낱 피조물인 자신을 한없이 초라하게 만들고 죄인 만들기 위해 전력 질주하신 것으로 보인다. 욥은 하나님이 옹졸하고 쪼잔하다고 불평한다.

이는 앞의 9장과도 잘 연결된다. 욥은 9장에서 하나님의 의로움에 관해 대들었다. 의로우신 하나님의 잣대로 인간을 들여다보면 대체 누가 의롭다 할 수 있겠는가. 마찬가지로 그 의로우신 하나님이 인간을 죄인이라고 말하면 대체 누가 아니라고 저항하겠는가. 그 하나님 앞에 선 인간은 모두 죄인이다.

바리새인의 의
vs. 그리스도의 의

하지만 하나님이 의롭기 위해서 인간이 죄인인 것은 아니다. 더 중요한 것은, 하나님의 의로움은 인간을 죄인으로 만드는 것이 아니라 의인으로 만든다는 것이다. 나의 이 명제를 성경과 신학을 통해서 설명해 보려 한다.

먼저 구약을 보자. 대표적으로 예언서를 보면 처음부터 불호령이 떨어진다. 이스라엘이 자행한 범죄 목록이 나열되는데, 이것이 그들이 심판받아 마땅한 이유다. 그렇지만 그것이 하나님의 본심은 아니고 예언자가 하려는 바도 아니다. 이해를 쉽게 하기 위해 비율로 말한다면, 4분의 3정도는 하나님의 심판과 인간의 죄악을 말하고, 나머지 4분의 1은 하나님의 은총과 인간의 회복을 선포한다.

그렇게 본다면, 네 부분 중 앞의 세 개는 뒤의 한 개를 위한 사전 포석이다. 그 자체가 목적이긴 하지만 그것으로 종결되지 않는다. 심판은 반드시 은총으로 넘어가지 않으면 안 된다. 하나님에게는 심판 자체가 결코 목적이 아니다. 구원을 위한 심판이고, 구원에 이르는 징계다.

다음은 신약의 예수 그리스도와 바리새인 간의 논쟁이다. 대표적인 사례를 하나 보자. 주님이 회당에 가셨는데, 마침 그날은 안식일이었다. 그리고 그곳에 병든 사람이 한 명 있었다. 다른 날도 아니고 안식을 누려야 할 날에, 육체적 질병으로 안식을 누리지 못하는 가여운 사람이 있었던 것이다. 그에게 필요한 것은 다른 어떤 것이 아니라 오그라든 손이 바르게 펴지는 것이었다. 그런데 바리새인들의 시선이 참으로 괴이하다.

그들은 예수가 어떻게 하는지 감시하는 자의 자세를 취한다. 일하지 말아야 할 안식일에 사람을 고치는지 안 고치는지를 지켜보고 있다. 이것으로 꼬투리를 잡아 예수를 비난하기 위해서다. 아픈 사람을 보고 같이 아파하지는 못할망정, 그를 이용해서 예수를 때려잡을 생각만 하고 있는 것이다.

바리새인에게 의롭다 함은, '일하지 말라'는 안식일 규정을 문자적으로 충실히 지키는 것이다. 반면 예수에게 안식일은, 아픈 사람을 치유하고 마음과 영혼이 다친 사람에게 참된 안식을 선물하는 것이다. 그것을 다음과 같이 대조해 볼 수 있다. '타인을 죄인으로 만드는 바리새인의 의 vs. 타인을 의인으로 만드는 그리스도의 의.'

예수님이 말씀하신 의는 죄인을 의롭게 만드는 것이다. 진정으로 의롭다는 것은, 타인이 죄인이든 아니든 상관하지 않는 것이 아니다. 자기의 의로움으로 타인을 깔보는 것도 아니다. 타인의 불의와 악함을 차마 보지 못하고 연민을 품는 것이고, 상대방도 의롭게 되도록 인도하려 애쓰는 것이다. 하나님 앞에서 우리는 죄인이지만 의인 취급 받는다. 그런데 우리는 남을 죄인 만드나?

주 외면하시면
나 어디 가리이까

욥기를 읽어 나가면서 자주 화들짝 놀란다. '이리도 거칠고 격한 말로 하나님을 공박하다니!' 싶어서다. 한편으로는 그의 마음에 공감하고 내 마음이 위로받다가도, 다른 한편으로는 너무 심한 것 같아서 불편한 감정이 든다. 그래도 하나님이신데…. 하나님께 저렇게 무엄하게 대들다니, 어떻게 되려고 저러나, 뭐 그런 걱정도 생긴다.

이런 나에게 욥은, 내가 익히 아는 찬송가 한 대목으로 대답을 대신할 듯싶다. 어릴 적 부흥회나 금요 철야 기도회에 가서, 두 손 번쩍 들고 온몸을 앞뒤로 흔들며 풍금 소리에 맞춰 처량하게 많이도 불렀던 그 찬송이 욥이 지금 부르는 노래가 아닐까?

하나님만은 내 마음 알아주시리라 믿었건만 그분마저 나 몰라라 하시고, 먼지 날 때까지 털며 죄인이라는 프레임에 나를 가두고, 내 모든 행동과 생각을 죄악된 것으로 단정해 버리니 숨쉬기조차 어렵다. 나 살려 달라 손들고 나왔는데, 너는 어쩔 수 없는 죄인이라고 구박하니 갈 곳이 없다. 지금 욥의 상황이 이렇다.

욥의 위대함은 그 하나님 밉다고, 화난다고, 이러시면 안 된다고 바락바락 대들면서도 꾸역꾸역 하나님 앞으로 나아간다는 것이다. 주님밖에 기댈 곳 없는데 이리도 박정하게 대하시면 나는 갈 곳 없고 쉴 곳 없으니, 제발 나 좀 봐 달라고 애처롭게 노래하는 욥이 보인다. 그리고 보면, 9장도 10장도 분노에 찬 비명, 혹은 체념에 찬 비탄인 것 같다. 그것도 아니면 간절한 바람인가? 자신을 죄인 취급하는 하나님께 등 돌리지 말아 달라고 부르짖는 욥은, 이 찬송가를 주야장천 부르고 있지 않을까. "천부여 의지 없어서 손 들고 옵니다. 주 나를 외면하시면 나 어디 가리까"(새찬송가 280장).

나눔과 질문

1. 당신에게 '하나님의 의'는 무엇인가? 왜 그렇게 생각하는가?

2. 우리는 하나님 앞에 서면 죄인이 되는가, 의인이 되는가? 그렇게 되는 이유는 무엇 때문인가?

네가 흠이 없다고
우기지만

※ 11:1-20 ※

세 친구의 말을 욥기에서 똑 떼어 내 구약의 다른 책들, 예컨대 잠언서나 예언서 같은 책의 중간 어느 곳에 집어넣었다고 가정해 보자. 성경을 많이 읽었다고 자부하는 성도는 물론이고 웬만한 목회자도 별 거부감 없이 읽을 것이다. 서두와 결말을 덜어 낸 다음 맥락을 건너뛰고 담담하게 읽으면, 참으로 은혜로운 말씀일 뿐이다. 예언서의 한 챕터로 배치했다면, 추상같은 추궁이거나 불같이 뜨거운 질책이었을 것이다.

그러나 이 말들은 욥기에 있고, 세 친구의 말이며, 서두에 욥의 순전함을 명토 박아 놓은 상태다. 게다가 극적인 반전이 이루

134   욥, 까닭을 묻다

어지는 결말에서 하나님이 세 친구를 엄히 꾸짖으신다는 것을 알고 있기에, 우리는 어쩔 수 없이 이 친구들의 말에서 흠을 잡고 티를 찾는지도 모른다. 소발은 욥에게 더 이상 우기지 말고 죄인임을 인정하고 회개하라고, 그래야 산다고 조언한다. 만약 그가 이 텍스트를 해석하는 우리에게 조언한다면 이렇게 말할 것이다. "다시는 흠 잡기 위해 읽지 말고 하나님의 말씀으로 인정하고 받아들여라, 그래야 산다."

소발이 되어 버린
우리

11장 2-3절을 보라. 소발은 욥을 향해 말이 많다고, 너무 많이 떠벌리고 주절댄다고 비꼰다. 무릇 성경의 하나님은 '우리를 향해 말씀하시는 하나님' 혹은 '우리를 위해 말씀하시는 하나님'이다. 또한 성경의 인간학은 말씀하시는 하나님 앞에서 경청하는 인간, 즉 말씀을 듣고 순종하는 인간이다. 그러므로 내가 소발이었다면, 하나님 앞에서 말이 많은 욥, 하나님께 대드는 욥에게 너의 말이 많음으로 인해 하나님의 음성이 들리지 않는 것이 아니냐고 혼쭐을 냈을 것이다. 네가 입을 닫는 바로 그 시점부터 하나님의 세미한 음성이 들릴 것이라고 했을 터다. 이렇게 말하면 참 은혜로운 설교 같다. 그런데 욥기에서는, 욥에게는 맞지 않는 말이다.

11장 6-9절에서는, 하나님의 지혜의 무궁함과 인간의 우둔함, 유한함을 역설하고 있다. 신학에서 신과 인간을 구분하는 경계선은 어디인가? 신의 무한함과 인간의 유한함이다. 그 무한함을 나타내는 것이 전능이고 전지다. 못하는 것 없고 모르는 것 없는 분이 하나님이시라면, 인간은 못 하고 모르는 존재다. 설령 무언가 할 수 있고 안다고 해도 그것이 하나님께 미칠 리 만무하다.

그것에 대해 소발은 재미난 비유를 든다. 크신 하나님 앞에서 한 터럭도 되지 않는 인간이 감히 지혜롭다고 말하는 것은, 들나귀가 사람을 낳았다는 말과 다르지 않다는 것이다(11:12). 이건 숫제 거짓말이고 처음부터 불가능하다. 그러니 기존의 신학과 교회가 가르치는 내용이 소발의 주장과 무엇이 다를까. 깃털 무게만큼도 차이나지 않는다. 소발의 말은 하나도 그르지 않다. 그 옳고도 바른말이 욥기 안에서는, 그리고 우리의 주인공 욥에게는 틀리고 아픈 말이다.

13절부터의 내용도 살펴보자. 인간은 죄가 있기 마련이고, 그 죄를 해결하지 않는 이상 우리는 하나님 얼굴을 볼 낯이 없다. 때문에 인간은 무릎 팍 꿇고 고개 납작 숙이고 두 손 번쩍 들고 그저 "죄인입니다" 해야 한다. 예수님의 비유에 나오는 세리처럼 기도하지 않으면 안 된다. 하나님 앞에서 잘났다고 으스대던 바리새인을 예수님이 뭐라고 평가하셨는지 알지 않는가. 죄인이라 자처하며 차마 고개도 들지 못하던 세리가 하나님 앞에서 의인이 되었고, 자기의 의로움을 양껏 뻐기던 바리새인은 죄인으로 단죄 받았다(눅 18:9-14). 욥을 그 비유에 밀어 넣는다면 세리일까, 바리새인일까? 의인으로 인정받는 죄인? 죄인으로 규정되는 자칭 의인? 새삼 말하지 않아도 알 것이다. 그런데 욥기에서는 다르다. 욥기의 서두와 결말에서 말하듯이, 욥은 하나님도 인정하시는 의인이다.

회개하면 하늘의 하나님이 들으시고 용서하시며, 이후에는 새 희망으로 가득 찬 삶이 펼쳐질 것이라는 약속은 성경 전체를 관통하는 메시지다. 하나님은 끊임없이 말씀하셨고 예언자들은 쉼 없이 외쳤다. "너희 죄에서 돌아서서 나에게로 돌아오라. 죄에서 멀리 떨어지면, 나에게로 가까이 오면, 살길이 있다." 그런데 어찌 된 일인지 욥기에서만은, 그리고 욥에게만은 이 메시지가 얼토당토않은 말이니 어떡해야 한단 말인가.

그러니 소발이 "너는 왜 그리 우기느냐! 너는 왜 스스로 똑똑하다고 자랑질이냐! 너의 죄인 됨을 잊었느냐!"고 욥을 크게 나무라는 것이 놀랍지 않다. 이쯤 되면 '소발' 대신 나와 그대의 이름을 넣어서 바꿔 읽어야 한다. 교회깨나 다니고 예수 좀 믿는다는 신자치고 소발 아닌 이가 있을까? 우리 모두가 엘리바스이고 빌닷이고 소발이다. 나는 어쩌다 가끔 욥이고, 많은 경우 욥의 친구다.

하나님이 실수하신 것 같다고 따지는 욥, 자신의 죄를 토설하지 않고 회개치 않는 욥, 고난 속에 숨겨진 모종의 계획을 깨닫지 못하고 불평을 연발하는 욥, 그를 향한 소발의 악랄한 비난에 우리는 머리를 좌우로 흔든다. 그러나 마음은 사실 끄덕이고 있다. "그의 희망이라고는 다만 마지막 숨을 잘 거두는 일뿐일 것이다"(11:20)라고 속으로 말하는 것이다.

무고한 자의
고난

그럼, 무엇이 문제인가? 소발이 도대체 무엇을 잘못했단 말인가? 아무리 다시 봐도 소발의 말이 맞는 것 같다. 맞는 말인데 틀렸고 아프다. 왜 그런가? 첫째, 다 맞는 말이라서 아프다. 차라리 거친 욕설이라면 덜 아플 텐데, 맞는 말이라서 더 아픈 것이다. 소발은 욥을 걱정한다. 과거야 어쨌든, 무슨 이유로 무슨 죄를 지어서 이런 고난을 받았든, 앞으로는 욥이 정말 행복하게 살았으면 좋겠다는 소망을 전한다.

소발이 실제로 그런 마음을 품었는지 모르겠지만, 그는 상냥하게 욥에게 조언하고 있을 뿐이다. 너에게도 희망이 있으니 자포자기하지 말고 회개하여 새 삶을 얻으라고 말이다. 그래서 더 아리고 모진 말인 게다.

둘째, 너무 차가운 말이라서 그렇다. 욥에 대한 소발의 태도를 온도로 표시하면 몇 도일까? 그의 말은 골이 잔뜩 난 어투였을까? 시리도록 차가운 냉소였을까? 그것도 아니라면, 강 건너 불구경하듯 담담한 말투였을까? 가장 가까운 친구의 아픔 앞에서도 그는 고난을 연구하는 학자의 자세를 갖고 있었음이 분명하다.

그것은 욥을 바라보는 그의 시선에 묻어난다. "너는 네 생각이 옳다고 주장하고 주님 보시기에 네가 흠이 없다고 우기지만"(11:4). 여기서 '생각'이라는 단어는 개역개정이 번역한 것과 같이 '도(way)'라고 해도 무방하다. '도'라고 할 만큼 나름의 체계와 질서를 갖춘 사유를 말하는 것이다. 그러니까 소발은, 욥의 말을 아파서 내지르는 비명이 아니라 고통에 관한 명징한 사색으로 간주한다. 직업적인 신학자가 학술지에 실은 논문처럼 전문적인 언어와 엄밀한 논리, 정교한 체계를 갖춘 말로 받아들인다.

욥이 아무리 아프다고 신음해도, 정색하고 아주 진지한 태도로 "그건 말이지, 이런 거야"라고 말하는 소발의 모습이 그려진다. 소발의 시선은 카메라의 앵글과 겹친다. 미국의 소설가이자 사회운동가였던 수전 손택(Susan Sontag)의 《타인의 고통》(이후)에 따르면, 카메라가 발명된 이후 세계 곳곳에서 벌어지는 전쟁을 사진으로 기록하게 되었다. 그것은 외견상 고통에 대한 적나라한 고발로 보이지만, 실은 고통의 현장에서 멀찌감치 떨어져 사진을 통해 전쟁을 이해하게 만든다. 우리는 고통받는 자의 생생한 목소리나 표정이 아니라 스펙터클한 한 장면으로 전쟁을 기억한다. 그리하여 우리는 한낱 구경꾼이 되고 만다. 사진으로 전쟁을 보는 자에게는 전쟁이 없다. 고통도 없다. 그저 물끄러미 바라보는 어떤 것이고, '전쟁', '고통'이라는 단어로 명명될 뿐이다.

고통의 구경꾼이 되고 소비자가 되었는데도 마치 그것에 정통한 전문가인 양, 또는 그 참상에 깊은 연민을 품은 듯 착각한다. 우리의 실제 삶에는 어떤 동요도, 변동도 일어나지 않는다. "위험에서 멀리 떨어져 의자에 앉은 채 우월한 위치에 있다고 주장하기란 얼마나 쉬운 일인가."[24] 이 말은 소발의 태도를 떠올리게 한다. 고통 받는 자로부터 멀리 떨어져 그 고통을 사진이라는 매개로만 보면서 그저 안타까이 여기거나 운명 탓이라고 슬퍼하는 것, 그러면서 나는 괜찮다는 안도감을 느끼는 것이다.

소발의 신학적 태도도 마찬가지다. 신학을 공부하는 태도와 관련된 고전적인 설명이 있다. '창 안의 신학'과 '길 위의 신학'이다. 몇몇 서구 신학자의 글에서 읽은 내용인데, 나는 테라스 또는 베란다를 '창'으로 바꾸어 보았다. '창 안의 신학'은 2층 테라스에서 집 밖의 풍경과 길가에 핀 꽃들을 바라보는 태도이고, '길 위의 신학'은 집 밖으로 나가서 지천으로 핀 꽃들의 향기를 맡고 천천히 오래오래 바라보는 태도다.

물론 신학은 둘 다 필요하다. 고난받는 자의 현장에 참여해야 하지만, 그것을 언어로 해석하고 설명하기 위해서는 얼마간의 거리를 확보하지 않으면 안 된다. 길 위에 서 있는 것과 동시에 창밖의 세계를 거리를 두고 조망하는 시선 또한 필요한 것이다. 즉, 현미경과 망원경을 동시에 또는 번갈아 사용해야 한다.

그러나 소발은 결코 길을 밟지 않는다. 길가로 나서지 않고 안전한 곳에 머물러 있다. 이전의 방식으로 설명할 수 없는 이상한 현상, 즉 무고한 자의 고난을 해명하기 위해 위험하고도 모험적인 여정을 절대 떠나지 않는다. 그랬기에 그는 욥이 불안전하다고 말한다. 자신은 안정 지향적인 삶의 방식을 고수하며 길 떠나는 욥을 만류하고 있다. 안락하고 안전한 집에 앉아, 집을 빼앗기고 길에서 오들오들 떨고 있는 이를 보며 혀만 차고 있다.

다 맞는 말인데 틀린 말인 마지막 까닭은, 지금 고난받는 욥이 고난받을 이유가 없는데도 고난받는다는 점 때문이다. 소발의 신학 체계 속에서 고난은 하나님에 대한 불순종이고, 죄지은 것에 대한 하나님의 응당한 징계요 인과응보다.

욥은 그 공식에서 벗어난 사람이다. 그 공식으로 해명되지 않는, 적용할 수 없는 예외적 현상이다. 그렇기에 다른 방식으로 풀

네가 흠이 없다고 우기지만

지 않으면 안 되는데, 친구들은 이전까지 잘 작동해 왔다는 이유로 어떤 의심도 없이 같은 틀에 집어넣고 닦달하는 중이다. 기존의 신학이 죄를 지으면 벌을 받는다는 것이었다면, 욥의 현실은 잘못이 없어도 고난을 겪는다는 것이다. 악한 사람은 흥하고 선한 사람은 망하고 있는 현실에 분통이 터지는데, 소발은 발코니 위에 서서 아래를 내려다보며 "그가 모르고 우리도 몰라서 그렇지, 그도 알고 보면 죄가 있을 거야. 그리고 자비로우신 하나님은 그가 지은 죄에 비해서 훨씬 적은 시련을 주신 것이야. 그러니 그 하나님을 찬양하자"라고 말하고 있다.

다시 한 번 힘주어 말하고 싶다. 욥은 무고한 고통을 당하는 중이라고. 그리고 이 책에서 가장 강조하고픈 말 중 하나를 있는 힘껏 외쳐 본다. "무고한 자의 고난이 없다면 예수도 없다!" '죄와 벌'이라는 신학 언어로 예수의 십자가 죽음을 어떻게 설명할 수 있을까?

소발과 친구들의 프레임으로 본다면, 예수도 그렇게 고난받을 만한 죄가 있다는 말이다. 더한 벌을 받아야 하는데 관대하신 하나님이 감해 주셔서 그 정도의 고통만 받은 것이라고 말해야 할까? 적어도 분명한 한 가지는 무고한 자에게도 고난은 들이닥친다는 것, 그것은 확실하다. 욥에게 맞는 신학은 무고한 자가 당하는 고난을 설명하는 신학이다.

그 신학은 멋진 발코니에서 우아하게 세상을 바라보는 것이 아니다. 숨조차 쉴 수 없이 탄식하는 사람 곁으로 다가가는 것, 그래서 그 미친 소리 같은 말을 들어 주고 같이 울어 주는 것이다. 그것이 하나님을 믿는 자, 고난받는 이와 함께 하는 자로서 우리의 자세가 아닐까.

그리하여 하늘에 계시지 않고 고난받는 자의 자리로 내려오신 주님, 그리고 십자가에 매달리신 주님, 아무 죄 없이 모욕당하신 주님처럼 고난받는 자의 자리에서 고난받는 자의 말과 마음을 읽어야 하리라. 그리고 사도 바울이 말한 대로 해야겠다. "기뻐하는 사람들과 함께 기뻐하고, 우는 사람들과 함께 우십시오"(롬 12:15).

나눔과 질문

1. 누군가의 정답이 나에게 상처로 남은 경험이 있는가? 그런 경험이 있다면 이야기해 보자.

2. 소발의 냉정한 진단이 욥의 외침을 멈추게 하지도, 위로하지도 못하는 이유는 무엇인가?

네가 흠이 없다고 우기지만

하나님을 변호하겠다고,
네가?

✦ 12:1-13:19 ✦

당해 보지 않는 사람은 모른다. 무심코 던진 한마디가 얼마나 큰
상처가 되는지를. 그리고 당해 보지 않는 사람도 없다. 모두 다 상
처 주는 말을 함부로 내뱉고 듣고 속으로 앓으며 살아간다. 12장
5절을 보라. "고통을 당해 보지 않은 너희가 불행한 내 처지를 비
웃고 있다. 너희는 넘어지려는 사람을 떠민다." 공동번역은 '재난
에 빠진 자를 천더기' 따위로 간주한다고 옮겼다. 소발을 위시한
세 친구의 근본 문제는 고통받는 자의 자리에서 말하지 않는다는
것이다. 더 나아가 감히 하나님의 자리에서 말한다.

일본 역사에는 우리나라 못지않은, 아니 그 이상으로 잔혹한

기독교 박해가 있었다. 모진 핍박에도 신앙을 지키고 순교한 자들의 역사만 기록되었다. 그들보다 훨씬 많은 사람이 배교했음에도 기억되지 않는다. 신앙을 고양하기 위한 수단으로 순교의 역사만큼 감동적인 것이 또 있을까. 엔도 슈사쿠의 《침묵》(홍성사)은 나약한 그리스도인을 따뜻한 시선으로 그린다. 그래서 그런가. 많은 사람이 이 작품을 읽으면서 "등장인물 '기치지로'가 바로 내 모습이다"라고 말한다. 나 역시 그렇다. 작가가 보기에 그들은 성품이 모질지 못하다. 거기에 시대를 잘못 만난 불운까지 겹쳤다. 박해가 없는 시대에 태어났다면, 그들은 아주 훌륭하고도 모범적인 신자로 살았을 사람들이다.

불행하게도 그들은 일본 천하를 통일한 도쿠가와 막부 시대에 살았다. 정치가들이 자신들의 필요에 따라 종교를 이용하는 경우는 역사에 비일비재하다. 일본 고유의 종교로 국가를 통일하기 위해 그들은 외국 종교요 서구 종교인 '기리시단', 곧 기독교 신자들을 가혹하게 박해했다. 핍박을 견디지 못한 신자들은 예수님의 얼굴이 그려진 '후미에'를 밟음으로써 배교한다. 이 소설의 주인공들은 강한 믿음으로 순교한 신부와 성도가 아니라, 약한 믿음으로 배교한 신부와 신자들이다.

이러한 접근은 많은 반발을 일으켰다. 특히 일본 가톨릭교 신부들 중에서는 이 책을 금서라고 말하는 이도 있다. 작가의 대답은 완강하다. "기리시단 박해 시대에 행해진 고문도 경험해 본 적

없는 사람이 그것을 체험한 사람의 신앙이 깊다느니 얕다느니 말할 수 있는 권리가 과연 있는가?"[25] 자신만만하게 타인을 비난하는 사람은, 자신 안에 도사리고 있는 배교의 위험을 잘 알기에 그것을 감추기 위해 오히려 큰 소리를 치는 것이 아닐까?

그것이 자신과의 싸움이라면 응당 격려받아야 할 것이다. 하지만 자신을 감추고 타인을 비난하는 것이라면, 그것도 형언키 어려운 고문을 겪은 이들의 아픔에 일절 공감하지 않으면서 '정답'만 암송하는 이들이라면, 어떻게 봐야 할까? 하나님도 아닌 이들이, 아파 보지도 않은 이들이 너무 거칠게 말한다. 욥은 지금 너무 아프고 분하다.

너, 고난의 자리에
있었는가?

"누구나 다 아는 소리, 시쳇말로 개나 소나 다 아는 그런 말은 듣기 싫다." 이것이 욥의 반박이다. 누구나 죄짓기 마련이고, 죄가 있으면 응당 회개하고 회개에 합당한 열매를 맺으면 하나님이 복 주신다는 소발의 말은 누구나 알고 있다. 심지어 하늘의 새와 바닷속 물고기 등등도 안다. 소발은 천지 만물과 짐승도 아는 것을 너만 모르냐면서 욥을 구박했지만, 역으로 욥은 그들도 아는 것을 너만 아는 것처럼 자랑질하냐고 되치기 한다. 온갖 짐승들도 다 아는 것을 자신만 안다고 말하는 교만과 그것을 모든 사람에게 예외 없이 적용하려는 오만함을 비판하는 것이다.

성경을 읽는다는 것 또는 신학 한다는 것, 더 나아가 신앙 한다는 것은 누구에게나 옳고 좋은 것이 아니라 다름 아닌 '나'에게 옳고도 좋은 것을 선택한다는 말이다. 신앙은 보편적이지만 또한 개별적이기도 하다. 각자의 신앙과 얼굴과 목소리를 지워서 나와 너의 목소리를 구분할 수 없을 때, 그것은 그가 의도했든 의도하지 않았든 어느 하나를 다른 것으로 치환했다는 사실을 전제로 한다. 보편타당하고 객관적이라고 말하는 자들은 대개 힘 있는 자, 높은 자들이다. 그들은 자기들의 이익과 이해, 가치관과 세계관을 다른 계층과 약자에게 일괄 적용하고 강요한다.

개신교 신학은 그런 보편타당한 목소리에 반대하며 출발했다. 그럼 무엇을 반대했는가? '가톨릭'이다. 가톨릭 신자들은 그들의 신앙을 독일인들에게도 예외 없이 적용하려 했으나, 마르틴 루터는 독일에서 독일인들이 하나님을 경험한 것처럼 번역하려 했다. 모세를 독일 사람으로 착각할 만큼 말이다. 그러기에 신학자 구스타보 구티에레즈(Gustavo Gutiérrez)는 다음과 같이 말한다. "이것은 구체적인 상황을 고려하지 않고, 인간의 고통과 희망을 고려하지 않고, 신학화하는 방법에 대한 거부이다."[26] 구체적 삶의 정황에 대한 인식이 없으면, 아무리 좋은 조언도 특정한 자리와 사람과 시간과 맞지 않을 수 있다. '모든 고통'은 없다. '어떤 고통'만 있을 뿐이다. 다만 욥의 고통만 있을 뿐이다. 그 이름을 특정하지 않은 모든 고통에 관한 말은, 소발의 신학이고 욥을 멍들게 하는 사상이다.

예수 그리스도를 통하지 않고는 하나님을 알 수 없다. 십자가에 달리신 예수 외에 아무것도 알지 않겠다고 고백하는 신자라면, 고난받는 욥의 자리에서 그의 마음을 헤아리고 말해야 한다. 욥은 하나님께 아픈 마음을 털어놓고 있는데(13:3), 독실한 신자들은 그 말을 트집 잡아서 욥을 후벼 파고 있다. 고난 주간에 부르는 찬송가 구절처럼 묻고 싶다. "그때 거기 너 있었는가?" 욥이 고난받는 그 자리에.

숨어 계신
하나님

욥의 하나님은 참으로 역동적이시다. 한두 개의 공식에 욱여넣을 수 없는 하나님이시다. 하나님은 인간의 체계에 갇히시지 않는데, 그것은 하나님의 크고 넓은 주권과 자유 때문이다. 하나님은 우리가 조정하는 대로, 결정하는 대로 순순히 따르는 꼭두각시의 신이 아니다. 인간은 인간일 뿐 하나님이 아니다. 내가 나를 다 알지 못하거늘, 하물며 인간이 어찌 하나님을 알랴. 그런데 지금 욥은 감히 하나님 앞에 마주앉아 이래라저래라 하는 것인가?

그런데 욥의 말을 가만 읽어 보면, 소발의 주장에 맞장구를 친다. 하나님은 왕과 권력자를 세우기도, 하루아침에 무너뜨리기도, 강하게도, 망하게도 하신다(12:13-25). 화려한 옷을 입고 뽐내던 이도 일순 벌거벗겨져 수치의 나락으로 떨어진다. 그것은 오로지 하나님의 주권이고 자유다. 인간이 왈가왈부할 성질의 것이 아니다. 욥도 하나님의 주권을 인정한다.

차이는 하나님의 행위에 대한 해석에 있다. 소발에 따르면, 하나님은 천상천하 최고 왕이시므로 제아무리 높은 사람이라도 한순간에 그 권력과 지위를 앗아가실 수 있다. 그분은 공의로운 분이시기에 그런 행위는 정당하고 정의롭다. 그러므로 동방 최고의 부자 욥이 유례를 찾을 수 없는 고난을 받는 것은, 그가 실제로는 최고의 악인이었기 때문이다. 따라서 고난은 욥의 악에 대한 하나님의 전적 주권이자 정당한 행동이다.

반면, 욥은 하나님이 예측하기 힘든 분이시라고 주장한다. 하나님의 주권은 하나님의 자유와 쌍둥이다. 만약 그분의 주권에서 자유를 뺀다면 어떻게 될까? 그분은 기계와 다를 바 없고 기계적으로 세상을 운영하신다는 말이 된다. 소발은 자유 없는 주권만 주장하지만, 욥은 하나님의 주권 행사에 자유가 필연적으로 쌍을 이루기 때문에 인간으로서는 예측 불가하다고 주장한다. 하나님이 존엄한 왕을 세우기고 하시고 폐하기도 하시지만, 친구들이 주장하는 것처럼 우리가 예측하는 대로 이루어지는 것이 아니라고 맞선다.

분명히 하나님이 하신 일일지라도, 권선징악이라는 단선적인 원칙이 전면적으로 관철된다고는 말할 수 없다는 뜻이다. 그렇기에 자신이 겪고 있는 고초는 정녕 하나님에게서 온 것이 맞지만, 너희들이 말하는 인과율에 따라 죄와 악에 대한 하나님의 심판 행위로 설명되지는 않는다고 반박한다.

그러면서 욥은 묘한 말을 한다. 하나님이 어둠 가운데서 일하신다는 것이다(12:22, 25). 한편으로 하나님이 우리를 길 없는 길, 빛 없는 어둠으로 몰아넣으신다고 한다. 그것도 하나님이 하시는 일이라는 것이다. 즉, 친구들은 세상이 정확한 인과율이나 예외 없는 인과응보의 원칙대로 작동하는 것처럼 말하지만, 욥은 하나님이 측정도 예측도 불가한 방식으로 일하신다고 생각한다. 우리는 그것을 하나님의 '신비'이자 '깊음'이라고 명명한다.

파스칼은 하나님의 신비와 깊음을 '숨은 하나님(Hidden God)'이라고 표현한다. 그에 따르면, 숨어 계신 하나님을 말하지 않는 종교는 참 종교가 아니다.[27] 하나님은 인간의 지성으로 다 설명할 수 없기에 인간으로서는 적절한 단어를 찾지 못했는데, 어쩔 수 없이 사용한 단어가 바로 '무한'이다. 눈으로 보이고 손으로 잡을 수 있는 것이 신이라면, 애당초 그것은 신이 아닐 것이다.

그리하여 인간이 감지하지만 다 감지하지 못하는 그분은, 결국 우리에게서 감춰지고 숨어 계신 분일 수밖에 없다. 이는 인간의 이성과 논리로 축소되지 않는 하나님, 가슴과 심정으로 경험되어지는 하나님이시다. 우리의 이해를 넘어서지만 어느 정도 이해 가능한 영역에도 계신 하나님이시다. 논리를 뛰어넘지만 어느 정도 논리적으로 말할 수 있는 하나님이시다. '숨은 신'은 세계의 고통과 악을 통해서 일하시는 하나님을 하나님 되게 한다.

동전의 한 면이 없다면 다른 한 면도 없듯이, 빛 자체이고 빛의 근원이며 빛 가운데 역사하시는 하나님과 어둠 속에서도 당신의 일을 하시는 하나님을 말하지 않으면 고통을 설명할 수 없다. 그리고 그것은 욥이 갈망하는 하나님이 아니다.

그렇다. 기다란 평면 종이의 끝과 끝을 잇되 앞과 뒤를 붙이면 안과 밖의 구분이 사라지듯, 하나님의 앞면과 뒷면이라는 경계도 소실되고 만다. 하나님의 하나님 되심이 명백히 드러나는 계시적 사건도 있지만, 하나님의 하나님 되심이 감추어지는 이면적 사건도 있다. 고통받는 자에게 계시적 하나님과 이면적 하나님을 구별하는 것은 애초에 불가능하다. 한 하나님이시다. 그러므로 고통이라는 벌을 주시는 하나님의 앞면과 함께 고통을 통해 일하시는 하나님의 뒷면을 욥은 말하는 것이다.

그를

죄인 만들지 말라

욥의 반박은 거기서 멈추지 않고 더 밀어붙인다. 하나님도 아니면서 하나님을 변호하려는 그들의 변호 수준이 너무 천박하다는 것이다. 인간은 자기 틀 속에 하나님을 집어넣는다. 그 틀에 들어가게 하려면 틀에 맞게 하나님을 재단해야 한다. 마치 '프로크루스테스의 침대'처럼 무한히 크신 하나님을 잘라서 자기가 생각하는 틀에 억지로 맞추는 격이다. 고통받는 자의 마음과 자리에 맞게 자신을 한없이 축소하신 작고도 작은 하나님을 늘려서 눕히는 격이다.

친구들의 행위에 대한 욥의 개탄은 신정론(theodicy, 神正論)에 대한 날카로운 비판이다. 신정론은, 문자적으로는 하나님(theos)이 세상을 정의롭게(dike) 다스리신다는 뜻이다. 의미상으로는 신정론의 가운데 글자 '정(正)'을 '정의롭다'가 아니라 '정당하다'로 해석해서, 고통이 난무하는 세계에서 의인의 무고한 고통은 충분히 정당화(justification)될 수 있다는 말이다. 신정론은 그것을 체계적으로 설명하는 철학과 신학 내의 한 분야이다.

때로 신정론을 '변신론(辯神論)'이라고 번역하기도 한다. 신을 변호한다는 말이다. 하나님은 아무 잘못 없으시다고, 그럴 만한 충분한 사유가 있으시고 그 사유는 우리가 몰라서 그렇지 알고 보면 정의롭다고 말한다. 그러므로 한낱 인간이 높으신 하나님의 뜻을 두고 왈가왈부하면 안 된다고 타박한다.

바로 여기서 신정론의 문제가 생긴다. 지금 고통받는 것은 사람이다. 욥의 경우, 정의로운(just) 사람이 아무 이유 없이 말도 안 되는 고통을 겹겹이 겪고 있는데, 신학자는 고작 하나님을 변호하고 있다. 하나님을 변호한다는 것도 의문의 여지가 많을 뿐더러, 심지어 무고한 사람을 죄인으로 몰아세우는 우를 범하고 있다.

덴마크의 철학자이자 실존주의의 시조인 쇠렌 키르케고르 (Søren Kierkegaard)는 "그리스도께서 십자가에 못 박히시고 사도들이 채찍질을 당했다는 사실에 대해 교수가 된다"[28]고 질타한 바 있다. 예수님이 십자가에 못 박히실 때 교수들은 학문적으로 따지고, 목사들은 설교하고, 신자들은 감동하지만, 그들 중 누구도 십자가의 자리로 나아가지 않는다는 것이다.

신정론의 문제점도 인간을 죄인으로 만든다는 데 있다. 요지는, 하나님의 의로움을 변호하기 위해서 인간에게 오롯이 책임을 지우는 형국이 되고 만다는 것이다. 이 논리가 궁극적으로 겨냥하는 바는, 하나님은 악에 대해서 책임이 없으시다는 것이다.

그러면 누구 책임인가? 남은 것은 단 하나, 인간이다. 인간의 불순종과 죄로 인해 타락이 세계에 만연하게 되었다는 것이 거의 합의된 대답이다. 과연 그러한가? 인간의 악함과 약함에 책임이 있음을 결코 부정할 수는 없다. 그렇다고 하나님의 책임 면제를 시도하기 위해 굳이 인간을 죄인 만들어야 하겠는가? 바로 그것이 욥의 친구 편에 서서 누군가를 죄인 만드는 우리에게 던지는 욥의 도전이다.

욥은 이 지점에서 분개하고 있는 것이다. 지금 위로받고, 변호받고, 울타리를 쳐서 외부의 적들로부터 보호받아야 할 대상은 전지전능하신 하나님이 아니다. 지금 변호해야 할 대상은 고난받는 자신이다. 만일 하나님이 정당화된다면, 고난받는 욥의 가치는 그저 하나님을 변호하기 위한 하나의 증거 문서로 사용될 뿐이다. 그래서 테렌스 틸리(Terrence Tilley)는 악의 문제를 해명하려는 신정론 자체가 '악'이라고 단언한다.[29]

우리는 이 말이 지나치다는 반감부터 든다. 그러나 힘겹게 하루하루를 버티는 자 곁에서 고난에는 의미가 있다는 말을, 하나님의 오묘한 섭리와 사랑이 깃들어 있다는 말을 해댈 때, 그때의 신정론은 악일 것이다. 그래서 나는 존 로스(John Roth)의 말에 찬동한다. "대부분의 신정론에는 치명적 결함이 있다. 즉 그것은 악을 정당화한다."[30]

지금은 변호의 시간이 아니라 위로의 시간 아닌가? 그리하여, 변신론(theo-dicy)이 아니라 변인론(anthropo-dicy)이 욥에게 요구되지 않는가? 하나님을 정당화할 것이 아니라 무고하게 고통받는 자의 항변을 정당화해 줘야 하지 않는가? 그래서 우리는 신정론 자체를 전면 부정하지는 않겠지만, 역사적으로 신정론이 선한 사람에게 상처를 주고 악을 정당화하는 데 사용되었다는 점만큼은 인정할 수밖에 없다.

그렇게 해서 하나님이 변호가 되었는가? 되레 그 변명이 하나님을 이지러진 분으로 만들지 않았는가? 그로 인해 내가 믿는 하나님에게서 오히려 멀어지지 않았는가? 욥의 말을 사도 바울은 로마서에서 되울린다. "너희 때문에 하나님의 이름이 이방 사람들 가운데서 모독을 받는다"(롬 2:24). 욥의 친구들 때문에, 고통받는 자들에게 하나님은 가까이하기에 너무 먼 하나님으로 전락하고 있다. 울고 있는 욥은, 공박과 변명이 아니라 공감과 변호를 원한다. 나는 어디에 서 있는가?

나눔과 질문

1. 소발이 이해하는 하나님의 주권과 욥이 이해하는 하나님의 주권은 무엇이 다른가? 이에 대한 당신의 생각은 어떠한가?

2. 내 곁에 있는 이의 고통을 대하는 태도는 어떠해야 하는가? 왜 그렇게 생각하는가?

3부

욥,
하나님을
기다리다

기도하는 사람 vs.
기도하지 않는 사람

✦ 13:20-14:22 ✦

신앙에는 여러 가지 종교적 행위가 요구된다. 가장 대표적인 것
이 예배다. 그 외에도 전도, 봉사, 찬양 등이 있다. 그중에서 내
게 가장 힘든 것은 기도다. 기도를 한다는 것 자체가 힘들다. 기
도는 보이지 않는 하나님과의 개인적이고 친밀한 대화라고 하지
만, 기도하는 나를 영상으로 녹화해서 보면 달라진다. 공손히 손
을 모아서 꿇은 무릎 위에 올려놓고 몸을 이리저리 흔들며 때로
는 중얼거리고 이따금 꾸벅꾸벅 졸기도 하고, 간혹 괴성에 가까
운 소리를 질러대는 내 모습을 내가 보는 것은 매일 기도하면서
도 낯설기만 하다.

비가시적인 하나님과 대화하고 오래 기도하는 것도 힘들지만, 과연 기도한 대로 이루어졌느냐고, 하나님이 응답하셨느냐고 묻는 질문은 참 곤혹스럽다. 돌아보면 은혜 아닌 것이 없고, 뜨겁게 기도할 때는 응답 여부와 상관없이 기도 자체가 즐거웠다. 그러나 냉정하게 돌아서서 응답받은 횟수를 세어 본다면 딱히 생각나는 게 없다. 되레 응답받지 못한 기도가 더 많이, 강렬하게 떠오른다.

가장 대표적인 것이 아버지를 살려 달라는 기도였다. 내가 까까머리 중학교 2학년이던 그 시절에는 간경화를 치료하기 어려웠다. 아버지는 2년여 투병 생활 동안 많은 빚만 남기고 짧은 생을 마감하셨다. 아버지가 살아 계시든지 아니면 빚이라도 남기지 않으셨다면 내 인생은 많이 달라졌을 것이다. 하나님께 아버지를 낫게 해 달라고, 살려 달라고, 그리도 애타게 기도하고 기도했는데…. 그 기도대로 아버지가 회복되었다면 나는 불굴의 신앙 용사가 되었을 것이다.

기도가 뭘까? 기도에 대한 형이상학적 토론을 하자는 것이 아니다. 감당하기 어려운 고난 속에서 드리는 기도를 묻는 것이다. 고난과 기도의 상관관계는 뭘까? 고난이 사라지면 아마 기도도 그만큼 줄어들 것이다. 기도하면 고난이 줄어들까? 기도하는 대신 다른 것을 하면 안 될까? 기도해도 바뀐 것이 없다면 왜 기도해야 할까? 욥처럼 질문이 많다.

하나님에 대한
욥의 섭섭함

12-14장은 욥기 전체에서 두 번째로 긴 욥의 말이다.[31] 가장 긴 것은 29-31장이다. 최후 변론이라 그런지, 더는 말할 기회가 없다 싶었던지 욥의 말이 길다. 그것은 마지막이라서 그렇다고 치자. 이 대목에서 말이 긴 것은 조금 의아하다. 왜 이리 욥의 말이 많은 걸까? 무슨 말이 그렇게 하고 싶은 걸까?

소발에 대한 반박은 크게 두 부분으로 구성되어 있다. 전반부는 소발을 향한 연설(12:1-13:19)이고, 후반부는 하나님께 드리는 기도(13:20-14:22)다. 전반부에서는 자신을 죄인 취급하는 것에 대항해 무죄를 항변하고, 하나님을 변론하는 그들이 도리어 하나님을 욕되게 한다고 반박했다. 기도 부분에서는, 왜 죄라는 잣대로 인간을 이토록 잡도리하시느냐고 따진다. 유한성과 죽음에 직면한 인간에게 너무 가혹하다는 것이다.

크리스토퍼 애쉬는 이 부분이 스스로 죄인이라는 사실을 인정하는 대목이라고 해석한다. 그에 따르면 "욥이 겪는 문제의 중심에는 다양한 죄가 있으며, 인간이 겪는 모든 문제의 중심에도 죄가 있다."[32] 이 말은, 욥이 당하는 고난의 뿌리를 파고들면 죄가 있고, 이를 확장하면 삶의 문제의 근원에도 죄가 있다는 뜻이다. 죄로 인한 고난, 벌로서의 고난은 분명 존재한다. 모세오경과 예언서에 보면 하나님을 떠난 사람들, 하나님 없이 사는 하나님 백성은 심판받았다. 심판의 결과로 아담은 에덴에서 추방당했고, 폭력이 난무한 세상은 홍수로 떠내려갔고, 이스라엘은 바벨론에게 패망하고 유배지에서 70년을 살았다.

하지만 그 논리가 욥기에는 맞지 않다. 소발을 반박하는 앞 대목에서 욥은 자신이 무죄하다는 확신을 표명했다. "내게는, 내가 죄가 없다는 확신이 있다"(13:18). 그의 탄식은 인간의 죄성에 대한 것이 아니라 죽을 수밖에 없는, 죽음으로 끝나고 마는, 죽은 다음에는 아무 소용없는 인간의 유한성에 대한 것이다. 이 단락에서 죄에 관한 말은, 필멸의 존재인 인간의 죄를 낱낱이 캐내는 무심한 하나님에 대한 섭섭함이요 서러움이다.

욥은 일관되게 자신의 무죄를 주장한다. 그것은 어떤 죄도 없다는 말이 아니라 이런 벌을 받을 만큼 죄를 짓지 않았다는 말이다. 만약 털끝만큼의 죄라도 있기 때문에 이런 모진 고난을 받는 것이라면, 그것은 불공평하고 불공정하다. 털어서 먼지 안 날 사람 없는데, 하나님이 우리 먼지를 터신다면 수북이 쌓일 것이다. 아니, 산처럼 쌓일 것이다.

소년의 허망하고
무상했던 인생

가만가만 욥의 말을 듣다 보니 기시감이 든다. 앞서 언급했지만, 아버지의 투병과 죽음에 맞닥뜨린 내가 사랑하는 성구는 전도서 1장 2절이었다. 이 구절에는 '헛되다'는 말이 총 5번 나온다. "헛되고 헛되다. 헛되고 헛되다. 모든 것이 헛되다." 사춘기 소년은 철학자가 되었다. 날마다 저 성구를 암송하며 인생무상이다, 허무하다, 죽으면 끝이다, 이런 말을 주야로 읊조렸다. 내 안에 늙은 욥이 들어앉아 있었던 걸까?

사실 죽음을 기점으로 인생을 보면, 허망하기 이를 데 없다. 아등바등 살아 본들, 마른 검불처럼 날아가고 쉬 타 버리고 생명도 없다. 땅속에 묻히기는 매일반이지만 나무뿌리만도 못하다 (14:7-10). 흙 속의 뿌리는 다시 싹을 틔우고 자라고 꽃도 피우고 열매도 맺게 하지만, 죽은 몸이야 그 뿌리가 필요로 하는 거름이 될 뿐이다. 떨어진 꽃은 한 해가 지나면 다시 피지만, 사람은 온 세상에 힘을 떨치던 무적의 체력이어도, 죽으면 그 꽃만 못하다.

그러기에 욥은 살아생전에 구원해 달라고 읍소하고, 그렇게 후다닥 지나가는 인생의 찰나적 순간(14:6)만이라도 숨 좀 쉬게

해 달라고 요청하는 것이다. 그리고 그 인생의 작은 죄를 두고 절대자께서 그토록 탈탈 털어내시면, 안 그래도 덧없는 세상살이 온통 슬픔뿐이니 제발, 제발 그냥 두실 수 없느냐고 간청한다. 나무와 꽃도 내년에 다시 핀다는 기약과 희망이 있는데, 고난받는 욥은 어떤 약속도 희망도 없다. 쓸쓸한 죽음만 약속되어 있고, 결코 희망을 품지 말라는 다그침만 들린다.

욥의 기도에 정색하고 달려들지 말기를 바란다. 욥의 말에는 예수 그리스도의 부활에 대한 믿음이 없고 그래서 소망 없는 자처럼 말하는 것이라고 지적한다면, 그것은 번지수를 잘못 짚은 것이다. 욥은 단지 고통을 토로하는 중이다. 이런 고통 속에서 너무나 사랑하는 주님께 울며 하소연하는 것이다.

절박한 이의

간절한 기도

일부 주석은, 이 본문이 욥과 친구들의 1차 토론회가 끝나고 2차전으로 넘어가는 길목이라는 점에 주목한다. 하지만 나는 내용과 형식에 더 관심을 기울인다. 내용으로 보자면 인생의 유한성과 죽음에 대한 격정적이고도 쓸쓸한 회고이고, 형식은 기도다.

방향이 바뀐 것이다. 대화 파트너가 친구에서 하나님으로 전환되었다. 안에 쌓이고 쌓였던 말을 쏟아 내어도 듣지 않는 친구들에게 욥은 더 이상 말하고 싶지 않은 것이다. 말해 무슨 소용 있으랴. 이제 욥은 친구들과 말을 주고받는 게 힘들다. 갈수록 짜증을 부린다. 공감은커녕, 정죄만 하는 그들이 뭐가 좋다고 얼굴 마주 보며 대화하겠는가. 그들이 걸핏하면 들고 나오는 하나님, 그 하나님이 문제의 진원지가 아니던가. 직접 해결해 주실 분과 타결을 해야지, 애먼 사람과 백날 이야기한들 아픔만 더할 뿐이다.

욥과 친구들의 차이 중 하나는 기도를 하느냐의 여부다. 욥은 기도한다. 그러나 친구들은 기도하지 않는다. 왜 한 사람은 기도하고, 세 사람은 기도하지 않을까? 기도할 필요를 절감하느냐의 차이일 것이다. 고난의 한복판에 던져진 욥과 거리를 두고 멀찌감치 서서 관전하며 훈수 두는 친구들 중 누가 더 절실하겠는가. 별 문제 없이 사는 그들에게는 욥과 같은 절박감이 없다. 사느냐 죽느냐로 고뇌하는 욥은 하나님의 응답에 목을 맨다.

하나님에 대한 인식의 차이도 간과할 수 없다. 기계적 세상, 수학 공식처럼 돌아가는 세상에서는 기도가 아무 의미 없다. 어차피 안 바뀔 테니 기도할 이유가 없는 것이다. 반면, 욥의 하나님은 고정되어 있지 않고 변화무쌍하다. 유한한 인간에게 하나님의 뜻은 고정된 것이 아니다. 내일 일을 알지 못하지만, 변화가 생길 수 있기에 기도하는 것이다. 하나님의 뜻도 바뀔 수 있기에, 바꾸어 달라고 보채는 것이다.

묵묵히 들어 주신
하나님

지금 돌아보면 '하나님이 왜 내 기도에 응답하시지 않았을까'라는 의문이 든다. 그때 기도를 들어 주셨다면 내 삶은 확실히 달라졌을 텐데…. 서운한 마음도 든다. 어머니는 과부가 되었고, 우리는 아버지를 잃었으며, 가세가 기울어 이집 저집 떠돌이 생활을 해야 했다. 아버지 없이 자라 잘못되었다는 소리 듣기 싫어 열심히 살아야만 했다. 그런데 당시는 철이 없어서였을까. 기도에 응답하시지 않는 하나님께 왜 서운한 마음이 안 들었는지 모르겠다.

기도하는 것 자체가 좋아서였을 것이다. 달리 말하면, 누군가가 내 이야기를 들어 준다는 것, 내 하소연을 묵묵히 끝까지 들어 준다는 것이 좋았다. 내가 울 수 있어서, 울 곳이 있어서 좋았다. 우리 가족은 아무도 아버지에 대해 말하지 않았다. 허망하게 돌아가신 분에 대한 그리움도 원망도 말하지 못했고, 말하지 못하니 눈물도 보이지 않았다. 그런데 내가 뜬금없이 아버지가 보고 싶다고 말하면, 아문 상처가 도질까?

지금 욥에게는 기도에 관한 고담준론(高談峻論)이 필요하지 않다. 기도를 듣고 문제를 해결해 주시는 하나님, 묵묵히 귀 기울여 주시고 어깨를 토닥여 주시는 하나님이 절실하다. 내 절규를 하염없이 들어 주시는 하나님, 내 말에 귀를 바짝 갖다 붙이시는 하나님이 그리운 거다, 욥은.

그러고 보니 하나님은 일기장과 같다. 일기는 글쓰기 연습으로도 최상이지만, 상담자로도 단연 최고다. 내가 무슨 말을 해도 일기장은 다 받아 준다. 내 문장에 오탈자가 있어도, 말 같지 않은 내용이 있어도 굳이 지적하지 않는다. 일 년, 십 년이 지나도 일기장은 언제나 그대로다. 변함없는 든든한 벗이다. 이 세상에 나의 유일한 경청자가 있다면 하나님 아니면 일기장이리라.

꾸역꾸역 끝끝내
기도하라

고난 때문에 기도했고 응답이 없어서 신앙을 포기한 소년이 있었다. 침대 머리맡에 앉아 간절히 기도했지만, 그의 바람과 달리 다섯 살 무렵에 어머니가 돌아가셨다. 아들을 혼자 키울 수 없다고 판단한 아버지는 엄격한 기숙학교로 그를 보내기로 했다. 그곳이 강제수용소 같았던 소년은 그곳에 가지 않게 해 달라고 다시 한 번 더 간절히 기도했다. 그러나 그 기도도 이루어지지 않았다. 이것이 그가 기독교를 떠난 중요한 이유였다.

그런 그가 장성해서 어머니의 신앙으로 귀의했고, 《개인 기도》(홍성사)라는 기도에 관한 책을 저술했다. '말콤'이라는 가상의 인물을 설정하고 자신이 생각하는 기도를 편지 형식으로 설명하는 책이다. 이 책은 그가 지상에 남긴 최후의 책이기도 하다. 어쩌면 그 가상 인물은 자신의 다른 모습인지도 모르겠다. 자신이 궁금해하는 것을 자신에게 묻고 답하는 것일지도…. 그의 이름은 20세기 최고의 기독교 변증가인 C. S. 루이스다.

나는 그 책을 읽으면서, 어머니의 죽음으로 인한 상실감과 소년의 기도에 침묵하신 하나님에 대한 절망감을 한마디라도 언급하리라는 기대를 가졌다. 하지만 그는 내 예상과 달리 한마디도 하지 않는다. 그가 하나님을 떠난 이유 중 하나가 고난 속에서 드린 기도에 응답하시지 않았기 때문인데, 다른 책도 아닌 기도에 관한 책이라면 응당 해명해야 하지 않을까?

미루어 짐작되는 것은 있다. 그는 이 책에서 기도에 관해 두 가지를 당부한다.[33] 하나는 어린아이나 불신자에게 기독교를 가르칠 때 '하나님이 응답하신다'는 약속을 삼가라고 한다. 그러면 기독교에 대한 정나미가 떨어져서 다시 돌아보지 않을 것이기 때문이다. 기독교의 본질, 곧 십자가와 부활하신 그리스도에 대한 믿음이 생기기도 전에 기도 응답의 확신부터 가르치면, 복음과는 거리가 먼 약속을 받은 것이기에 기독교로부터 멀어질 수밖에 없다.

다른 하나는 '믿음이 생기면 기도가 반드시 응답될 거라는 생각'을 갖게 해서는 안 된다고 한다. 내가 주목한 단어는 '반드시'다. 당연히 기도하면 응답받는다. 그러나 '반드시'는 아니다. 응답받지 못할 때도 많고, 심지어 예수님의 겟세마네 동산의 기도처럼 거절당하기도 한다. 만약 내 믿음과 기도가 필연적 조건이 된다면, 하나님은 우리의 종이 되고 말 테다. 그것을 루이스는 믿음이 아니라 '심리가 만들어 내는 묘기'라고 일갈한다.

기도 응답 불발을 여러 번 경험했으면서도 하나님을 버리기는커녕 더 깊은 신앙의 경지로 나아간 루이스의 이 말은, 정확하게 욥의 심정을 건드린다. 인용한 두 문장 사이에 욥을 끼워 넣었다면 더 좋았겠다. "하나님의 '숨기움(hiddenness)'을 가장 고통스럽게 경험하는 이들은 어떤 면에서 가장 가까운 사람들일 거야. 그러니 인간이 되신 하나님이 모든 인간 중에서도 가장 크게 버림받지 않으시겠는가?"[34]

숨어 계신 하나님, 정면이 아니라 이면의 하나님을 보았던 욥은 그리스도 이전에 가장 크게 버림받았다. 그랬기에 누구보다도 고통스럽게 하나님의 전면과 전모를 알아 간다. 기도에 응답하시지 않는 하나님에 절망하고 분통을 터뜨리면서도, 끝끝내 기도하는 욥은 하나님과 가장 가깝다. 그런 방식으로 하나님과 가까워진다는 것이 두렵기도 하지만, 욥과 그리스도처럼 그런 길이 아니고는 하나님께 나아갈 수 없다는 진실을 외면할 수 없기에 우리도 고통스럽게 끝끝내 기도한다.

나눔과 질문

1. 당신에게 기도는 무엇인가? 왜 그런가?

2. 하나님의 거절이 도리어 감사의 고백이 된 경험이 있는가?

울어서

✦ 15:1-17:16 ✦

"기독교인들이라는 게 더 힘들어요." 기독교인이라면 누구나 알
법한 단체에서 사역하는 그분의 목소리가 심란했다. 구성원들이
죄다 기독교인인데, 힘든 일은 요리조리 미꾸라지처럼 빠져나가
면서 이득 되는 일에는 너도나도 목소리가 크다고 한다. 절대로
손해 보는 일이 없고, 그 피해와 부끄러움은 고스란히 주변 사람
들의 몫이 되어 버린다는 것이다. 그러니 기독교인들의 단체인
지 아닌지 분간하기도 어렵거니와, 은혜라는 명분으로 자신의 행
동을 정당화하기 급급하단다.

차라리 비기독교인과 일하는 것이 낫겠다는 생각이 이따금 든

다면서 위와 같은 말을 한 것이다. 비신자들이면 그러려니 하는데, 신자들에게는 기대치가 있기 마련이다. 십자가에 달린 예수 그리스도를 왕으로 삼고, 그분을 뒤따르기로 고백한 이들이 그리스도인이다. 그런데 현실에서는 '나에게 십자가 지우기'가 아니라 '남에게 십자가 지우기'가 다반사다. 그것이 더 상처인 것이다.

사명감으로 일하게 된 그곳을 기독교인인 동료와의 갈등으로 그만둘 수도 없고, 계속하자니 여간 지치는 게 아니라면서 울먹이는 그에게 나는 책 한 권을 추천했다. 《세 왕 이야기》(예수전도단)로 유명한 진 에드워드(Gene Edwards)의 《크리스천에게 못박히다》라는 책이다.[35] 에드워드는 우리에게 정말이지 불편하고 잔인한 진실을 알려 준다. 그것은 크리스천이 크리스천을 가혹하게 죽인 역사다. 신앙 때문에 타 종교나 국가로부터 핍박과 고문을 받다가 순교한 사람들보다, 어쩌면 기독교 내의 종파 간 갈등으로 죽은 이들이 상회하지 않을까?

그렇게 죽어 간 이들은 다윗의 고백에 백배 공감했을 것이다. "나를 비난하는 자가 차라리, 내 원수였다면, 내가 견딜 수 있었을 것이다. 나를 미워하는 자가 차라리, 자기가 나보다 잘났다고 자랑하는 내 원수였다면, 나는 그들을 피하여서 숨기라도 하였을 것이다. 그런데 나를 비난하는 자가 바로 너라니! 나를 미워하는 자가 바로, 내 동료, 내 친구, 내 가까운 벗이라니!"(시 55:12-13) 이

시대의 욥들을 괴롭히는 이는 바로 한 교회 내 신자요, 같은 선교
단체의 친구일 공산이 크다. 욥을 닮아야 할 욥들이, 같은 처지의
욥을 괴롭히니 욥은 하도 울고 울어 눈이 퉁퉁 부었다.

성경의
다양한 시각으로

욥과 친구들의 1차전이 끝나고 2차전이 시작되고 있다. 욥 하나
를 두고 세 명의 친구가 차례대로 나와서 논쟁을 벌인다. 첫 논
쟁 사이클과 마찬가지로 2차전의 포문은 장형 뻘인 엘리바스가
연다. 그의 말은 첫 번째 연설과 별로 다를 것이 없다. 하나님은
정의로운 분이시고 악인을 정당하게 심판하신다. 따라서 욥은
정의로우신 하나님의 정당한 심판으로 벌을 받고 있다. 살아남
을 길은 자기 죄를 인정하고 마음을 돌이켜 회개하고 의롭게 되
는 것이다.

논지는 변함없으나 논조는 변화가 있다. 논리는 그대로이나
그 논리에 감정이 듬뿍 실렸다. 즉, 욥을 걱정하고 그가 회복되기
를 바라던 것에서 욥을 비난하는 쪽으로 방향을 틀었다. "정의로

우신 하나님의 정당한 벌을 받으면서도 자신의 무죄를 주장하는 너는 정말 악하구나. 악한 너는 악인의 운명을 맞을 거야"라는 악담이자 저주에 가까운 비난이다. 하나님의 정의와 악인의 심판이라는 기조는 유지되고 있으나, 그 주장이 다다르는 지점은 확연히 다르다. 이전에는 "그러니 회개하라"였다면, 지금은 "그러니 벌을 받아 마땅하다"는 것이다.

엘리바스의 논리를 요약하면 이렇다. '너는 왜 쓸데없는 말로 자꾸 죄를 짓느냐'(15:1-6), '그것은 너만이 진리를 안다는 위험한 주장이다'(15:7-16)라는 것이다. 이 세상 누구도 하나님 앞에서 죄 없다고, 스스로 깨끗하다고 할 수 없는데 어떻게 너는 하나님께 종주먹을 들이대느냐고 한다. 오히려 하나님이 뭔가 잘못하셨다고 하다니 진실로 오만방자하고 역겹다, 너는 분명 하나님의 심판으로 멸망당하는 처참한 악인의 종착지에 이르게 될 것(15:17-35)이라고 말한다.

그런데 이는 정확히 욥의 말을 욥에게 되돌려주는 것이다. 욥은 친구들에게 여러 차례 항변했었다. 계시와 경험과 전통의 권위로 자기 말을 계속 뭉개는 것에 화가 난 욥이, 소발의 연설을 반박할 때 했던 말과 같다. "너희만 참으로 백성이로구나 너희가 죽으면 지혜도 죽겠구나 나도 너희같이 생각이 있어 너희만 못하지 아니하니 그 같은 일을 누가 알지 못하겠느냐"(12:2-3, 개역개정).

욥기의 독자인 우리는 하나님이 욥을 어떻게 평가하시는지 알고 있다. 하나님은 1-2장에서는 욥에 대해 순전하다고 하셨고, 마지막 42장에서는 친구들이 큰 잘못을 범한 것이라면서 그들을 엄히 꾸짖으셨다. 그래서 우리는, 엘리바스의 주장 자체에 논리적 결함이 있거나, 논리상 오류가 없더라도 잘못된 적용을 했거나, 둘 중 하나 또는 둘 다일 것이라고 잠정 추정한다.

하지만 욥에게도 문제가 없지는 않다. 우리의 욥은 초지일관 무죄를 주장한다. "너희만 아느냐, 나도 너희 못지않다. 너희 이상으로 안다"라는 말에는 지적인 자신감이 뚝뚝 묻어난다. 물론 고통받는 자의 처지에서 보면, 실존적 위로도 못 되고 논리적 해명도 안 되는 주장을 대차게 거부하는 것이 옳다. 그러나 인간의 논리와 토론에는 일방이 진리를 독점하지 않는다. 양방 모두에게 배울 것이 있고 허점이 있기 마련이다.

욥은 친구들에게 '너희는 하나님을 마치 주머니 속의 동전처럼 여긴다'고 비판했는데, 엘리바스의 말처럼 그 말은 욥에게도 해당한다. 이는 폭풍과 함께 나타난 하나님의 말씀, 곧 욥에 대한 최종 선고에 잘 나타난다. 하나님도 욥에게 매우 섭섭하셨던 모양이다. "아직도 너는 내 판결을 비난하려느냐? 네가 자신을 옳다고 하려고, 내게 잘못을 덮어씌우려느냐?"(40:8)

욥이 의도했든 의도하지 않았든 간에, 그가 친구들과 언쟁을 벌이면서 펼쳤던 논리의 끝을 따라가면 하나님이 악하다는 결론이 도출된다. 그 역시 권선징악의 논리에 맞서기 위해서는 그 논리와 언어와의 공통분모를 저버릴 수 없었다. 그렇게 하려면 완전히 다른 패러다임이 요구되는데, 기존의 언어를 그대로 사용함으로써 결국 자충수를 두고 말았다. 그것을 친구들은 경계하려 했다. 다만 그들은 의도와 달리, 하나님에 대해서는 엉뚱하게 변호했고, 욥에 대해서는 생뚱맞게 비방했다.

기독교를 비롯한 모든 종교가 빠지는 큰 위험 중 하나는 '나만 옳다, 나는 틀리지 않았다'고 생각하는 것이다. 여기에 한 가지 요소를 더 추가하면 그 파괴력은 몇백 배로 증폭한다. 착한 사람이 선한 의도로 저런 말을 하는 것이다. 욥의 친구들, 욥과 같은 신자들이 여기에 해당한다.

이 장의 첫 부분에서 말했던, 기독교 직장 안에서 벌어지는 일들이 그러하다. 그들은 정말 악한 걸까? 정말 이기심으로 행동할까? 그들도 나름 순수한 의도와 진실한 마음으로 그리 행동하지 않을까? 그리고 그들도 자신의 눈으로 타인을 평가하고 더 나아가 정죄하는 것이 아닐까? 우리는 모두 자신의 잣대로, 자신의 눈에 보이는 우물의 크기와 한계 안에서 타인을 바라볼 수밖에 없다.

일차적으로 욥기는 욥기의 시각으로 읽어야 한다. 하지만 우리는 욥기만 읽는 것이 아니다. 성경 66권 모두 하나님의 말씀이다. 정경으로서의 성경은 내 행동의 기준이자 표준이다. 그리고 그 성경은 삼겹줄처럼 단단하게 얽힌 다양한 시각으로 읽어야 하며, 그래야 우리네 다양한 삶을 설명할 수 있다. 의로운 욥의 무고한 고난도 설명해야 하지만, 정직한 자의 성실한 노동이 맺는 축복도 응원해야 하지 않겠는가.

욥의 언어,
탄식과 울음

친구들은 고난을 설명하지 못하는 논리로 욥을 핍박했다는 점에서 그릇되었고, 욥은 자신의 고난만 바라보고 그것을 어떻게든 이해시킬 하나님을 찾았다는 점에서 옳았다. 그런데도 나는 하나님이 정녕 '욥의 하나님'이시지만, '욥만의 하나님'은 아니라고 했다. 성경 전체의 맥락에서 보면, 친구들이 보는 하나님의 모습이 하나도 그르지 않기 때문이다. 다만, 욥의 상황에 적실하지 못했고 그 결과 하나님을 나쁜 하나님으로 만들었기 때문에 비판하는 것이다.

욥으로서는 참으로 난감하다. 자신을 이해해 줄 법한, 이해하고도 남을 친구들마저 자신에게 등을 보이고, 하나님은 아무리 찾아도 찾을 수 없기 때문이다. 구하여도 얻지 못하고 두드려도 열리지 않는 막막한 상황에 빠져 있다. 사방은 막혀 있고, 퇴로는 없고, 들리는 것은 친구들의 구박뿐이니 그저 탄식할 수밖에.

그래서 16장과 17장에 나오는 욥의 발언은 온통 탄식과 한숨 소리로 가득하다. 이 본문은 총 여섯 단락으로 구분할 수 있는데, 일관된 하나의 키워드는 '탄식'이다.[36] 16장 1-6절은 친구들을 향한 탄식, 7-17절은 하나님을 향한 탄식, 18-22절은 공개된 탄식이다. 17장 1-5절은 다시 하나님을 향한 탄식, 6-10절은 친구를 향한 탄식, 그리고 마지막으로 11-16절은 공개된 탄식이다.

탄식이라고 해서 다 같지 않다. 대상에 따라 다르다. 친구들에게는 거친 분노를 내뿜으면서 항변하는 것이고, 하나님께는 억울함을 하소연하면서 물기 가득한 목소리로 도움을 요청한다. 다윗이 말한 대로, 부모는 나를 버렸어도 하나님 당신은 나를 버리지 않는 분이시니, 내 편이 되어 주시고 나의 변호자가 되어 나 대신 말씀해 달라는 청원의 느낌이 풍긴다.

고난에 처한 자의 언어는 사실 울음이고 탄식이고 불평이다. 이런 언어는 머리로는 알아듣기 어렵다. 기존의 관습에 젖어 있는 머리는 자동반사적으로 이런 말들을 튕겨낸다. 말이라는 것은 기본 논리나 어순, 문법이 있어야 하는데, 저 언어는 기존 문법을 모두 파괴한다. 뒤죽박죽 엉킨 실타래 같아서 처음에는 그것을 하나하나 풀어내지만, 나중에는 내던져 버린다.

그런데 욥에게는 지금 그런 언어가 제격이다. 친구들에게 악다구니를 쓰면서 자기감정을 탄식의 언어로 표현하고 있다. 듣는 친구들에게는 고역이고 천박한 언어겠지만, 욥은 이렇게 말하지 않으면 미칠 것 같다. 자식들은 다 죽고 집안은 폭삭 망했는데, 아무리 생각해도 이 모든 일이 하나님을 통하지 않고서는 올 수 없으니 하나님께 울며불며 난리를 치는 것이다. 어떤가, 욥처럼 하나님께 지랄 발광해 보는 것은.

나눔과 질문

1. 울화와 분노가 쌓일 때 나는 어떤 식으로 해결하는가?

2. 욥처럼 하나님 앞에서 내 마음을 토로하고 속에 있는 감정을 쏟아놓을 수 있는가?

17

내 말이
책에 쓰였으면

✦ 18:1-19:29 ✦

"우리가 당신에게 줄 수 있는 것은 딱 하나밖에 없다고. 지금 당신 인생의 한 부분을 기록해 주는 거. 그게 뭐 그렇게 대단한 건지 모르겠다는 반응들이 대부분이지. 그런데 그걸 영상으로 볼 수 있게 되면 그때서야 이게 무슨 의미인지 알게 돼. 순간을 기록해서 간직할 수 있는 게 얼마나 값진 건지."

전교 일등과 꼴등의 사랑 이야기를 다룬 드라마 〈그해 우리는〉에서 PD가 한 말이다. 사람들은 왜 텔레비전에 나오고 싶어 할까? 특히 휴먼 다큐멘터리의 경우, 몇 날 며칠을 따라다니는 카메라의 시선과 조명이 어색할 텐데 말이다. 여러 이유들이 있겠지만, 퍼즐을 완성하는 조각은 '자기 삶을 기록하고 싶어서'다. 기록을 통해 자기 삶의 의미와 이유를 알고 싶은 것이다.

내 일상의 기록이 갖는 소중한 가치를 당시는 몰라도 훗날에는 깨닫게 된다는 말에 내가 보태고 싶은 말이 있다. 고난받는 사람에게 기록은 중요한 치유의 수단이라는 것이다. 기록, 즉 글쓰기는 나를 치유한다. 그 살아 있는 예증이 바로 나다. 나는《하박국, 고통을 노래하다》를 쓰면서 내 고난을 성경의 관점으로 읽게 되었고, 지난 사건을 생생하게 상기해야 했다. 그것이 내게 2차 폭력이 되었지만, 내 안에 도사리고 있던 축축하고 습한 것들을 쨍한 햇볕에 말릴 수 있었다. 그래서 글쓰기가 나를 살렸다고 말한다.

이건 나만의 이야기가 아니다. 욥의 경험이기도 하다. 지금 내 주변에서 숱하게 벌어지는, 많은 사람의 공통 경험이다.

젖먹이 같은
신앙으로

18-19장은 빌닷과 욥의 두 번째 논쟁이다. 빌닷의 논리는 예전에 비해 달라진 것이 없다. 이전의 것을 좀 더 심화시켜 욥을 궁지

로 몰아넣으려 한다. 앞에서 그는 하나님은 정의로운 분이시기에 욥에게도 권선징악과 인과응보에 따라 행하셨다고 주장했다. 욥이 죄로 인해 벌을 받고 있으니 얼른 회개하는 것이 살길이라고 역설했다. 그러면서 악인은 뿌리 없는 또는 뿌리째 뽑힌 나무와 같다(8:11-19)고 비난했다.

빌닷은 악인의 뿌리 없는 삶을 욥에게 그대로 적용한다. 한때나마 잘 나가던 악인은 제 악에 걸려 넘어지고, 내면에 웅크리고 있던 공포와 불안은 현실이 되고 말았다고 한다. 그 악인은 살던 곳에서 유리하게 되고 살갑던 이웃들로부터 괴리되었다. 그리하여 왕년에는 그를 모두 추앙했지만 지금은 누구도 그의 이름조차 기억하지 않으며, 기억하더라도 비루한 이름으로 구설에 오를 뿐이라는 것이다.

이 말 속에서 빌닷의 분노가 느껴진다. 그는 이미 감정을 숨기지 않았다. 욥이 자신을 짐승으로 여긴다고 비방했는데, 이는 역으로 그들의 시각이기도 하고 욥이 느꼈던 심리를 표현하는 것이기도 하다. 욥은 사나운 맹수 떼에 둘러싸인 가여운 양이다. 그 양의 눈동자에 어린 잔인한 야수를 다름 아닌 빌닷 자신이 보면서 되레 분노하고 있다. 이는 욥기 1-2장과 마지막 42장의 결말을 아는 이들이 빌닷을 바라보는 시선이기도 하다.

욥은 질세라 거칠게 공박한다. 죄에 합당한 벌을 받는다는 무고를 거부하고, 자신이 친구들을 괴롭힌 것이 아니라 반대로 친구들이 자기를 못살게 군다고 반박한다. 친구들은 기어코 욥이 죄인이라는 것을 증명하고 싶어한다. 그들에게 욥은 죄인이 되어야 한다. 의로우신 하나님이 무고한 사람에게 고난을 주실 리 없기 때문이다. 그래서 그들의 답은 하나다. "네가 죄인이야."

비단 빌닷만이 이런 시각으로 보았던 것은 아니다. 우호적이던 사람들도 서서히 욥을 멀리한다. 그것은 세 가지 연유에서일 것이다. 첫째, 욥이 자신의 무죄를 주장하면서 하나님께 문제가 있다고 주장하기 때문이다. 하나님은 그럴 분이 아니신데 말이다. 둘째, 끝까지 자신의 의로움을 주장하며 울부짖고 하나님께 대거리하는 욥의 모습이 경건한 신자의 모습은 아니기 때문이다. 셋째, 부자였던 욥에게는 얻을 것이라도 있었지만, 하나님께 벌을 받고 친구도 등지는 마당에 그의 곁에 설 이유가 없다.

욥은 자신을 외면하는 이들이 누구인지 자세히 밝힌다. 먼저 하나님이시다. 하나님은 마치 자기 땅에 쳐들어온 외국 군대를 물리치기 위해 군대를 총동원한 사령관 같다. 전쟁하듯 욥을 두들겨 패고 죽이려 하신다(19:11-13).

하나님뿐이랴. 지금 욥은 일가친척에게서도 버림받았다고 느끼고 있다. 나무뿌리가 뽑히면 결국 죽음만 남듯, 욥은 일말의 희망도 없는 상태가 되었다. 골목 친구와 집에서 부리던 노예도 오만방자하게 대놓고 무시한다고 말한다. 전에는 멀리서 보고도 달려와 인사하던 이들이, 지금은 바로 곁에 있어도 투명 인간 취급한다. 굽실거리던 이들이 자신을 없는 존재 취급하니 환장할 노릇이다(19:14-20).

미칠 것만 같은 욥은 살길을 찾는다. 먼저 구원자, 중보자, 자기 마음을 알아줄 분, 내 억울함을 들어 줄 이를 찾는다. 그런데 놀랍게도 그분은 하나님이시다. 하나님께 버림받았다고 울던 욥이 다시 하나님을 구원자로 앙망한다. 이 점이 욥의 위대함이다. 이 모습은 젖먹이와 엄마를 생각나게 한다. 아기가 젖을 심하게 빨아 대면 엄마는 너무 아파서 자기도 모르게 밀쳐 낸다. 그래도 아이는 엄마 품속으로 파고들고, 엄마도 다시 꼭 안고 젖을 물린다.

무신론자와 유신론자의 차이가 여기서 드러난다. 무신론자는 고난이 닥쳐도 항의할 마땅한 대상이 없다. 유신론자는 하나님께 징징거리고 발악도 한다. 그러면서 응어리진 마음이 확 풀린다. 그리고 참된 신앙 여부도 여기서 판가름 난다. 1장에서 보았듯이, 이익과 대가가 있어서 하나님을 믿던 사람은 그것들이 사라지면 쏜살같이 신앙의 신발을 거꾸로 신는다. 그러나 하나님을 하나님 그대로 인정하고 믿는 이는 모든 보호막이 사라져도 하나님에 대한 신뢰를 버리지 않는다. 마치 젖 먹는 아이처럼 말이다.

종말을 보는
희망의 시선

욥이 앙망한 구원자를 '고엘(goel)'이라고 한다. 룻기에서 룻과 나오미를 돌봐 주었던 보아스가 고엘이다. 가난한 친족의 경제적, 심리적 어려움을 대신 나서서 해결해 주는 이가 고엘이다. 제 것을 잃고도 제 힘으로 찾지 못해 쩔쩔매는 친척이 있으면, 되찾아 주는 일도 한다. 신약으로 넘어오면 바로 주님이 우리의 고엘이시다.

그런데 욥이 구원자를 만나는 시점에 내 눈길이 머문다. "살갗이 다 썩은 다음" 그리고 "내 육체가 다 썩은 다음"이다(19:26). 주석자에 따라서 부활 신앙으로 읽기도 하지만, 문자적으로는 죽음 이후를 말한다. 앞서 빌닷이 '송두리째 뿌리 뽑힌 악인의 운명'이라고 욥을 조롱할 때 쓰던 언어를 가져와서, 생전에 희망을 보지 못한다면 뿌리 없는 나무가 되어도 하나님을 보고야 말겠다는 소망을 피력한다.

나는 이를 고난에 관한 종말론적 시각이라 말하고 싶다. 의인이 종말의 날에 신원될 것이라는 점은 욥뿐만 아니라 친구들도 인정하는 바다. 현실에서는 사회적, 경제적 약자들이 피해를 보겠지만, 종말이 도래하면 하나님이 반드시 신원하신다는 것은 신앙의 핵심이다.

이 논쟁에서 차이점은 어디에 무게를 싣느냐에 있다. 욥이 이전에 소발과 엘리바스와의 논쟁에서 고난받는 현실을 말했다면, 지금은 종말론적 회복을 꿈꾼다. 친구들의 말을 일정 정도 수용한 것이다. 다만, 친구들은 종말의 날이 욥에게는 파국의 시간이라며 저주에 가까운 악담을 퍼부었다면, 욥은 그날 덩실덩실 춤추며 하나님 품에 안겨 웃을 것이고 하나님이 씌워 주시는 면류관을 받을 것이라고 한다. 하여간 양자는 고난의 종말론적 성격에 관해서는 일치를 이룬다.

나의 주장은 종말론적 관점으로 악을 봐야 한다는 것이다. 벤 킹슬리(Ben Kingsley) 주연의 영화 〈간디〉의 마지막은 과거를 회상하는 장면이다. 인도 내부의 극렬한 대립으로 폭동이 일어나자 간디는 목숨을 걸고 단식 투쟁을 벌인다. 서로 사랑하고 싸우지 말라는 것이다. 영국 출신의 기자가 지친 간디에게 오렌지즙을 아주 묽게 타서 주자, 간디는 슬쩍 웃으면서 모른 체 마신다.

그때 그녀는 묻는다. 당신은 이 오랜 투쟁을 무슨 힘으로 견뎌 냈느냐고. 그러자 간디는 자신도 지치고 낙담할 때가 많았다고 고백한다. 놀란 그녀는, 그럴 때 어떻게 이겨 냈느냐고 되묻는다. 간디의 대답은 역사를 회고하는 것이었다. "지금 당장은 무너지지 않을 것 같은 강고한 악의 체제와 폭군이라도 시간이 흐르면 파멸하고 사라지고 말았다. 난공불락의 요새처럼 보이는 그들도 결국 무너지고, 정의가 승리하는 평화의 날이 오고야 만다. 악인이 승리를 구가하는 듯 보여도 기필코 흔적도 없이 사라질 것이다."

친구들의 결정적 패착은 종말론적 시선, 또는 끝에서 지금을 보는 안목의 부재다. 지금의 시선으로 미래를 보면, 현재의 악한 체제가 영구해 보인다. 승리는 요원하다. 그래서 악인 줄 알면서도 악의 체제에 투항하고 만다. 그 악의 지배를 강고하게 구축하는 악인이 되고 만다. 그러나 악한 자는 악한 자가 받는 심판을, 의로운 자는 의로운 자로서 하나님의 축복을 받을 것이다.

치유의 수단,
글쓰기

나는 19장부터 욥이 회복되는 조짐을 본다. 그것은 앞에서 말한 중보자를 구하는 것과 함께 종말론적 시각의 확보다. 그리고 다른 하나는 기록, 곧 글쓰기다. 사실 내가 순서를 바꾸어 말했는데, 글쓰기 다음에 중보자가 나온다. 즉 글을 쓰고 자신의 삶을 기억, 기록하는 행위를 거친 다음, 그는 마침내 궁극적으로 자신을 회복시키실 분이 바로 하나님이라고 고백한다. 그전에는 자기를 버렸다고 생각했던 하나님이 자신을 버리지 않으셨고 보듬어 주시리라는 확신을 얻는다. 그 디딤돌이 바로 글쓰기다.

성서학자 민영진의 말을 보자. "왜 기록이 필요한가? 욥은 자신의 처지를 기억하고 전승시켜 줄 사람을 찾고 있다. 그렇다. 바로 기억과 전승이다. 욥에게 있어서 그의 기억과 전승은 구원에 대한 희망으로 이어진다."[37] 그 희망은 중보자인 하나님이시다. 욥은 그 희망에 다다르기 전에, 그리고 그 희망에 닻을 내리기 전에, 기억과 기록이라는 도구를 활용했다.

나는 2009년 가을부터 지금껏 글쓰기학교를 운영하고 있다. 글을 쓰면서 치유와 회복을 경험하는 사례가 많다. 최근에 한 여성은 어릴 적 어머니에게서 버림받은 이야기를 썼다. 초등학교 2학년이던 어느 날, 엄마가 없어졌고 소녀는 그날부터 무려 두 달 동안 누워 지냈다고 한다. 학교에도 가지 않고, 살았는지 죽었는지 의식도 없이 흐느적거리는 아이를 보다 못한 아버지가 들쳐 업고 병원에 갔다. 그러나 병원에서는 해 줄 게 없다 해서 돌아와 다시 아이를 방에다 눕혔는데 그때 기적처럼 살아났다. 이후에 살아온 신산한 삶을 들으며 다들 속으로 울음을 삼켰다.

그런데 당사자는 태연했다. 그런 상실을 겪어서 그런지 상담을 공부했는데, 자기 과거를 말할 때 남 이야기처럼 하니까 지도 교수도 고개를 갸웃거렸다고 한다. 그렇게 하지 않으면 못 견디겠으니까 과거 상처를 고착화했던 것 같다. 아니면 지옥 같은 그 현실을 두 눈 똑똑히 뜨고 어찌 보겠는가. 외면함으로써 버틴 것이다. 그랬던 그녀가 글을 쓰는 아침 내내 펑펑 울었다고 했다. 다른 어떤 치유 수단과 방법보다도 글쓰기가 자신의 마음을 열었다고 고백했다.

글쓰기의 치유를 가장 웅변적으로 증명하는 인물은 다름 아닌 다윗과 사울이다.[38] 두 사람 모두 하나님이 친히 선발하신 왕들이다. 왕이었다는 점만 빼고 두 사람의 시작과 끝은 달라도 너무 다르다. 천신만고 끝에 왕이 된 다윗과 평탄하게 왕이 된 사울은, 왕이 되어서도 상반된 길을 걸었다. 한 사람은 치욕적인 패전과 함께 스스로 목숨을 끊는 비극으로 마감했다. 다른 한 사람은 신구약 성경에서 가장 많이 등장하는 인물이 되었고, 모든 왕의 모델이자 모범이요 메시아의 조상이 되었다.

나는 두 사람의 차이를 읽기와 쓰기에서 찾았다. 그들은 무엇을 읽었는가? 그리고 어떻게 해소했는가? 사울은 주야로 원수를 묵상했다. 다윗은 주야로 말씀을 묵상했다. 사울은 주야로 다윗을 죽일 궁리를 했다. 다윗은 무시로 하나님을 찾았다. 그러니까 사울은 원수를 열심히 읽었고, 다윗은 하나님을 열심히 읽었던 것이다.

그리고 자기 안의 분노와 증오를 해소하는 방식에 있다. 사울은 창을 던졌다. 즉 폭력을 선택했고 그 폭력의 가해자가 되었고 결국 피해자로 죽었다. 다윗은 사울과 달리 글을 썼다. 바로 시편이다. 시편은 맥락에 따라 기도이고 예배이고 노래다. 그러나 가장 우선적인 것은 '시', 곧 글을 쓰는 행위다.

한 사람은 창을 던지는 폭력적 수단을 통해서 자기도 죽고 남도 죽이는 죽임의 길을 걸었고, 다른 한 사람은 시를 남기는 자기 치유적 수단을 통해서 자기도 살고 남도 살리는 살림의 길을 걸었다. 사울과 다윗, 두 사람은 우리에게 묻는다. "너는 고난당할 때 창을 던질 것인가? 글을 쓸 것인가?" 시편 1편처럼 우리에게는 두 갈래 길이 놓여 있다. 원수를 묵상하다가 쓸쓸한 최후를 맞이한 사울의 길과 하나님을 묵상하다가 하나님 마음에 합한 사람이 된 다윗의 길이다.

나는 처음부터 다윗과 사울의 길이 결정되어 있었다고 보지 않는다. 한 사람은 나 아닌 남 '탓'을 하고 죽도록 미운 이를 주야로 생각하면서 그를 제거하는 데 골몰했다. 다른 한 사람은 나 아닌 주님의 '뜻'을 구하고 미치도록 그리운 주님을 주야로 묵상하는 복 있는 사람이 되고자 했을 뿐이다.

그러니 당신도 써야 한다. 그래야 죽지 않는다. 쓰지 않으면 고통에 함몰되어 익사하고 만다. 죽지 않기 위해서, 아니 살기 위해서 써야 한다. 쓰지 않으면 살지 못한다. 욥은 썼고 마침내 살았다. 그리고 죽어 간 자녀들을 기억하며 여생을 보냈다. 욥이 건

됐기에, 살아남았기에, 그리고 기록했기에, 그도 살았고 죽은 이들도 기억된다. 그러니 글을 쓰라.

나눔과 질문

1. 고난을 해소시키는 자신만의 방법이 있는가?

2. 고통을 기록하는 것이 고난을 통과하는 데 어떻게 도움이 되는가?

18

어찌하여
악인이 잘 사는가?

✦ 20:1-21:34 ✦

한 아이는 태어나면서부터 빨리 늙는 조로증에 걸린다. 돌이 지나면서 노화가 시작돼 고작 14살의 나이로 세상을 하직한다. 그 아버지는 깊은 상심에 빠지고 뭐라 말할 수 없는 죄책감에 시달린다. '내가 지은 죄 때문에 아들이 죽은 것은 아닐까?' 그것이 정녕 벌이라면, 사악함이라곤 찾아볼 수 없는 아이가 그런 고통을 겪었다는 것이 좀체 용납되지 않는다. 그건 말이 안 된다는 의문이 고개를 쳐든다. 결국 자기 속의 회의에 답하는 책을 썼다. 그는 《왜 착한 사람에게 나쁜 일이 일어날까?》(창)를 쓴 유대교 랍비 헤럴드 쿠쉬너(Harold Kushner)다.

그에게 인생 최고의 물음, 신학이 다루어야 할 가장 중요한 질문은 이것이다. "왜 바르게 사는 사람에게 나쁜 일이 일어나는가?" 착한 사람이 상을 받고 악한 사람이 벌을 받는 것은 지극히 당연한 일이다. 문제는, 선인에게 화가 오고 악인에게 복이 오는 경우다. 이 문제에 대한 대답에 따라 좋은 신학과 나쁜 신학으로 구분해도 무방하리라.

그러나 이 랍비가 보기에 기존의 모든 대답은 '고통이란 인간이 지은 벌에 상응하는 대가'라는 데서 한 발짝도 더 나아가지 못하고 있었다. 안 그래도 아픈데 그것들이 죄의식을 만들어 내고, 심지어 그런 벌을 주는 하나님마저 미워하게 만든다. "삶이 그들에게 상처를 주었으나 종교는 그들을 위로하지 못했다. 종교는 오히려 그들의 마음을 더 아프게 했을 뿐이다."[39]

소발의 논리와는
다른 현실

종교 본연의 기능 중 하나는 고통받는 자를 신의 이름으로 위로하고 힘을 북돋는 일이거늘, 도리어 고통을 가하는 자의 편에 서서 나팔수 역할을 한 것이 어제오늘 일이 아닌 모양이다. 욥도 그런 일을 당했기 때문이다. 지금도 쓰나미나 지진 등의 자연재해로 고통받는 이웃들을 향해 같이 울어 주기는커녕 도리어 신의 벌을 받았다고 야유하는 종교인들이 많은 것을 보면, 신앙이 뭔지, 종교가 도대체 왜 있는 것인지 모를 일이다.

아무튼 아들을 가슴에 묻은 쿠쉬너에게 위로는커녕 가슴을 후벼 파는 말만 골라서 할 사람을 지목한다면, 바로 소발이다. 그의 논리는 크게 두 가지다. 하나는 이론이다. 불의한 자는 일시적으로 번영을 누릴지라도 결국 죄로 인해 하나님의 신속한 진노를 받아 망한다는 것이다. 잘 나갈 때는 사탕처럼 달지만 배속에서는 독처럼 쓰고 토해 낼 것(20:14)이라고 한다.

다른 하나는 현실 또는 이론의 적용이다. 저 논리를 따르자면, 욥은 지은 죄 때문에 벌을 받고 있는 것이다. 그것에 대해 소발은 두 가지 근거를 제시한다. 20장 26절이다. "그가 간직한 평생 모은 모든 재산이 삽시간에 없어지고, 풀무질을 하지 않아도 저절로 타오르는 불길이 그를 삼킬 것이며, 그 불이 집에 남아 있는 사람들까지 사를 것이다." 소발은 그 많던 재산이 하루아침에 사라진 것과 하늘의 불이 내려와 종들을 불사른 것을, 욥이 죄인이라는 기소장의 증거물로 제출한다.

이미 1장 16절에서 양 떼와 목동들을 살라 버린 불에 관해 종은 "하늘에서 하나님의 불이 떨어져서"라고 욥에게 보고한다. 우

연이 아니라는 것이다. 국가가 강탈한 것도 아니고, 사업 실패도
아니고, 사기를 당하거나 노름으로 날린 것도 아니다. 욥의 종이
보기에도 그것은 하나님이 내리신 불이다. 그렇게 전 재산이 사
라졌으므로 당연히 하나님의 심판이다. 신의 절대적 간섭과 심
판이 아니고서는 그렇게 쫄딱 망할 수 없다.

역으로 얘기하면, 욥은 남들이 알지 못하는 크나큰 죄를 지었
음이 틀림없다. 그렇지 않고서야 정의로운 하나님이 살아 계시
는데 그런 일이 벌어질 리 만무하기 때문이다. 욥은 지금 정의로
우신 하나님의 심판을 받고 있다. 자기 업보다. 그런데도 죄인이
아니라고 박박 우기고 있다. 그러니 죄인이지.

욥의 반박도 만만치 않다. 흥청거리던 악인이 자취도 없이 사
라지고 만다는 소발의 결과론적 논리에 대항해서, 욥은 현실에
근거해 반박한다. 그 현실이란 자기 자신을 투영한 것이리라. 자
신의 처지를 돌아보건대 현실 속의 의인은 의로움에도 불구하고,
아니 의롭기 때문에 쉽사리 끝나지 않고 끝이 보이지 않는 고통
에서 허우적댄다. 반면 악인은 사는 내내 행복하고 죽는 날까지
고생을 모른 채 편안히 죽는다.

세상 돌아가는 이치가 소발의 말처럼 되지는 않는다. 쿠쉬너
의 말처럼, 착한 사람에게는 나쁜 일이 자꾸 일어나고 나쁜 사람
에게는 좋은 일이 연달아 생긴다. 나쁜 짓을 일삼는 이들은 무슨
짓을 해도 안 걸린다. 착한 사람은 조금이라도 나쁜 짓을 하면 스

스로 힘들어 한다. 남이 뭐라고 하기 전에 저 스스로 실토한다. 그리고 주변의 나쁜 이들은 착한 사람들 꼬투리 잡으려고 눈이 벌겋다. 정의롭고 정직하게 사는 것이 지극히 정상이고 정당해야 하는데, 자신의 유익을 위해서라면 거짓말도 서슴지 않겠다는 것이 오늘 우리 시대의 자화상이다.

욥은, 악한 사람의 운명은 최종적으로 멸망이라는 점에 대해서는 전혀 의심하지 않는다. 다만 지금 여기서 우리가 당면한 문제는, 악한 사람이 너무 승승장구한다는 것이다. 그래서 미래의 시점을 현재로 끌어당겨, 목전의 현실을 가볍게 대해서는 안 된다. 그것은 누차 말했듯이, 고통받는 자의 어깨와 머리 위에 무거운 짐을 하나 더 얹는 것이고, 그가 의도했든 안 했든 간에 자신도 가해자의 편에 서서 약자를 핍박하는 것이다.

찾아가 마음을
들어 주라

나는 소발과 욥의 대결에서 어느 한쪽의 손을 들기에는 용기가 부족하다. 현실을 놓고 보면 욥의 주장이 옳고, 결말로 보자면 소발의 말이 타당하기 때문이다. 소발의 논리는 현실이 아닌 종말론이라는 큰 그림 속에서 볼 때 정당하다. 그리고 아무리 옳은 말이라도 언제 어디서나 옳은 말은 없으며, 설사 옳은 말이라도 그 대상에 따라 달라진다. 지금 고난받는 욥 앞에서 '의인은 결국 승리한다'는 말이 함축하는 바는, 욥은 의인이 아니며 종말의 날에도 신원받지 못한다는 무서운 비난이다.

그러니까 소발의 논리에는 앙상한 체계만 있을 뿐, 온기를 지닌 사랑은 없다. 적어도 욥은 그렇게 느낀다. 그는 소발에게 호소한다. "내가 하는 말에 귀를 기울여라. 그것이 내게는 유일한 위로이다"(21:2). "내게도 말할 기회를 좀 주어라. 조롱하려면, 내 말이 다 끝난 다음에나 해라"(21:3).

사람들은 위로한답시고 주저리주저리 말하지만, 그것은 마음에 가닿지 않는 붕 뜬 말에 지나지 않는다. 말을 하기보다는 들어야 한다. 이것은 목사인 내가 잘 빠지는 함정인데, 나 자신을 '가르치는 자, 말하는 자'로 규정하다 보면 말하는 입만 남고 들을 귀는 없어지는 것을 느낀다. 성도들은 내게 조언보다 그냥 말없이 끝까지 공감해 주기를 기대한다. 와서 실컷 이야기하고서는 속 시원하다고, 어떻게 풀어야 할지 알겠다며 돌아간다.

하나님도 그러시지 않은가. 내가 수십 년 동안 드리는 기도의 내용이나 언어가 얼마나 달라졌을까? 교회와 가족, 나 자신을 위한 기도의 외양만 바뀌었을 뿐, 주어만 조금 다를 뿐, 하나도 다르지 않다. 만약 누군가가 수십 년 동안 내 귀에 대고 그리 말하면, 나는 진즉에 목사직을 관두었을 것이다. 뿐이겠는가. 내게 그리 말하는 이를 싫어하거나 하다못해 멀리할 것이다. 그 많고 긴 시간 동안 하나님은 끝까지 내 기도를 들어 주셨다. 하나님이 왜 내 기도에 응답하시지 않느냐보다, 왜 그토록 오랫동안 내 기도를 묵묵히 들어 주셨는지 물어야 하리라.

성도들에게도 이따금 하는 말이 있다. 낙담한 교우, 지난 주일 예배 빠진 교우, 몸이 아픈 교우를 찾아가서 예배드리자는 말 하지 말자고. 오히려 집 안 청소 좀 해 주거나, 음식 장만 좀 해 주거나, 분위기 근사한 곳에서 맛난 한 끼 먹거나, 그러면 된다. 그 교우는 다음 주에 반드시 교회 온다. 심방, 곧 마음을 방문하는 것일진대, 그 마음 헤아려서 잘 들어 주면 될진대, 우리는 얼마나 소발처럼 말하고 있는가.

나의 하나님은
전능하시다

공감과 경청이 기본이지만 능사는 아니다. 왜 악인은 죽는 날까지 안락하고, 의인은 일평생 기구한 운명에 시달려야 하는지에 대한 답을 들어야 한다. 논리적이고 명쾌한 대답보다는 따뜻한 경청이 고난받는 자에게 더 절실하다는 내 생각은 변함없다. 하지만 이 둘은 양자택일이 아니다. 고난의 대명사 욥은, 하나님과의 직접 대면을 간청했다. 그에게는 위로와 함께 이해와 설명도 필요했기 때문이다. 왜 악인은 무탈하게 잘 사는가?

쿠쉬너는 하나님은 선하시지만 전능하시지 않다고 대답한다. 선한 하나님은 인간에게 고통을 주시지 않는다. 그러나 전능하시지 않기에 인간에게 닥치는 불행을 사전에 막지도, 돕지도 못하신다. 그 하나님은 우리가 행복하기를 바라시지만 전능하시지 않기에 우리는 고통을 짊어지고 살아야 한다. 인간만의 능력과 자유를 사용해서 선을 선택하고, 인간 스스로 강해져서 고난에 굴복하지 말아야 한다는 논리다.

나는 욥이 친구의 주장을 끝까지 거절했듯, 하나님이 전능하시지 못하다는 쿠쉬너의 주장에 반대한다. 시련에 처한 우리가 두 팔 벌려 기도할 때 묵묵부답이신 하나님을 발견한다고 해서 새삼스럽지 않다. 수렁에서 버둥대는 자기 자녀를 고치기 위해 자기 몸을 버리신 하나님의 뜨거운 사랑, 열 가지 재앙과 이집트 압제로부터 구원하신 출애굽의 하나님, 야곱의 전능하신 하나님을 나는 부정할 수 없다.

쿠쉬너의 주장에 대한 나의 최종적 반론은 이것이다. "하나님도 하실 수 없는데 내가 어떻게 할 수 있단 말인가?"[40] 인간이 응당 해야 할 일을 하나님께 책임 전가하고 남 탓 하는 것은 고통을 가중시킨다. 하지만, 하나님이 하시지 못한다면 누가 하겠는가. 내게는 희망도 위로도 없는 무한한 어둠만 남는다.

십자가의 하나님은 '무능한 하나님이어서 못하시는 것'이 아니라 '전능한 하나님임에도 안 하시는 것'이다. 무엇보다도 욥기의 하나님은 전능하시다. 폭풍과 함께 나타난 하나님의 연설의 핵심은 하나님의 전능하심이다. 왜 악인이 잘 사는가? 왜 의인이 고단하게 사는가? 전능한 하나님이 종말의 날에 반드시 심판하실 것을 믿고 그분의 백성으로서 악과 싸우라는 것, 그것이 욥기의 최종 결론 중 하나다.

나눔과 질문

1. 나는 나의 아픔을 털어 놓을 사람이 있는가? 또한 나는 누군가에게 그런 사람이 되어 주고 있는가?

2. 하나님이 전능하신 분이라는 사실은 지금 힘든 시간을 보내고 있는 이들에게 어떤 위로를 주는가?

욥기는 여러 가지로 우리를 테스트한다. "너는 아무런 연고 없이도 하나님을 믿을 수 있는가? 하나님이 내게 고난을 주신다 하더라도 하나님에 대해 신실함을 견지할 수 있는가?"라고 묻고 또 묻는다. 그것이 욥의 이야기일 때는 욥을 칭찬한다. 욥에 대해 설교한다. 하지만 내가 욥의 자리에 서면, 욥이 나의 이야기가 되면, 말이 달라지지 않을까?

엘리바스의 말도 그렇다. 너무나 익숙한 말이다. 하나님의 전적 주권과 영광을 믿는 이라면, 인간의 수고와 공로가 하나님의 은총과 구원에 아무 영향도 끼치지 않는다는 것을 안다. 인간과 무관하게 오로지 하나님은 하나님이시다.

22장 2절을 읽어 보자. "사람이 하나님께 무슨 유익을 끼쳐드릴 수 있느냐? 아무리 슬기로운 사람이라고 해도, 그분께 아무런 유익을 끼쳐드릴 수가 없다." 이것이 성경의 일관된 주제이고, 종교개혁자들과 20세기 위대한 신학자들이 공통으로 외쳤던 말이다. 인간의 공로를 내세우지 말고, 기독교가 가장 큰 죄로 꼽는 교만을 피하라는 말로 설교의 결말을 장식한다.

하지만 청중이 욥이라면? "네가 아무리 독실하고 동방 최고의 부자라도 하나님의 영광과 위엄 앞에서는 우주의 먼지 하나에 지나지 않는다. 우주의 창조자가 너 같은 인간에게 무슨 관심을 그리 두겠느냐. 하나님이 네 죄를 모르실 리 없다. 죄가 있으니 벌주시는 거지. 너에게 부당한 벌을 주어서 하나님께 유익이 될까? 하나님은 그런 하나님이 아니시다." 이것은 올바른 설교가 아니다.

─────

숨어 계신 하나님을
찾는 욥

욥과 친구들의 대토론은 막바지에 다다른다. 이쯤 되면, 대화가 정리되면서 상호 이해와 공감에 이르거나 아니면 상호 비방과 막장에 이르곤 한다. 여기서는 안타깝게도 난타전으로 접어든다. 서로의 말꼬리를 물고 늘어지거나 인신공격성 발언이 난무한다. 욥도 다를 바 없다. 그러나 나락으로 떨어지는 엘리바스와 달리, 욥은 무차별 토론 속에서도 성장하는 면모를 보여 준다.

엘리바스는 초기에는 추상적인 논의를 펼쳤다. 친구의 고통 앞에서 직접적으로 비판하는 것이 조심스러웠기 때문이다. 하지만 욥의 대답을 들을수록 그도 분노가 차오른다. 그래서 이제는 구체적인 죄목을 들어서 욥을 비난한다. 그 죄목들이 실제 욥이 지은 죄냐고 물으면, 물증은 없다. 거짓말이다. 그의 신학으로 보면, 하나님은 경건한 사람에게 이런 고난을 주실 수 없는 분이다. 욥이 죄인 되어야 하나님이 의로우시므로, 욥은 죄인이 되어야 한다. 죄인이 되려면 구체적인 죄악이 있어야 한다. 따라서 엘리바스가 나열한 죄악의 목록은 가련한 욥에게 덮어씌운 죄악상이다.

고통받는 사람의 얼굴을 '있는 그대로' 따뜻하게 바라보는 게 아니라 자기의 특정한 신념 체계에 맞도록 재단하고 심판하는 엘리바스의 모습은, 상심한 자의 슬픔을 달래기는커녕 불난 집에 부채질하는 격이다. 그런데 성숙한 욥은 이 대목에서 무시 전략을 구사한다. 이전에는 친구들과 대화를 시도했고 그들의 비판을 애써 들었었다(6:14).

그러나 지금은 친구들의 말에 아예 귀를 닫는다. 그것이 그가 살길이다. 토론을 벌이면 벌일수록 저들은 심한 욕설과 비방을 일삼을 것이고, 3대 1의 대화인데다가 전통과 권위를 뒷배 삼아 막무가내로 치고 들어오는 논전에 상처받는 것은 필시 욥이다. 그러니 시선을 돌려 다른 것을 보아야 한다.

욥은 하나님과 대화를 원하고 하나님을 찾아 나선다. 여기서 하나님은 엘리바스가 말한 하나님과 다른 하나님이시다. 그가 직면하는 고통을 설명해 줄 하나님, 해결해 줄 하나님이시다. 엘리바스는 '순종하면 선하고 의로운 하나님이 너를 기필코 회복시키실 것이다. 그러니 회개하고 순종하면 잘 될 것'이라며 회유한다. 하지만 욥이 그따위 회유에 흔들릴 리 만무하다.

욥은 지금껏 알던 하나님의 뒷모습을 보고 있다. 자신이 신음하며 누워 있는 공간에서 전후좌우, 동서남북을 둘러본다(23:8-9). 그 어느 곳에서도 하나님을 볼 수 없다. 그곳에 계실 리 만무하다. 그렇게 특정한 공간에 계셔서 손으로 만질 수 있는 하나님이시라면, 인간의 이성으로 다 설명 가능한 하나님이시라면, 애초에 설명은 수월하다.

그런데 고난의 본질 중 하나는 설명이 불가하다는 것이다. 그런 고난의 불가해성은 하나님의 불가해성과 연결된다. 그것을 우리는 폭풍 속에 나타나신 하나님의 음성에서, 그리고 리워야단을 창조하고 통제하시는 하나님의 선언에서 보게 될 것이다.

다음은 공간이 아니라 시간에서 하나님을 찾는다(24:1-25). "어찌하여 전능하신 분께서는, 심판하실 때를 정하여 두지 않으셨을까?"(24:1) 하나님이 심판하실 때와 회복하실 때를 우리가 정확히 안다면 얼마나 좋을까? 그 시한이 정해져 있으면 우리는 좀 더 잘 살 수 있지 않을까? 좀 더 잘 견뎌 낼 수 있지 않을까?

욥은 개탄한다. 하나님의 시간을 알아도, 알지 못해도, 인류 사회는 갖가지 사회적 병폐로 신음하기 때문이다. 자기가 예상한 것 이상으로 길다고 생각해도, 짧다고 여겨도, 악행은 잦아들지 않는다. 죽음의 날을 고지받아도 사람들은 불안과 공포에 떨 뿐 이웃을 사랑하고 정의롭게 살려고 하지 않는다.

사회의 구조 악을
발견한 욥

우리는 숨어 계신 하나님의 시공간을 찾으려는 욥의 발언 속에 나타난 변화를 주목해야 한다. 첫째, 그는 '구조 악'을 발견한다. 24장 2-14절에서 욥은 가난한 자들을 구체적이고 생생하게 묘사하는데, 그것은 사회적 압제를 보여 준다. 가난한 자가 일거리를 아무리 찾아도 없는 것이 그의 무능력 때문일까? 몸 하나 제대로 누일 곳 없는 것이 비단 그의 잘못일까?

20장 소발의 논리와 22장 엘리바스의 논리는, 의로운 욥에게 적중하지 못했을 뿐만 아니라 의인이 고통받는 구조적 현실을 간과하고 말았다. 우리가 사는 사회에는, 개인이 저지르는 악에 의해 생기는 고통보다 잘못된 구조에 의해 발생한 악이 난무한다. 이를 '구조 악'이라고 한다. 그 사회나 조직의 제도와 시스템 자체에 근원적인 악이 자리하고 있어서, 그 집단에 속한 이들은 일말의 양심의 가책도 없이, 그리고 성실하게 악에 동조한다.

가장 대표적인 것이 나치 체제 하의 독일이었다. 그들은 단지 조국을 사랑했고 1차 대전의 패배를 설욕하고 싶었으며 휘청거리는 경제가 안정되기를 원했다. 그래서 부국강병을 약속하는 정당에 투표했을 뿐이다. 그리고 정부의 선동과 자신들의 오랜 편견에 의해 유대인을 희생양으로 삼았을 뿐이다. 그들 중 누구도 악을 악으로 여기지 않았다. '혹 잘못된 것이 아닌가' 하는 의구심이 들어도 사회 구성원 대다수의 생각이자 행동이었기 때문에 별다른 문제의식이 없었다.

저명한 영문학자이자 문학이론가인 테리 이글턴(Terry Eagleton)은 현대 사회의 악이 제도적이라고 지적하면서 다음과 같이 말한다. "대부분의 부정이 우리의 사회 체제 안에 장착돼 있기 때문에 부정에 기여하는 개인들은 당연히 자기 행위의 무게를 인식하지 못할 수 있다."[41] 여기서 그는 우리가 통상적으로 사용하는

'악' 대신에 '부정(wicked)'이라고 말한다.

왜냐하면 '악'이라는 단어는 흔히 설명이 불가능한, 이해 불가의 초월적인 어떤 것을 가리키기 때문이다. 그런 식으로 악을 비현실적이고 신비적인 것으로 만들면, 내 눈앞의 악을 제대로 설명할 수도 없고 맞서 싸울 힘을 얻지도 못한다. 그래서 그는 악한 자, 즉 '부정'이라는 용어를 선호한다.

악을 추상화하는 기제 중 하나는 악의 신화화이고, 사회 구조에 책임을 전가하는 것이다. 하지만 이글턴은 타락한 구조 때문에 발생하는 악과 함께 인간은 꼭두각시가 아니라는 점을 역설한다. 구조에 의한 악이 만연해도 각 개인의 책임마저 면제될 수는 없다. 오늘날 비정규직 노동자들과 20대 청년 노동자들의 기구한 죽음은 그 개인의 잘못이 아니지 않는가. '위험의 외주화'라고 명명한 경제 구조의 희생자일 뿐이다. 엘리바스의 논리는 잘못된 구조에 의해 희생되는 약자를 악인으로, 게으르고 무능한 실패자로 규정하는 것과 맞닿아 있다.

그렇다면 욥은 어떨까? 우리는 욥의 고통이 하나님에게서 온 것임을 기억해야 한다. 앞선 장에서도 언급한 적이 있지만, 1장에서 재산 상실과 자녀의 죽음을 보고하는 종은 "하늘에서 하나님의 불이 떨어져서"(1:16)라고 말한다. 이는 자연 재해가 아니고 신적 재앙이라는 뜻이다. 마지막 장인 42장에서도 되풀이된다. 회복된 욥을 찾아온 친구와 친지들은 그의 고난에 대해 "주님께서 그에게 내리신 그 모든 재앙"(42:11)이라고 말한다.

이는 한 개인이 처한 불가항력적 구조라 할 수 있다. 그것은 지상의 눈으로 보자면, 우연과 같다. 욥 개인의 신실한 삶과는 상관없이, 종의 표현대로 하늘에서 뚝 떨어진 불행이다. 천상의 눈으로 보자면, 신자이건 불신자이건, 의인이건 악인이건 상관없이 겪는, 한 개인의 의지를 넘어서는 구조적 고난에 해당한다.

욥의 고난은, 거미줄에 걸린 나비처럼 옴짝달싹 못 하는 구조에 갇힌 무력한 인간에게 피할 수 없는 숙명과 같다. 그 정사와 권세와 구조 악을 간과하고 고난을 개인의 책임과 잘못으로 전가하는 소발에게, 욥은 정면으로 저항했다. 고난의 원인을 살펴보면, 개인을 탓하기에는 정치 사회적으로 잘못된 구조가 강고하다. 개인에게만 책임을 물을 수 없다. 반면, 구조와 환경 탓만 하기에는 개인의 고유한 개성과 자유가 가진 무게가 가볍지 않다.

타인의 고난과
고통을 본 욥

둘째, 욥은 타인의 고통을 발견한다. 지금까지 그는 오롯이 자신의 고통에만 주목했다. 이 세상에서 단 하나, 나만 고난받는다고 길길이 날뛰었다. 왜 내게 이런 모진 시련을 주느냐고 대거리를 해댔다. 왜 하필 나, 종교적으로는 경건하고 사회적으로는 정의롭게 사는 나에게 왜 이런 고난이 일어났는지 묻고 그에 대한 답을 듣기 원했다.

그랬던 욥이 자기처럼 고난받는 사람에 대해 말한다. 23장에서는 하나님을 찾더니 24장에서는 고난받는 이웃을 본다. 집과 가축을 빼앗기는 사람들, 빚을 갚지 못해 팔리는 사람들, 가난하기에 자신의 천부적 권리를 누리지 못하는 사람들, 악착같이 일해도 부당한 대우를 받고 정당한 임금을 받지 못하는 사람들, 돈 없고 백 없어서 아무도 하소연을 들어 주지 않는 사람들을 보고 있다. 그 전에는 고난받는 자신만 보면서 울부짖던 욥이 말이다.

한 사람의 고난이 끝나 가고 있는지 아닌지 판별하는 방법이 하나 있다. 나만 아프다고, 왜 나에게만 이런 고난이 있느냐고 소리치고 있다면, 아직 끝은 멀었다. 하지만 저마다의 사연과 상처로 몸부림치는 사람들, 나와 비슷한 처지의 사람들이 보인다면, 바로 그때가 고통의 연대기가 끝나는 시점이다.

욥은 자신이 겪고 있는 고통이 허다한 사람들의 그것과 별반 다르지 않음을 본다. 자신의 고통을 자세하게 묘사하던 그가, 이제는 절벽 끝에 서 있는 주변 사람들 모습을 자세하게 설명한다. 고통이 개인의 문제가 아니라 모두의 문제임을 욥이 발견했음을 시사하는 부분이다. 이 점을 잘 포착한 이는 구스타보 구티에레즈다. 그에 따르면, 욥은 "가난과 버림받음이 자신만의 일이 아니라는 인식의 구체적인 결과로써 이제 근본적으로 변한다."[42]

내 고통에 함몰되지 않고 타인의 고통에 공감하며 그 고통에 연대할 때, 그는 고난을 통과한다. '상처 입은 치유자'라는 헨리 나우웬(Henri Nouwen)의 유명한 문구가 지금은 식상해진 듯하지만, 고난에 숨겨진 진실 중 하나는 '고난받는 다른 사람을 내 고난으로 돕는 자가 되라'는 것이다. '왜 나만 고난을 겪느냐'고 대들던 욥은 '왜 저 사람도 저런 고난을 겪느냐'고 묻는다. 그리고 그들에게 손 내밀려고 한다. 이제 그에게 고난의 끝은 머지않았다.

나눔과 질문

1. 욥은 어떻게 성장해 나가는가? '상처 입은 치유자'의 관점으로 생각해 보자.

2. 욥처럼 내 고통에서 다른 사람의 고통으로 눈을 돌린 경험이 있는가?

하나님의 눈으로
바라보라

❖ 25:1-28:28 ❖

똑같으니까 싸운다고 한다. 싸우다가 정들고, 싸우다가 닮는다고도 한다. "괴물과 싸우다가 괴물이 된다"는 괴테의 말은 맞다. 싸움의 발단에는 선과 악의 경계가 어느 정도 뚜렷하다. 처음에는 가해자와 피해자가 있었고, 강자의 부당한 착취가 있었고, 약자의 억울한 희생만 있었다. 그러나 피해자가 상황의 부당함을 널리 알리고 자기 권리를 주장하는 와중에, 자기도 모르게 상대방을 빼다 박는 현상이 나타난다. 불의한 권력과 싸운 이들이 권력을 차지한 다음, 이전의 권력과 동일한 수순을 밟으면서 몰락하고 만다. 조지 오웰의 《동물 농장》의 마지막 문장처럼 사람과

욥, 까닭을 묻다

돼지를 분간하기 어려워진다.

내 고난의 연대기를 회고해 보면, 저 패턴 그대로다. 처음에 나는 순수했고, 옳다고 믿었다. 어리숙했던 것인지 어리석었던 것인지, 아니면 둘 다였는지 모르겠지만, 나는 나름 괜찮은 사람이라고 자부했다. 그리고 교인들 중 한 분은 특출 난 열심을 품었다. 그는 그대로 진실했다. 나이도 많았고 교회도 사랑했고 나를 담임목사로 초청한 일등 공신이었다. 그러나 그는 지나치게 간섭했고 나는 그게 싫었다. 그는 자신의 조언을 무시하는 내가 싫었을 테고.

우리 둘은 서서히 상대방에게 분노하기 시작했다. 그는 교인들을 일일이 찾아다녔다. 내가 보기에 그것은 선동이었지만, 그에게는 설득이었을 것이다. 그는 사실을 말했고 약간의 과장이 있었을 뿐이라고 하겠지만, 내가 보기에 그것은 거짓이었고 날조가 많았다. 나는 그와 똑같은 사람이 되고 싶지 않았다. 목사답게 행동하고 싶었다. 해서, 기도했고 침묵했다. 그러나 거짓은 눈덩이처럼 불어나기 시작했고, 언제부터인가 나는 죽음을 생각하기 시작했다. 나는 주야로 죽음을 묵상하는 복 없는 사람, 뿌리 없는 나무가 되어 있었다. 이후 장장 5년 동안 자살을 생각하며 살았다.[43] 나는 지금도 내가 정당했다고 생각한다. 그때 그의 편에 섰던 이들도 인정했으니까.

그러나 그때도 내심 알았지만, 우리의 다툼은 옳고 그름의 문

하나님의 눈으로 바라보라

제도 있었지만 서로 똑같았기 때문이었다. 둘 다 주님을 사랑했고, 교회가 잘 성장했으면 했고, 충성스럽게 헌신하고픈 갈망도 컸다. 나는 그의 말에 귀 기울이기보다는, 내 리더십을 약화시키고 자신의 지위를 공고히 하려 한다는 의심을 거두지 않았다. 그 말을 뒤집어 보면, 내 지도력을 굳건하게 세우고 싶어 했고 그는 방해물이었다. 욥처럼 말한다, 나는 정당했다고. 그러나 나는 그와 같은 방식으로 칼을 겨눴고 활을 쏘았다. 이제 그 이야기를 해 보자.

점차 말수가 줄어든
빌닷

25장부터는 그냥 뒤죽박죽, 엉망진창이다. 두서없이 엉켜서 이게 누구 말인지 종잡을 수가 없다. 욥과 욥의 친구의 말을 명료하게 가려내기 힘들다. 그래서 학자들은 어디서부터 어디까지가 욥의 말인지 찾고, 3차 논쟁에서 사라진 소발의 말을 찾는다. 앞으로 보겠지만, 욥의 말 중에는 다른 친구들과 함께 소발의 논리인 듯 보이는 말이 있기 때문이다.

우리가 주목할 것은 25-27장까지의 말이 뒤엉켰다는 것과, 순서 정연하게 언쟁을 벌였었는데 여기서 그 사이클이 무너져 내렸다는 점이다. 먼저, 빌닷의 말은 짧아도 너무 짧다. 소발의 말은 아예 없다. 왜 그럴까? 하고픈 말이 참 많을 텐데, 그로서는 욕지기가 나올 정도로 욥이 밉살스러울 텐데, 왜 빌닷은 말을 간단하게 마칠까? 그리고 소발은 왜 말을 안 하는 걸까? 정말 하지 않은 걸까, 기록하지 않은 걸까? 그가 말하기도 전에 욥이 먼저 치고 나와서 말할 기회를 뺏긴 걸까?

결론은 서로서로 닮았다는 것이다. 빌닷은 엘리바스의 말을, 욥은 친구들의 말을 되울린다. 하나씩 살펴보자. 빌닷의 말은 고작 여섯 절, 아니 더 정확하게는 다섯 절이다. 1차전에서는 스물두 절이었고, 2차전에서는 스물한 절이었다. 전체적으로 말수가 점점 줄어들었다. 말해 봐도 소용없으니 귀찮아진 걸까? 귀 막아 버린 욥에게 말하는 것이 열받았나?

주목할 점은 빌닷과 엘리바스의 관계이다. 빌닷의 말 중 4-6절은 엘리바스가 처음 했던 말(4:17-19)과 흡사하다. 그곳에서 엘리바스는 사람이 하나님 앞에서 의로울 수 없다고 했다. 하나님과 인간 사이에는 무한한 질적 차이가 존재하고, 건널 수 없는 심연이 입을 벌리고 있다. 그 심연을 건너는 자는 죽는다. 천길만길 낭떠러지로 떨어지고 만다.

인간은 흙으로 만든 피조물이기 때문이다. 창조주와 피조물,

그리고 흙이라는 물질은 무한한 하나님과 유한한 인간을 선명하게 대비시킨다. 파스칼의 말처럼, 무한한 우주 앞에서 인간은 무한히 작은 점과 같다. 그렇다면 하나님 앞에서는? 아예 없는 존재다. 굳이 애써 없애려 하지 않아도 된다. 무심히 내버려 두어도 소멸하고 만다. 그 논리로 '하나님이 네까짓 욥에게 무슨 관심을 두시겠느냐'며 욥을 구렁텅이로 몰아넣었다. 지금 빌닷의 논리와 단어까지 흡사하지 않은가.

빌닷이 엘리바스의 것을 빌려 쓴 것인지, 아니면 계속되는 혼선 중에 뛰어난 논리에 흡수된 것인지는 모르겠다. 어쩌면, 말해도 듣지 않는 욥에게 더는 말하기 싫어서 엘리바스의 말을 상기시켜 주고 끝내 버렸을 수도 있겠다. 빌닷의 마지막 말은, 분명한 논리의 종결로 보기 어렵고 말의 완결이라고 하기에도 미흡하다. 어떻게 해석하든, 그가 엘리바스를 추종하는 것은 확실하다.

___

서로 닮은 듯한
욥과 친구들

이번에는 욥의 말을 보자. 특히 26장 7-14절은 빌닷의 이전 논리와 비슷하다. 첫 대화(9:5-15)에서 욥은 하나님의 창조 능력과 위엄, 그분의 섭리와 통치를 웅장하게 그린 다음, 최종적으로 인간은 그분의 신묘막측한 뜻을 알 길 없다는 말로 마무리 지었다. 욥의 말은 빌닷의 논리를 가져온 것처럼 보인다. 하나님이 세상을 창조하셨고, 그 세상에서 최고의 악인 라합과 뱀을 무찌르고 승리하신다고 말한다. 결론은, 빌닷과 마찬가지로 인간은 하나님의 오묘한 뜻을 헤아릴 수 없다는 것이다.

나는 이 말이 누구 것인지 보다는 양자의 말이 뒤섞인다는 것, 서로서로 닮고 있다는 점이 크게 보인다.[44] 이는 27장에서 뚜렷이 나타난다. 이곳에서 욥은 악인의 최후를 풍자하면서 그들의 종말을 조롱한다. 악하게 산 자는 쫄딱 망하고, 그 후손은 들어와도 저주를 받고 나가도 저주를 받을 것이라고(신 28:19) 자기 말로 바꾸어 친구들에게 되돌려 준다. 그들은 처음에는 위로하는 척하더니, 나중에는 악인의 최후를 맞이할 것이라면서 얼마나 욥을 향해 비아냥대고 비난했던가.

그런데 27장 13-23절은, 세 번째 논쟁 사이클에서 빠진 소발의 말로 읽힌다. 욥은 20-21절에서 이렇게 말한다. "두려움이 홍수처럼 그들에게 들이닥치며, 폭풍이 밤중에 그들을 쓸어 갈 것이다. 동풍이 불어와서 그들을 그 살던 집에서 쓸어 갈 것이다." 이 말은 20장에 나오는 소발의 말과 포개어진다. 소발은 20장에서 악인이 종당에는 비극적 운명을 맞이할 것이라고 쏘아붙였다. 악인은 평생 모은 재산을 한 방에 날릴 것이고, 홍수에 쓸리듯 사라질 것이라고 했다. 누가 들어도 욥에 대한 악담이다. 그런데 욥의 말과 논조는 물론 어휘도 거의 같다.

빌닷은 엘리바스에 휩쓸려 가고, 욥은 소발에 빨려 들어가고 있다. 소발의 말이 아니라 분명히 욥의 말인 부분(27:2-12)도 친구들의 말로 들린다. 친구들이 욥에게 저주에 가까운 말을 퍼부었는데, 여기서 욥은 그 말을 그대로 돌려준다. "내 원수들은 악한 자가 받는 대가를 받아라"(27:7). 여기서 원수는 누구일까? 바로 친구들이다. 친구들이 욥을 고통에 빠뜨린 것은 아니지만, 논쟁을 벌이던 중에 그들을 미워하게 되었다. 그렇다 하더라도 욥이 궁극적으로 증오해야 할 원수는 아니지 않은가?

우리는 여기서 '원수'와 26장에 나온 '라합'과 '뱀'의 상관성에 주목해야 한다. 이 둘은 40-41장에 나오는 베헤못, 리워야단과 같은 하나님의 대적자요 괴수다. 하나님의 질서 정연한 창조 세계를 혼돈과 어둠이 지배하는 세상으로 만들려는 하나님의 원수들이다. 욥은 지금 친구들을 악마요 괴물로 보고 있으며, 하나님이 악의 대표자들을 철저하게 짓밟으시듯 자신의 세 친구들도 심판하시기를 원한다.

하나님의 생각은 욥과 달랐다. 1-2장의 사탄에게 말씀하셨고 40-41장에서도 소상히 말씀하시지만, 하나님은 악인, 원수, 괴물을 사용하고 사랑하신다. 하나님은 원수를 사랑하고 구원하고자 하신다. 그리하여 자기 아들을 아끼지 않으시고 십자가의 희생 제물로 내어놓으셨던 것이다. 하나님이 고난당하는 욥에게 하시고자 한 으뜸 말씀은, 네 고난의 원수도 사랑하라는 것이다.

그런데 지금 욥은 그 사명을 아직 알지 못하며, 오히려 친구들을 증오하고 그들과 똑같은 논리로 거친 말을 서슴없이 내뱉고 있다. 이래서 미워하면 닮는다고 하나 보다. 똑같으니까 다툼이 끊이지 않는 거다. 분명 처음에 욥은 친구들과 달랐다. 그러나 이제는 욥과 친구들을 구분하는 것조차 불가능해 보인다.

같은 듯

달랐던 욥

욥이 친구들의 논리에 포섭되지 않았다는 강력한 증거는 바로 28장이다. 처연한 탄식에서 우렁찬 찬양으로 그의 음조가 확 바뀐다. 물론 29-31장에서는 여전히 타령조다. 그러나 그곳에서도 담대하게 무죄 주장을 펼친다. 없던 죄도 만들어 씌우는 박해에 견디지 못하고 투항하는 듯했으나, 예의 그 대담무쌍한 욥으로 되돌아간다.

욥이 친구들에 물들지 않고 그들을 본받지 않을 수 있었던 이유는 무엇일까? 해답은 28장에 있다. 그 장에 제목을 붙인다면 '지혜 찬양'이다. 인간이 가 닿을 수 없는 하나님의 무궁한 지혜를 드높이는 노래다. 그것은 지혜의 시작과 결론인 잠언 1장 7절을 반영한다. "하나님을 경외하고 악을 멀리하는 것, 바로 그것이 지혜다." 나는 이것을 초월적 시각의 확보라고 명명한다.

왜 그런가? 내용을 들여다보면, 광산에서 은금을 캐는 이야기다. 과학의 발전으로 이전에는 들어갈 수 없던 깊은 지하 갱도에서 금을 캐내게 되었다. 그러나 물질의 영역에 속하는 금광과 정신의 영역에 속하는 지혜는 전혀 다른 방법으로 추구해야 한다. 루트비히 비트겐슈타인의 유명한 말대로, 말할 수 있는 것은 말의 세계와 문법으로 설명하면 되고, 말할 수 없는 것은 말할 수 없는 본래의 결을 살려서 말해야 한다. 둘은 같을 수 없다.

지혜는 이 세계 깊은 곳에 숨어 있지 않으며, 이 세상의 것을 연구하는 방식으로는 알 수 없다. 오직 하나님을 경외하는 자세와 관점을 가져야만 지혜로운 삶을 살 수 있다. 28장의 찬양을 통해 말하는 바는, 세상이 아닌 하나님의 눈으로 봐야지만 지혜를 알 수 있고 그때 지혜로운 자가 된다는 것이다. 이를 나는 초월적 시각이라고 말하고 싶다.

초월이라는 말을 너무 어렵게 생각할 필요는 없다. 나의 밖,

위의 관점으로 나를 보는 것이다. 철학에서는 나를 성찰하는 방법으로 '내 옆의 눈'으로 볼 것을 권한다. 즉, 타인의 얼굴에 비친 내 모습을 보는 것이다. 성경은 전적 타자이자 초월자이신 하나님의 관점에 의해서만, 인간이 인간일 수 있고 인간답게 된다고 말한다. 철학의 용어로 번역하면, 자기 객관화이다. 마치 자신을 남인 양 바라보는 것이다.

욥은 친구들에 에워싸여 점차 그들의 언어와 논리에 물들어 가고 있었다. 그러나 그 세계로부터 거리를 두고 봄으로써 무죄를 주장할 수 있었다. 그때 하나님이 자신을 가장 의로운 사람으로 인정하신다는 것, 친구들은 하나님께 혼쭐이 난다는 것을 어렴풋이 알게 되었다. 더 나아가 욥은, 하나님이 천상의 법정에서 자신을 무죄라고 선고하신 바 있음을, 앞으로도 그러하실 것임을 확신하게 된다.

옛말에 똑같으니까 싸운다고 했다. 처음의 욥은 친구들과 다를 바 없었다. 물론 처지도 다르고 관점도 다르고 결과도 달랐지만, 앙앙불락(怏怏不樂)하기는 마찬가지였다. 말 같지도 않은 말을 쳐내는 오기와 집념은 높이 사지만, 친구들이 처음부터 적대적이지 않았을 뿐만 아니라 그들의 말에도 일리가 있었다. 권선징악과 인과응보는 도덕의 기본이요, 한 사회 질서의 근간이니 말이다.

때문에 그 자체를 부정하는 것은 하나님의 창조 질서를 부정하는 일이요, 사회의 기본 구조를 대책 없이 무너뜨리는 일이다. 하긴, 욥은 그 너머를 말했지 그 자체를 부정한 것은 아니었다. 그런데도 욥의 논변에는 암시적으로, 그러나 결과적으로 하나님의 창조 자체와 하나님의 통치를 부정하는 조짐이 있었고 그래서 폭풍 속 하나님이 욥을 엄히 질책하셨던 것이다.

그렇기에 욥은 그때까지 초월적 시각을 확보하지 못했었다. 폭풍 속의 하나님을 만난 후에야 악에 대해 책임적 자세를 취하고, 친구에서 원수가 된 세 사람을 용서하며, 그들을 위해 제사를 지내는 자리로 나아간다. 그곳에서 하나님은 욥을 다독이고 다그치신다. '나를 까닭 없이 믿는다는 건, 나 야웨가 악과 악인을 사용한다는 것, 네 철천지원수도 너랑 똑같이 사랑한다는 것, 그 원수가 있어 너도 있다는 잔인한 말을 듣는 것을 의미한다'고 하신다.

그의 변화는 시작되었다. 자신의 고난에 홀딱 빠졌을 때와 달리 타인의 고난을 보기 시작했고, 하나님의 통치를 찬양하게 되었다. 고난 속에서 나의 눈이 아닌 하나님의 눈으로 본다는 것이 얼마나 어려운 일인지 모른다. 욥은 3장에서부터 지금까지, 스무 장이 넘는 길고 긴 분량 동안 하나님과 친구들에게 항변하는 데 자신의 모든 에너지를 쏟아부었다. 고난과 결코 '분리'되지 않지만 '거리'를 확보하는 욥, 하나님 앞에 서는 욥, 하나님의 눈으로 고난을 바라보는 욥은 친구들과 똑같지 않다. 그들과 달

라졌다. 역시 하나님의 욥은 다르다. 또 한 명의 욥인 나도 달라
질 것이다.

나눔과 질문

1. "괴물과 싸우다가 괴물이 된다"라는 말을 교회 안에서 혹은 내 삶에서 경험
   한 적이 있는가?

2. 선으로 악을 이기는 삶, 그러한 신앙을 갖기 위해서 필요한 것은 무엇인가?

네 삶을
이야기하라

✦ 29:1-31:40 ✦

논쟁이 헝클어지더니 이제는 숫제 욥 혼자서 떠드는 형국이다. 친구들은 나가떨어진 모양새다. 욥에게 질린 거다. 아무리 말을 하고 또 말해도 듣지 않는다. 본인이 옳다고 하는 것도 듣기 싫은데 하나님 앞에서도 무죄라고 주장하지를 않나, 이 세계가 근본적으로 오류투성이라고 하지를 않나, 하나님도 뭔가 문제가 있음이 분명하다는 불경한 말을 하지를 않나, 욥은 그야말로 마이동풍이다.

그런데, 친구들의 이런 태도는 고난의 관찰자들이 흔히 보이는 태도다. 그들은 말한다. "이제 그만해라. 그만할 때가 되지 않았느냐." 더 극악한 말도 여과 없이 내뱉는다. 그건 아니다. 차라리 말을 말지. 동냥은 못 줄망정 쪽박은 깨지 말라 했다.

자신을 아프게 한 사람만큼이나 그이를 옆에서 거드는 사람, 편드는 사람이 더 밉다. 욥도 지금 그렇다. 그리고 내 편일 줄 알았는데 자꾸만 뒷걸음질 치는 이들을 보면, 마음이 무너진다. 당사자 입장에서는 1년, 3년, 5년이 지나도 문제가 해결되지 않았는데, 주변 사람들은 하나둘 지쳤다고, 지겹다고 고개를 절레절레 흔든다. 물론, 성숙한 욥은 그들 심정을 모르지 않는다. 처지를 바꿔 놓고 생각하면 자신도 그들처럼 말했을 것이라고 깨끗이 인정한다(16:4). 그러나 몇 걸음 떨어져 무심히 고난을 바라보는 이들은 그 심정을 알 턱이 없다. 욥의 항변을 앵앵거리며 날아다니는 파리 소리 정도로 여긴다. 거슬리는 소음일 뿐이다.

이 상황에서도 욥은 한 치도 물러서지 않는다. 여기서 물러선다는 것은, 자기 인생 전부를 송두리째 부정하는 일이다. 까닭 없이 믿었던 하나님, 그 하나님 신앙도 부정해야 한다. 그리고 억울하게 죽은 자식들은 누가 기억한단 말인가. 욥은 죽을 수 없고, 말하지 않을 수 없다. 그래서 그는 자신의 삶을 이야기한다. 고난받는 사람은 이야기를 한다. 지적해대는 친구들은 논리를 설파한다. 논리는 사람을 다치게 하지만, 이야기는 사람을 치유한다. 욥의 이야기를 한번 들어 보자.

외로움에 떨며

우는 욥

29-31장은 욥의 자전적 이야기다. 그래서 시간적 순서를 따른다. 29장은 과거의 행복했던 시절, 30장은 고통스러운 현재, 31장은 무죄로 판명 날 미래를 말한다.

29장에 나오는 욥의 과거 회상은 아련하다. 모든 추억은 아름다운 법이다. 제아무리 힘들었던 과거도 미래 시점에서 회고하면 눈부시다. 그는 경제적으로 부유하고 안락한 삶을 누렸다 (29:1-6). 사회적으로 신망도 드높았다(29:7-10, 21-25). 부자라서 극진한 존중을 받은 것이 아니라, 가난한 이들과 소외당하는 약자를 아낌없이 도왔다. 그랬기에 하나님의 은혜로 오래오래 행복하게 살 줄 알았다(29:18-20).

여기서 욥의 눈가에 눈물이 맺혔지 싶다. 29장 2절과 4절은 그때로 돌아가고 싶다는 속내를 반복적으로 내비친다. 다시 돌아가고 싶은 것이다. 아이들과 살던 때로, 함께 맛난 음식 먹던 때로, 같이 예배하던 그때로, 딱 한 번만이라도…. 욥의 회상이 아릿한 것은 너무나 선명하게 대비되는 현실 때문이다.

나는 30장 1절의 "그런데 이제는"을 쉽게 읽지 못했다. 29장

마지막 구절 "슬퍼하는 사람을 위로해 주는 사람처럼 사람들을 돌보고"와 30장 1절 "그런데 이제는", 이 두 문구 사이는 멀고도 넓다. 속사포처럼 친구들에게 쏘아붙이던 예의 욥이 아니다. 나지막하고 떨리던 목소리를 멈추고, 눈은 지그시 감고, 몇 초 동안 호흡을 고르는 욥이 보인다. 그런 욥을 한심한 듯 눈을 내리깔고 쳐다보는 친구들도 보인다.

그도 그럴 것이 욥의 첫 일성이 사납다. "나보다 어린 것들까지 나를 조롱하는구나"(30:1a). 그다음 말은 역겹다. "내 양 떼를 지키는 개들 축에도 끼지 못하는 쓸모가 없는 자들의 자식들까지 나를 조롱한다"(30:1b). 욥은 울컥했을까, 욕지기가 올라왔을까? 없이 살아도 무시받고는 못 살고 돈은 없어도 허세 빼고는 못 견딘다, 욥은.

욥기 전체에서 가장 읽기 힘든 본문을 고르라면 나는 지체하지 않는다. 30장이다. 여기에는 '두려워 벌벌 떨고 있는 욥'이 있기 때문이다. 긴긴 밤 혼자서 덜덜 떨며 울음을 참는 욥이 있기 때문이다. 하나님과 사람에게 버림받고 사무치는 외로움 속에서 웅크리고 우는 욥이 있기 때문이다. 온 세상이 자기 하나를 적으로 삼고 전력을 다해 공격하는, 만인의 적이 되어 버린 욥이 있기 때문이다.

욥이 이런 대우를 받으면 안 되지 않는가? 사람들이 어떻게 욥한테 이럴 수 있는가? 욥은 그들이 주릴 때 먹을 것을 주었고, 울면 같이 울었고, 아프면 함께 아파했다(30:25). 그런데 지금 모두가 등을 돌렸다. 착한 욥 곁에 아무도 없다. 고난받을 때 죽음을 선택하지 않고 생명으로 나아가는지 여부는, '지지 공동체'의 존재에 달려 있다. 모두가 날 버려도 날 버리지 않는 한 사람, 모두가 비난해도 네 잘못 아니라고 말해 주는 한 사람만 있으면, 사람은 죽지 않는다.

아이들은 죽었고, 아내는 죽은 아이들이 그리워 무덤가에 있고, 친척들은 나 몰라라 관망만 하며, 친구란 것들은 없는 죄까지 만들어 '죄인 만들기'에 열중한다. 그런데 여기에 하나님도 가담하신 듯싶다. 하나님이 먼저 욥을 못 잡아먹어 안달하시니, 온 세상이 무섭게 달려든다. 고난만 안 주시면 좋겠는데, 사랑하신다면서 왜 이리 못살게 하시는지 모르겠다. 욥이 지은 죄가 매우 크다고 치자. 설사 그렇더라도 하나님이 창조하신 드넓은 세계에 비하면 먼지 한 줌만큼도 안 될 텐데. 그것이 하나님의 위엄을 해칠 리도 없다.

그리고 하나님은 어떤 분이신가? 사람을 사랑하시는 분 아닌가. 자기 아들을 아낌없이 내주실 만큼 우리를 사랑하신다. 그래서 그분의 도움을 애걸하건만(30:28), 무연히 외면하신다. 욥은 그런 하나님이 섭섭해서 죽을 지경이다.

결연히 일어서는

욥

울부짖듯 불행한 현실을 토로하던 욥이, 31장에서는 결연한 다짐을 보인다. 학자들은 이 본문을 '욥의 무죄 맹세'라고 한다. 법정에서 마지막으로 진술할 기회를 얻은 피고인과 같다. 29장의 과거 회상이 물기 가득한 목소리로 처연했다면, 30장의 현실 직시는 눈물이 뚝뚝 떨어지는 목소리로 낮고 나지막했으며, 31장은 두 주먹 불끈 쥔, 결연한 의지가 엿보이는 또랑또랑한 목소리다.

욥의 무죄 주장은 하나님과 친구, 그리고 자신을 향한 것이다. 창조되었고 타락한 인간이기에 죄인이라는 말에는 기꺼이 동의해도, 이 고난을 겪을 만큼 어떤 죄를 지은 바 없다고 한다. 도리어 선하고 의롭게 살았으니, 하늘 법정에서 나에게 무죄를 선언해 달라고 재판관인 하나님께 호소한다.

다음은 친구들에게 한 말이다. "나는 너희들이 생각하는 그런 죄를 지은 적이 없다. 더 이상 나를 죄인 프레임에 가두는 것을 거부한다. 내가 아는 하나님은 인과응보, 권선징악이라는 단 하나의 프레임 안에서 행동하시지 않는다. 죄인이라는 잣대 하나로 모든 사람을 재단하는 너희가 죄인이다. 하나님을 욕되게 하는 것은 바로 너희들이다. 그러니 이제 썩 물러서라!"

마지막은 자기 자신에게 한 말이다. 지금까지도 그랬지만, 앞으로도 의롭게 살 것을 다짐한다. 음란(31:1-4)과 간음(31:9-12)을 멀리할 뿐만 아니라 약자를 돌보고(31:13-15), 탐욕을 경계하고(31:5-8), 노예들의 권리를 신장(31:13-15)하고, 고아와 과부 같은 사회적 약자들(31:16-23)을 위해 앞장설 것을 약속한다.

우리가 눈여겨보아야 할 것은 "내 원수가 고통 받는 것을 보고, 나는 기뻐한 적이 없다. 원수가 재난을 당할 때에도, 나는 기뻐하지 않았다"(31:29)라는 말이다. 지금껏 그래왔듯이 나그네를 환대하고 원수를 미워하지 않겠다는 말은 평범한 사람의 것 이상이다. 그는 지금 원수의 무리 앞에 서 있기 때문이다. 위로자인 줄 알았는데 고소자요, '벗'인 줄 알았는데 '적'이었던 이들 말이다.

그렇다고 그가 완전히 죄가 없지는 않다. 타인을 용서하는 자인 동시에 자신을 용서하는 자로 살겠다는 것이다. 내게 죄지은 자가 있듯이, 내가 죄를 지은 사람도 있다. 내게 상처를 준 이들이 있듯이, 내가 준 상처로 잠 못 드는 이들도 있다. 욥은 지금 하나님께 죄 사함을 간구하고 사람들에게 찾아가 용서를 구하겠다, 남의 허물을 들추지는 않겠지만 내 허물은 숨기지 않겠다고 한다.

말하는 중간에 욥은, 하나님이 자기 잘잘못을 꼬치꼬치 따지시는 것 같아서 울컥했던 것 같다. 말을 중간에 끊고 하나님께 도발한다. "내 말 듣고 있는 거지요? 내가 죄를 지었다고, 잘못했다고 자꾸 그러시는데, 진짜로 뭘 잘못했는지, 무슨 죄를 지었는지 말 좀 해 주세요. 세상 법정도 재판 중에는 고발장을 열람하게 해 주는데, 어떻게 의로운 재판관님은 그것도 안 해 주시나요?"

어쩌면 욥은 하나님께 삐기는 건지도 모르겠다. 하나님은 자기에게 그렇게 모질게 구셨지만, 자신은 하나님과 다르다고. "나는 그렇게 안 살 거예요. 고통받는 자를 도우면서 살 거라고요"라는 다부진 외침이다. 무모한 건가, 순수한 건가. 아직도 하나님에 대해 앙금이 남은 걸까, 그립고 그리운 분이라 섭섭하다고 울먹이는 걸까. 아무튼 "욥의 말이 모두 끝났다"(31:40).

나는 약간의 쾌감을 느꼈다. 친구들에게 멋진 한 방을 날렸기 때문이다. 친구들은 '잘난 척 한다'고 싫어했을 테지만, 끝까지 중심을 잃지 않는 욥이 대견하고 대단하다. 저 정도로 괴롭힘을 당하면 투항할 법도 한데 좁은 길을 고수하는 걸 보니, 혼자 속으로 감내한 고독의 무게만큼이나 욥은 위대하다.

망가지지 않은 욥을 보아서 기쁘다. 고난의 앞과 뒤, 어디에도 '승리'라는 단어를 사용할 수 없지만, 앞에서도 말했듯이 고난은 이기는 게 아니다. 버티는 것이다. 고난은 반드시 상처를 남기기 때문이다. 부활하신 그리스도의 몸에는 여전히, 언제까지나 십자가의 흔적이 남아 있다. 욥과 그리스도는 그 상처의 흔적을 통해 타인을 이해하고 사랑하는 지점까지 나아갔다.

그렇다고 욥이 절대적 사랑을 했다고 생각하지는 않는다. 욥은 죽는 날까지 사람을 사랑하며 살겠다고 다짐했다. 하지만 어떤 미움이나 슬픔도 없이 사람을 사랑할 수 있을까? 이 고통을 지나가는 욥이 사람을 순진무구하게 사랑할 수 있을까? 그의 사랑은 '그럼에도 불구하고'의 사랑이고 용서일 뿐이다.

이따금 내가 겪은 고난이 내게 무엇을 남겼는지 돌아본다. 고난이 없었다면 지금의 나는 없다. 고난이 있었기에 지금의 내가 있다. 하지만 그 고난으로 나는 훨씬 더 성숙해졌을까? 글쎄, 모르겠다. 죽도록 미웠던 사람을 용서한 경험을 곧잘 간증하지만, 그렇다고 지금의 나는 원수 맺지 않고 관계를 능숙하게 잘 풀고 있는가? 더 사랑해야지, 더 용서해야지, 마음먹어도 그때뿐. 나는 아직도 가야 할 길이 멀다. 그래도 욥을 보니 내게 소망이 생긴다.

애가를 찬가로
바꾸는 이야기

어떻게 욥은 터무니없는 논리에 굴복하지 않고 자기 자신을 지킬 수 있었을까? 욥이 자서전을 썼다는 것이 그 답이다.

17장에서도 말했듯이, 다윗이 사울의 끊임없는 추격을 따돌리면서 창을 던지는 사울을 닮지 않고 내면을 온전히 지킬 수 있었던 비결은 글쓰기였다. 그는 온갖 분노와 원망, 저주를 기도로, 글로 쏟아냈다. 그랬기에 나쁜 감정의 노예가 되지 않았다. 사울과 다른 길을 걸을 수 있었고, 하나님의 원수가 아니라 하나님의 친구가 되었다.

욥은 자서전을 쓴다. 자신이 어떤 삶을 살았는지 구술하고 서술하는 일련의 행위는 자기 삶을 객관적으로 들여다보게 해 준다. 나는 '자서전 쓰기 학교'를 한 적이 있다. 60-70대 수강생들이 자서전을 쓰면서 자기가 어떤 삶을 살았는지 알게 되었다고 했다. 까마득히 잊고 있던 경험들, 그 옛 사건들이 지금의 자신을 만든 것인데도 잊고 지냈던 것이다. 그리고 그 경험들의 의미를 찾게 되었다고 했다.

당시에는 그저 힘들고 아프기만 했다. 왜 이 사람을 사랑해서 결혼했는지, 그때 왜 그 직장을 그만두었는지 등등, 회한 서렸던 일들이 자서전을 쓰는 과정에서 퍼즐 조각 맞추듯 아귀가 맞아떨어지는 것이다. 인간은 동물과 달리 의미를 추구하는 존재다. 고난에도 의미가 있으면 견디는 힘이 생긴다. 그래서 자서전을 쓰면서 감사하게 된다.

'의미'를 찾았다는 말을 달리하면 '해석'하게 되었다는 것이다. 나는 하박국서를 통해서 고난의 시기를 통과할 수 있었다. 하박국서는 내 고난을 해석하고 의미를 부여해 주었다. 내가 왜 고난받는지를, 내가 왜 용서해야 하는지를, 고난당하면 누구라도 의심하고 분노하고 저주하게 된다는 것을 하박국과 욥이 내게 알려주었다.

20세기 최고의 선교사라는 평을 받는 스탠리 존스(Stanley Jones)는 《순례자의 노래》라는 두꺼운 자서전을 남겼다.[45] 그는 완성했던 글을 갈아엎고 여든세 살의 나이에 무려 세 번이나 다시 고쳐 썼다. 처음에 썼을 때는 한 개인의 삶의 이야기였고, 두 번째는 영적인 이야기였으나 당대 유명 인사들과 교류한 내용이 많은 분량을 차지했다. 세 번째에서야 '그리스도의 눈'으로 자신의 모든 삶을 바라볼 수 있었다고 한다.

그에게 자서전은 개인적 차원과 역사적 차원 모두를 포함했다. 그러나 그의 삶은 하나님과 동행한 이야기였기에 그분의 눈으로 읽고 쓰지 않으면 안 되었다. 그리하여 마지막에 그의 책 제목과 스타일, 톤이 바뀌었다. '고통이 변하여 찬가가 되고, 슬픔이 변하여 노래가' 되었다.

욥의 자전적 이야기는 행복했던 과거의 추억에 잠기는 것으로 시작한다. 그러다가 악몽 같은 끔찍한 현실에 몸서리치고, 마침내 하나님 앞에서 무죄를 선고받고 고난으로부터 구원받는 희망적 이야기로 마친다. 그 과정에서 하나님 없는 한 개인의 고난이 아님을, 자신이 하나님으로부터 천벌받는 자가 아님을 발견한다. 그 모든 여정에 하나님이 말없이 동행하셨음을 깨닫는다. 마치 엠마오로 가는 두 제자의 동행자와 같은 하나님이시다.

지나온 자신의 삶을 이야기해 보라. 그 이야기에는 엠마오로 가는 두 제자와 동행했으나 알아보지 못했던 예수님이 계신다. 혼돈스럽기 그지없던 내 삶이 새롭게 정리되고, 어둡기만 하던 내 길에 환한 광명이 비추고, 텅 비었던 내 마음이 충만해질 것이다. 그토록 그리운 주님을 만나는 것도 멀지 않았다. 내 고난의 이야기는 애가에서 찬가가 되리라.

나눔과 질문

1. 내가 겪었던 고통의 경험을 과거, 현재, 미래로 나누어 이야기해 보자.

2. 내 고난의 이야기를 찬가로 바꾸실 주님을 신뢰하며 기도를 드려 보자.

위대한 스승

욥기는 읽으면 읽을수록 미궁이고 미로다. 서두와 결론을 빼고 읽으면 욥은 독신자(瀆神者)다. 자신이 옳기 위해서 하나님이 그르다고 말하는 것 같다. 반대로 친구들은 독실(篤實)하다. 하나님의 공의와 인간의 죄를 말하는 그들은 경건한 신자의 전형이다. 그런데 하나님은 서론에서는 욥이 순전하다고 하시고, 결론에서는 욥을 변호하시면서 친구들을 엄히 꾸짖으신다.

　엘리후의 연설도 마찬가지다. 읽기에 따라서 부정적이기도 하고 긍정적이기도 하다. 부정적이라 함은 참신하지 않다는 말이다. 욥의 친구들과 별반 다르지 않은, 거기서 거기인 논리를 길게 끌고 있다. 그 역시, 욥은 무언가 죄를 지어서 하나님께 벌을 받고 있는 것이니 얼른 회개하라는 주장에서 한 발짝도 벗어나지 못했다.

긍정적이라 함은 욥의 친구들에 비해 진일보한 논증을 전개한다는 말이다. 친구들의 논리는, 욥의 고난은 정의로운 하나님이 죄지은 자에게 내리시는 벌이라는 것이었다. 엘리후는 그 논리를 어느 정도 극복했다. 자세한 내용은 곧 보겠지만, 고난에는 나름의 가치가 있다고 주장한다. 그렇다면 엘리후는 긍정적으로 보아야 할까?

그래서 그런지 학자들이나 설교자들은 엘리후의 논변을 두고 갑론을박한다. 어느 쪽에 무게를 싣든지 간에, 선택에 따른 위험은 감수해야 한다. 무슨 말인고 하니, 긍정적으로 읽기에는 부정적 측면이 여전히 도사리고 있고, 부정적인 것으로 내치기에는 아까운 것들이 그 안에 담겨 있기 때문이다. 그래서 나는 이를 두고 '한계 안에서의 가능성'이라는 표현을 쓰고 싶다. 그것은 차차 말하기로 하고, 양면성을 지닌 엘리후의 말부터 들어 보자.

지켜보던
엘리후의 등장

세 친구는 정체가 묘연했다. 이스라엘의 전통적인 이름을 가지지도 않았고 이스라엘 역내에 거주하는 이들도 아니다. 반면 엘리후는 그 정체를 가늠할 수 있다. 우선 그의 이름이다. '그는 나의 하나님이시다'라는 아름다운 뜻을 가진 이름이다. 이름 그대로, 그는 '나의 하나님은 공의로우셔서 세상을 바르게 통치하시며, 그분이 하신 모든 일에는 뜻이 있고, 그 뜻을 찾아 순종하면 된다'고 생각한다. 나이는 상당히 젊은 편이다(32:4). 지금까지 토론에 참여했던 어르신들의 논의에 끼어들기를 주저했다는 것을 보면, 그들에 비해 어린 것은 분명하다.

그런데 나의 상상은 그의 나이보다도 토론 분위기 또는 토론의 공간에 초점을 맞춘다. 지금껏 우리는 욥 하나를 두고 세 친구가 순서대로 나와 토론 배틀을 벌이는 것을 보았다. 그래서 욥과 친구 세 사람, 그렇게 모두 네 명이 이야기를 나눈다고 생각했다. 여기에 기록자와 심판자가 있었을 수도 있지만 말이다.

사실 엘리후가 난데없이 등장한 것은 아니다. "옆에 서서 듣기만 하던 엘리후라는 사람"(32:2)이 암시하는 바는, 그도 욥의 토론을 처음부터 끝까지 지켜보고 있었다는 것이다. 그렇다면, 엘리후 외에도 여럿이 그곳에 있었다는 결론이 비약이나 과장은 아닐 것이다. 그들은 편을 나누고 누군가를 응원했을 것이다. 경험 많은 노장 엘리바스가 앞으로 나와 발언했을 때는 다들 고개를 주억거리며 "옳다, 옳아"를 중얼거렸을 것이다. 뒤이어 빌닷과 소발이 "욥은 죄인"이라고 주장하는 장면에서는, 동조자들의 환호하는 소리와 함께 욥에게 야유를 퍼붓는 관중들의 모습이 연상된다.

그런데 나의 상상 속에서는 안타깝게도 욥의 뒤쪽에 아무도 없다. 그를 응원하는 이, 그의 발언을 경청하는 이가 한 명도 없다. 이런 장면은 욥의 자전적 이야기에서 보았다. 별 볼 일 없는 것들이 고개를 빳빳이 들고 욥에게 대거리를 한다. 욥이 발언할라치면, 수군수군, 웅성웅성하는 소리가 연신 터져 나와 그의 말을 방해했을 것이다. 조롱과 야유는 다반사요, 돌도 던지지 않았을까? 간음한 여인을 노려보던 것과 같은 눈빛의 사람들, 그들은 손에 든 짱돌을 언제라도 던질 준비를 하고 있다. 아, 우리 욥은 십자가의 예수처럼 외롭구나.

엘리후의 관점과
역할

예의를 차린 것인지, 말이 많은 것인지, 엘리후는 왜 자기가 나설 수밖에 없는지를 31장 전체에 걸쳐 얘기한다. 그는 욥에게도, 선배들에게도 화가 났다. 욥은 죄가 있어 벌을 받는 것인 데도 아니라고 버티고 있다. 선배들은 그런 욥을 굴복시키지 못하고 있다. 자신이 나서면 깔끔하게 해결할 수 있다고 생각했지만, 여태껏 꾹 참았다. 그러다가 결국 참지 못하고 나선 것이다.

그의 주장은 크게 두 가지다. 33장에서는 고난의 교육적 가치에 대해서 말한다. 34-35장에서는 대자연의 창조자인 하나님의 신비와 위엄을 길게 논하면서 하나님의 정의로운 통치를 설파한다. 33장의 고난의 의미에 대한 내용은 세 친구가 말하지 않았던 것이고, 34-35장 내용은 뒤이은 하나님의 폭풍 연설과 겹치는 부분이 많다.

고난의 가치를 잘 보여 주는 구절은 33장 17절이다. "하나님은 사람들이 죄를 짓지 않도록 하십니다. 교만하지 않도록 하십니다." "하나님은 어떤 사람보다도 크십니다"(33:12). 사람을 지으신 이런 분께 사람이 왈가왈부하는 것은 교만일 게다. 그런데도

"내게는 잘못이 없다. 나는 잘못을 저지르지 않았다. 나는 결백하다. 내게는 허물이 없다"(33:9)고 하는 욥의 말에 엘리후는 신물이 날 지경이다. 고난을 통해 죄를 멀리하고 겸손하게 하려는 하나님의 뜻을 외면한 채, 한 눈 감고 억울하다고만 하는 욥이 안타까울 따름이다.

그 와중에도 엘리후는 선배들의 프레임을 따라서 욥을 죄인이라 규정한다. 그것은 애초에 그가 토론에 난입한 연유를 설명하는 내레이터의 말에 잘 드러난다. 욥은 '끝내 자기가 옳다고 주장'(32:1)한다. 그것이 엘리후를 화나게 했다. 엘리후의 관점에서 보자면 욥은 죄인이다. 왜 그런가? 고난은 죄에 대한 벌이라는 신학을 엘리후가 견지하고 있기 때문이다.

욥기 자체는 엘리후의 말에 대해 가타부타 어떤 평가도 하지 않는다. 그래서 어떤 학자들은 이 부분이 후대에 편집하면서 추가된 것이라고 한다. 나는, 엘리후의 말을 욥기도 평가하기 어려워서 그런 것이 아닐까 생각한다. 하나님은 세 친구와 달리 엘리후를 혼내시지도 않는다. 그렇다고 긍정하거나 칭찬하신 것도 아니다. 이것은 완전 무시 전략일 수도 있다. 하나님 보시기에 말 같지 않은 말이라서 일언반구 언급하시지 않았다는 해석이 가능하다.

하지만, 그의 말이 욥기 전체에서 차지하는 위치에는 주목해야 한다. 앞으로는 논쟁이 일단락되었고, 뒤로는 하나님의 현현이 자리한다. 결국 배치가 메시지다. 전체 맥락에서, 엘리후의 연설은 하나님의 등장을 준비하는 광야의 목소리이자 하나님께로 나아가는 징검다리로서 여기에 두었다.

그래서 나는 '한계 안에서의 가능성', 즉 긍정에 더 힘을 실어 해석한다. 엘리후의 발언은 부정적이지만 긍정적이다. 두 가지 이유에서 그렇다. 하나는 하나님과의 관계 때문이다. 그의 연설은 하나님의 현현을 준비한다고 볼 수 있다. 37장과 38장은 자연 속에서 일하시는 하나님, 자연을 통해서 우리에게 교훈하시는 하나님을 표현한다. 이 내용은, 맥락 없이 갑자기 등장하는 것처럼 보이는 '폭풍 속 하나님의 말씀'과 약간의 연속성을 지닌다. 그러나 준비한다는 말은 완전하지 않다는 말도 된다. 그러니까 여기서도 엘리후의 단점이 드러난다.

다른 하나는 욥과 관련된 것이다. 친구들은 고난이 죄의 결과라고 끝까지 우겼고, 욥은 끝까지 고난이 죄와 무관한 경우가 많다고 외쳤다. 엘리후는 고난이 죄의 결과라는 점을 인정한다. 이 점에서는 세 친구와 노선이 같다. 그러나 '죄 프레임'을 벗어난 고난을 말한다. 고난이 죄에 대한 벌이기만 한 것은 아니고 나름의 교육적 가치가 있다고 한다. 즉, 고난은 성품을 빚고 약점을 보완하는 훌륭한 훈육적 가치가 있는 수단임을 역설한다.

이 주장 역시 장점과 단점이라는 양면성을 지닌다. 장점은 죄 프레임을 극복했다는 점과 고난에 의미를 부여함으로써 좀 더

건딜 만한 것으로 만들어 주었다는 점이다. 그래서 함석헌 선생은 고난의 의미를 단호하게 말한다. "살고 싶거든 할 일을 발견해 내어라. 고난의 역사라지만 그 역사에는 의미가 있어야 한다. 의미 없는 고난이 무엇이냐? 사실은 의미 없이는 고난조차도 없다. 죽음뿐이지."[46]

단점은, 고난의 의미가 목적이 되면 더 위험하고 파괴적인 논리가 펼쳐진다는 것이다. 욥을 좀 더 성숙하고 성공하는 사람으로 만들기 위해 자식 열 명을 죽였다는 논리가 말이 되는가? 물질적인 것은 계량화하고 측정할 수 있지만, 어찌 사람의 가치를 계산할 수 있겠는가. 나를 고치고 가르치시고자 자식을 희생시키는 하나님? 이것은 정말 잔인하다.

의미 없는 고난이
있으랴

기독교적 관점에서 고난에는 두 가지 의미가 있다. 하나는 26장에서 설명할 '대속적 고통(redemptive suffering)'이고, 다른 하나는 '창조적 고통(creative suffering)'이다. 이것은 고난이 창조한다는 말이다. 고난이 없었더라면 밋밋한, 남들과 다를 바 없는, 그렇고 그런 삶을 살았을 텐데, 천길만길 낭떠러지로 떨어졌다가 구사일생으로 귀환하고 보니 생각지도 못한 곳에 와 있었다.

그러면 고난에 의미가 있는가? 의미가 있다. 고난에 의미가 없다면, 인생에도 의미가 없다. 고난 없는 인생 없으니 의미 없는 고난이라면 의미 없는 인생이다. 고난의 의미를 부정하면 이렇듯 인생 전체를 송두리째 부정해야 한다. 그렇기에《권력에의 의지》에서 신과 기존의 도덕을 그토록 과감하게 때려 부순 니체마저도 고난에는 의미가 있다고 말했다.

유대교 랍비 헤럴드 쿠쉬너의 첫 번째 대답은 악과 고통의 원인을 찾지 말라는 것이다. 원래 있는 것이고 불가항력적이라고 한다. 괜히 원인과 목적을 찾다가 저렴한 대답을 하지 말라고 주의를 환기시킨다. 인생에는 이유를 알 수 없는 일들이 태반이다. 아니 다반사다. 그런데 괜히 조목조목 설명하다가 하나님을 오해하게 만들고, 안위는커녕 상처만 덧입히기 때문이다.

매사에 원인과 목적이 있어야 한다는 싸구려 답변으로 한 점 위로도 주지 못하는 허점투성이 논리를 거절하는 그의 용기는 박수받아 마땅하다. 소발을 비롯한 친구들의 과오에 대한 날카로운 지적이다. 괜히 건드려 덧나게 하느니 차라리 입을 다무는 것이 좋다. 그것이 말도 안 되는 말만 해대는 친구들에게 욥이 바란 것이었다.

욥, 까닭을 묻다

하지만 나는 저 두 가지 처방을 거절한다. 성경은 악과 고난에 대해 다양한 시각을 갖고 있다. 욥기를 읽는 내내 우리는 고난의 이유를 들을 수 없다. 거친 폭풍을 몰고 오신 하나님의 말씀에도 속 시원한 답은 들어 있지 않다. 반면 요셉은, 처음에는 몰랐지만 고난의 이유를 발견한다(창 50:20). 자신의 고난은, 기근으로 고통받을 가족과 제국의 신민을 구원하기 위한 하나님의 방편이었다.

그러나 성경의 인물들도 각각 다 다르다. 어떤 이는 자기 죄로 인한 당연한 벌을 받으면서도 고난받는다고 말하고, 욥과 같은 이는 자기 죄와 상관없이 큰 고초를 겪는다. 가룟 유다는 자기 죄로 죽었고, 예수 그리스도는 남의 죄로 죽임당하셨다. 사람이 다르듯, 고난의 이유도 각기 다르다. 획일적으로 말하기 어렵다. 우리가 욥의 친구들이 범한 오류를 피한다 해도, 하나님이 허용하시는 고난, 의로움에도 불구하고 받는 고난마저 부정해서는 안 된다.

하지만 여전히 물음은 남는다. 고난의 의미는 고난 자체에 본래적으로 내장된 걸까? 아니면 외부에서 주입되는 걸까? 고난의 의미는 고난에 대한 인간의 반응에 따라 다른 결과를 빚는다. 어떤 이는 고난 때문에 나락으로 떨어지고, 다른 이는 고난으로 인해 성장하니까 말이다. 그런 점에서 고난은 확실히 창조적이다.

그것은 어느 정도 수긍할 수 있지만, 고난 자체에 의미가 포함되어 있다는 시각은 난점이 수두룩하다. 그런 관점에서 보면 우리는 딜레마에 빠진다. 일단, 그런 하나님이라면 사디스트가 되고 만다. 고통받는 인간을 보면서 쾌감을 느끼는, 참으로 못되고 덜된 신이 되는 것이다. 그러나 하나님의 주권을 믿는다면, 그리하여 이 모든 일이 하나님의 뜻 안에서 일어난다고 고백한다면, 고난 자체에 하나님의 뜻이 있어야 한다. 하나님의 주권을 일방적으로 강조하면 사디스트 하나님이 되고, 인간의 창조적 응답만을 강조하면 하나님의 주권이 약화되고 만다.

나로서는 인간적 차원에서 말하는 것이 어느 정도 설명된다고 본다. 인간은 고난받는 존재이고 고난은 불가피하다. 따라서 고난이 없다면, 인간의 삶도 없다. 지상에서 고난이 없는 한 치의 땅을 꼽으라면, 그곳은 무덤이다. 죽은 자에게는 고난이 없다. 인간으로 태어난 이상, 그리고 삶이 지속되는 한, 고난은 그림자처럼 우리를 따라다닌다. 그렇기에 인간은 의미를 추구하는 존재이고, 고난에도 의미가 있고, 고난 안에 의미가 있어야 한다.

그리고 그 고난의 본래적 의미는 선험적이냐 후험적이냐로 구분할 수 있다. 우리는 고난에 담긴 하나님의 뜻을, 고난이 지나간 다음에서야 깨닫는다. 즉, 선험적으로 주어져 있더라도 후험적으로 그 의미를 파악한다. 그렇기에 고난 한가운데 있는 이에게 고난의 의미를 말하는 것은, 하나님을 나쁜 하나님으로 만들 공산이 크다. 그래서 고난 중에 있는 욥들은, 욥기의 욥처럼, 그런 하나님은 참 하나님이 아니시라고 반발하는 것이다.

　욥도 그랬다. 그의 첫 일성이 태어난 날을 저주한 것이었다. 대놓고 하나님께 말할 수 없으니 에둘러 표현한 것이다. 내 인생을 이렇게 저주받은 인생으로 만드셨냐고. 이제는 그 하나님을 찬양하는 욥으로 변신했다. 고난의 의미는 점차 알아가는 것이다. 고난의 시간이 끝난 뒤에서야 하나님의 뜻을 발견한다.

창조적
고통의 은혜

내게 고난이 없었다면 남들처럼 목회를 열심히 했을 것이다. 그러나 교회 안에서, 성도에게서 받은 고통은 나를 무참히 부숴 버렸다. 내가 경험한 교회는 세상과 하나도 다르지 않은, 세속에 물든 교회였다. 교회가 이원론에 빠져서 세상과 담을 쌓고 사는 것이 아니었다. 교회가 세상과 혼합되어서 영락없이 세상을 닮아 있었다. 세상 못지않은 세상, 세상보다 더한 세상이 교회였다.

　그래서 전통적인 기독교 세계관 논의에 반기를 들었다. 이원론이 문제가 아니라 혼합주의가 문제라고. 이전에는 '하나님을 하나님 되게 하라'고 말했다면, 이제는 '교회를 교회 되게 하라'는 표어를 갖게 되었다. 그리고 스탠리 하우어워스(Stanley Hauerwas)를 비롯한 아나뱁티스트 공동체와 신학을 연구하게 되었다. 내 신학에만 영향을 미친 것이 아니었다. 내 삶 전반을 뒤흔들었다.

고난을 통과하면서, 쥐꼬리만 한 사례비로 먹고사는 것이 힘들어 책을 번역하고 글을 썼다. 당시에는 이중직 개념이 지금처럼 일반적이지 않아서, 막노동이나 주차장 관리인 같은 일을 할 엄두를 내지 못했다. 내가 할 수 있는 일은 그나마 글쓰기였다.

그 결과 나는 책 쓰는 목사, 책으로 목회하는 목사가 되었다. 내가 담임하는 로고스교회에서는 성경을 읽고 생각하고 토론하는 목회를 한다. 로고스서원에서는 글쓰기학교, 설교쓰기학교, 청소년 인문학교를 운영한다. 그 외에는 책 쓰는 일에 매진하고 있다. 수년 전부터는 비행을 저질러 소년 재판을 받고 6개월 쉼터 처분(1호)을 받은 위기 청소년들과 '희망의 인문학' 모임도 하고 있다. 학교에서, 가정에서 버림받고 타인에게 고통을 준 아이들이다. 그 아이들이 책을 읽고 저자를 만나는 일련의 과정을 통해서, 가랑비에 옷 젖듯, 아주 조금씩 변하고 있다.

요즘 나는 말끝마다 "신난다, 즐겁다, 감사하다, 뿌듯하다"를 연발한다. 나는 한국의 목사님들 중에 가장 행복한 목사라고 자부한다. 하나님의 은혜다. 나를 수렁에서 건져내 언덕 위 정상에 세우신 하나님, 그분의 일하심이 얼마나 신비롭고 놀라운지!

하나님 은혜와 함께 쓰디쓴 고난이 있었기에 변화된 지금의 내가 있다고 단언한다. 고난 속에서 죽을 뻔했던 나, 남을 죽일 뻔했던 나를 생각하면 믿어지지 않아 얼떨떨하고 황홀하다. 나, 감히 '고난의 은혜'라고 말한다. 고난은 이전과 확연히 다른 새로운 나를 창조했으니, 고난은 창조적 고통이다. 고난은 나를 파괴하고, 고난은 나를 창조한다.

나눔과 질문

1. 고난을 통해 변화되고 달라진 경험이 있다면 이야기해 보자.

2. 한숨을 찬양으로, 고난을 고백으로 바꾸실 하나님을 신뢰하며 기도를 드려 보자.

4부

고난받는
욥들이여,
대답하라

고난에
답하는 자

✦ 38:1-3 ✦

예수는 가르치는 교사요 질문하는 교사였다. 복음서 전편을 훑어보면 질문하는 장면이 많이 나온다. 마가복음에는 논쟁자들과의 대화가 총 67개 나오는데, 그중 예수가 상대방에게 던진 질문이 50개나 된다.[47] 이것은 자기 말을 고분고분 듣는 이들과의 대화가 아니었다. 허점을 잡기 위해 눈에 쌍심지를 켜고 달려드는 당대 종교 전문가들과의 일종의 싸움이었다. 작은 실수도 용납되지 않는 상황이었다. 예수는 그런 맥락에서 가르치셨다.

예수가 '아빠(Abba)'라고 불렀던 야웨 하나님도 다르지 않다. '말씀하시는 하나님'이라는 표현에서 '말씀'은 가르침이지만, 그

250　　　욥, 까닭을 묻다

것은 또한 질문을 포함한다. 욥에게 나타나 말씀하시는 하나님은 처음부터 끝까지 질문으로 일관하신다. 그분의 말씀은 곧 그분의 질문이다. 그 질문으로 욥의 실존을 뒤흔들고 욥의 시야를 확장하신다. 욥은 질문에 대한 답을 숙고하면서 고난의 의미와 신비를 깨닫는다. 전에는 분노했으나 이제는 성찰한다. 침묵하고 좋내는 찬양한다. 다시 말하건대, 이것이 질문의 힘이다.

폭풍으로 오신
하나님

하나님도 질문으로 시작하신다. 길고 긴 논쟁의 막바지에, 모두가 지쳐서 할 말도 없고 말하기도 싫은 그 시점에, 욥이 기다리던 그분이 등장하셨다. 얼마나 목 빠지게, 타는 목마름으로 기다리던, 오매불망 학수고대하던 하나님이신가. 욥이 그토록 만나고 싶어 했고, 자신의 이해할 수 없는 고난에 대한 해명을 듣고 싶어 했던 바로 그 하나님이시다.

하나님은 그냥 하나님이 아니라 '야웨'이시다. 희한하게도 3장부터 37장까지의 하나님은 그냥 하나님, 히브리어로 '엘로힘'이었다. 이 단어는 하나님을 가리키는 용어이기도 하지만, 다른 종교의 신도 지칭한다. 그러니까 우리말로 하자면 '신(神)'이다. '하나님'과 '하느님'을 구분하는 방식으로 말한다면, 이전 논쟁에서는 '하느님'이었고 지금은 '하나님'이다.

'야웨'라는 이름은 출애굽기 3장에 처음 나타났다. 광야의 떨기나무 가운데 현현하신 하나님께 모세는 묻는다. "이스라엘 백성과 바로에게 가라고 나를 부르신 분, 이스라엘을 구원하려는 분, 비인간적 삶을 사는 노예를 구출하려는 그분의 이름이 뭐냐고 물으면, 뭐라고 대답할까요?" 그때 하나님이 말씀하셨다. "나는 곧 나다"(출 3:14).

'애굽의 압제로부터 너희를 구원할 하나님이 바로 나'라는 말이다. 애굽의 그 많고 많은 신들과 전혀 다른 오직 한 신, '야웨'라는 이름의 하나님밖에는 너희를 구원할 자가 없다고 하시는 것이다. '너희의 구원자요 해방자'라는 뜻이다.

이스라엘이 바다를 가르고 구원하시는 하나님을 만났다면, 욥은 폭풍 가운데서 자신을 구원하시는 하나님을 뵙는다. 폭풍은 하나님이 어떤 분이신지 계시한다. 하나님은 인간이 어찌할 수 없는, 조작하거나 통제할 수 없는, 저 건너편에 계신 분이다. 인간의 계획과 의도대로 움직이지 않는, 자유 그 자체이다. 하나님은 하늘에 계시고 인간은 땅 위에 있다.

다른 한편 이 폭풍은 욥의 고난을 가리킨다. 1-2장의 고난 이후, 욥의 마음에 폭풍이 일지 않는 날이 없었다. 걷잡을 수 없이 휘몰아쳐서 한순간에 그의 자녀들과 재산을 모두 앗아간 그 매정한 폭풍 말이다. 제발 불지 말라고, 오지 말라고, 가져가지 말라고 해도 욥이 지키고 싶은 모든 것을 한 방에 날려 버린 그 무서운 고난 말이다. 드디어 하나님은 고난의 한복판에서 오들오들, 부들부들 떨고 있는 욥에게 오셨다.

———
존재 자체로
답이신 하나님

이렇게 오신 하나님의 대답에서 인상적인 것은 두 가지다. 첫째, 욥에게만 말씀하신다는 것이다. 오직 욥만을 겨냥하신다. 처음부터 친구들은 아예 없었던 것처럼 무시하신다. 나중에 보겠지만, 그들은 하나님의 분노를 산다. 욥에게 가서 싹싹 빌고 그 증거로 제사를 지내고 욥이 용서해 주겠다고 하면, 그때 하나님도 그들을 봐 주겠다고 하신다. 하여간에 하나님의 대답에서 그들은 존재하지 않는다. 투명 인간 취급하신다.

이것이 질문한 자와 질문하지 않은 자의 차이다. 욥은 물었고 친구들은 묻지 않았다. 질문했던 욥에게 하나님은 대답하셨고, 질문하지 않았던 친구들에게는 대답하지 않으셨다. 묻지 않았으니 대답할 것이 없다. 그리고 그들에게는 대꾸할 가치도 없다. 다 안다고 떠벌린 것은 욥이 아니라 친구들이었다. 구하는 자가 얻는다면(마 7:7-8), 구하지 않는 자는 얻지 못한다. 하나님을 만나고자 하는 열망이 있는 자는 하나님을 만날 것이고, 다 안다고 자부하는 자는 하나님을 만나지 못한다.

하나님의 대답에서 인상적인 점 두 번째는, 대답하시지 않고 질문하신다는 것이다. 욥은 대답을 원했다. 왜 고난이 있는지, 하필이면 왜 내가 고난받았는지, 아무런 까닭 없이 또는 영문도 모른 채 무작정 당해야 했는지, 앞으로 어떻게 살아야 하는지, 고난의 끝에는 무엇이 있는지, 내가 고난 속에서 괴로워 몸부림칠 때 전능하시고 선하신 하나님은 도대체 뭘 하고 계셨는지, 알고픈 것이 너무 많다. 그런데 하나님은 도리어 질문 공세를 펴신다. 알려 달라고 여쭈었는데 되레 욥더러 아냐고 물으신다. "너는 아냐?" "아이고, 주님. 알면 왜 물었겠어요." 이것 참 난감하다.

하나님이 질문으로 일관하시는 이유는 첫째, 하나님 자신이 곧 대답이시기 때문이다. 나 스스로 내 피를 찍어 썼다고 자부하는 《하박국, 고통을 노래하다》에서도 동일한 말을 했었다. [48] 남편의 폭력과 노름을 견디다 못해 도망간 아내가 있었다. 집에 남겨진 그녀의 아이에게는 돈도 집도 필요 없다. 구중궁궐이 무슨 소용 있겠는가, 엄마가 없는데. 그 아이에게 모든 물음의 대답은 엄마다. 자기 곁에서 꼭 안아 주는 엄마라는 존재 자체가 그 아이에게는 대답이다. 양들의 모든 물음에 대한 대답은 목자다. 갓난아이의 모든 필요에 대한 대답이 엄마이듯, 목자만 있으면 양은 족하다. 다 있어도 목자가 없으면 아무것도 없는 것이다. 성도에게는 하나님이 없으면 아무것도 없다. 하나님만 있으면 부족한 것이 없다. 하나님만으로 만족하니까, 어차피 하나님이 채워 주실 거니까. 하나님이 답이다. 하나님의 말씀 이전에 하나님 자신이 해답이다. 달리 무엇이 필요한가.

둘째, 하나님의 주권과 자유 때문이다. 이후에 나오는 모든 말의 핵심은, 인간이 도무지 파악할 수 없는 하나님의 통치다. 그릇이 감히 옹기장이에게 왈가왈부할 수 없듯이 인간이 하나님의 통치에 대해 반론할 수 없다. 예를 들어 보자. 주부가 감자를 시장에서 샀다. 그 감자를 삶아 먹든 구워 먹든, 감자탕에 넣든 된장찌개에 넣든 그 결정은 주부의 몫이다. 감자를 구매한 주부에게도 그럴 권한이 있는데 하물며 하나님에게 그럴 권한이 없으랴.

그러면 하나님은 제 마음대로 하시는 폭군이냐는 반문이 생길 수밖에 없다. 그런 하나님이 어찌 야웨이시며 욥이 순전하게 믿었던 그 하나님이시란 말인가. 그런 하나님은 오히려 친구들이 말했던 하나님에 가깝다. 그러나 그렇지 않다는 것이 하나님의 질문 속에 나타난다. 하나님은 질서 정연한 우주를 보여 주신다.

우주에는 인간의 지성으로는 헤아릴 수 없는 예측 불가능한 무엇이 있다. 한편 그것은 악이고, 다른 한편으로는 선이다. 그 둘의 대립과 조화 속에서 세상을 다스리는 오묘함을 우리가 어찌 알랴마는, 그것이 궁극적으로 선이라는 것을 그리스도인은 믿는다!

고난에
대답하는 자가 되라

셋째, 욥 자신이 고난에 관한 온갖 물음에 대한 대답이기 때문이다. 욥은 질문하는 자가 아니라 대답하는 자가 되라고 하신다. 그의 삶이 고난받는 자의 물음에 대한 대답이 되고, 증거가 되라는 요청이다. "네가 누구이기에 무지하고 헛된 말로 내 지혜를 의심하느냐?"(38:2)는 말을 나는 그렇게 읽었다. 대답이 되고 증거가 되고 증인이 되어야 할 자가, 질문을 퍼붓고 증거를 요구하고 검사 역할을 하고 있으니 하나님 입장에서는 답답한 노릇이 아닐 수 없다. 욥은 하나님께 물었다. "당신은 누구십니까?" 하나님도 욥에게 물으신다. "너는 누구냐?"

내가 이렇게 해석하는 또 하나의 근거는 '허리를 동이라'(38:3)

는 구절이다. 허리춤을 조이라는 뜻인데, 한바탕 싸우기 전이나 무언가에 달라붙어 힘을 써야 할 때 취하는 행동을 표현한 말이다. 무협 영화나 드라마의 한 장면을 떠올려 보라. 손에다 침을 탁 뱉고 허리춤을 추어올린 다음, 한판 붙는다.

허리를 동이라는 것은 욥과 싸우자는 의미를 담고 있지만, 고난과 맞서라는 뜻도 내포한다. 하나님이 욥에게 바라시는 것은, 욥이 하나님의 공동 창조자로서, 파트너로서, 대리 통치를 위임받은 자로서, 고난으로 가득한 세상을 올바르게 고치고 세우는 것이다. '왜 이 세상은 이따위냐'고 묻는 자가 아니라 '이따위 세상에 저런 사람도 있구나'를 말하는 증인이 되라는 것이다. 살 이유가 없다고 한탄하는 이들에게 살 이유가 있다고 말해 주는 사람, 그런 이들을 돕는 것이 살 이유가 되는 사람, 희망의 이유와 증거가 되는 사람!

앞에서도 말했지만, 내가 고난을 통과했는지 아닌지 알 수 있는 방법은 나만 고난받는 것이 아님을 인지했는지 여부에 달려 있다. 고난받는 타인의 얼굴이 보이고, 그 얼굴 속에서 고난받는 예수의 얼굴을 보는 이는 고난을 통과한 것이다. 그리하여 예수 그리스도처럼 고난당한 자로서 고난받는 자를 긍휼히 여기고 자신을 내어 주는 것, 그것이 예수가 몸소 보여 주신 고난의 진정한 의미요 고난에 관한 최종 대답이다. 예수가 십자가를 지셨다면, 욥은 허리띠를 동여매야 한다. 고난을 보고 불평하는 자가 아니라 고난을 보고 싸우는 자가 되라고 하나님은 우리를 부르셨다.

나는 아우슈비츠 수용소 생존자로서 그곳을 증언한 빅터 프랭클(Viktor Frankl)을 좋아한다. 그는 《삶의 물음에 '예'라고 대답하라》(산해)라는 독특한 제목의 책에서, 우리더러 삶에 대해 묻지 말고 대답하라고 한다. 다음은 상당히 긴 인용문이지만 곱씹을 가치가 충분하다.

이제 우리는 삶의 의미를 묻는 그 물음이 궁극적으로는 얼마나 잘못 설정된 것인지를 이해합니다. 그 물음은 일반적인 질문과는 설정부터가 달라야 합니다. 삶의 의미를 묻다니요? 물음은 오히려 삶으로부터 오는 것입니다. 우리에게 질문하는 것은 바로 삶입니다. 우리는 질문을 받는 자들입니다. 대답해야 하는 이는 우리입니다. 삶이 시시각각 던져오는 물음에, 즉 '삶의 물음'에 답을 내놓아야 하는 것은 바로 우리입니다. 산다는 것은 바로 질문을 받는 것입니다. 우리는 모두 대답해야 하는 자들입니다. 삶에 책임지고 답변하는 것 말입니다. (중략) '내가 아직도 삶에 무엇을 더 기대해야 하는지' 물어선 안 됩니다. 이제부터 물어야 할 것은 '삶이 내게 무엇을 기대하고 있는가?', '삶 속의 어떤 의무가, 어떤 과제가 나를 기다리고 있는가?' 하는 것입니다.[49]

하나님은 한편 우리가 묻는 말에 고분고분하게, 성실하게 대답하신다. 그러나 어린 예수님이 그러셨듯이, 듣기도 하고 대답도 하시지만 되묻기도 하신다(눅 2:46). 욥에게 물으셨듯이 내게도 물으신다. "너는 누구냐? 너는 무엇을 하고 있느냐?" 그렇다. 나는 내 물음에 대한 답이다. 욥은 물었던 모든 질문에 대한 대답이 되라는 의무를 하나님으로부터 받았고, 질문한 자였기에 그 자신이 대답해야 할 책임이 있다. 욥은 질문했기에 대답도 할 수 있다. 욥이 대답이다. 대답이어야 한다. 대답이 되라고 부르셨다. 고난에 관한 물음의 해답은 바로 나다!

또한 나는 누군가의 물음에 대한 대답이다. 나는 어떤 대답인가? 내 삶은 하나님이 옳다는 증거인가? 아니면 사탄이 이겼다는 증거인가? 언제까지 묻고만 있을 텐가. 계속해서 질문하는 자로만 남을 것인가? 고난과 싸우는 자, 고난받는 자를 위해 싸우는 자가 되지 않겠는가? 하나님이 물으신다. 대답하라, 고난받는 그대, 욥이여!

나눔과 질문

1. 욥이 폭풍 가운데서 다시 만난 하나님은 욥에게 무엇을 원하시는가?

2. '고난에 대답하는 자'가 되라는 부름은 나에게 어떤 변화된 삶의 태도를 요청하는가?

성 아우구스티누스는 2천 년 교회사에서 성경에 나오는 인물을 제외하고 가장 위대한 사람이라고 해도 과언이 아니다. 그도 어려서부터 어머니에게 배운 기독교를 진리로 인정하지 않고 마니교로 전향했었다. 그렇게 했던 데는 악의 문제가 결정적이었다. 하나님이 사랑이 많으시다면 이 세상에 악이 있을 리가 없고, 전능하신데도 악을 없애지 않으신다면 그것은 무능하기 때문이라는 것이 그의 생각이었다. 선한 신과 악한 신의 영원한 대립과 투쟁이라는 간단명료한 마니교적 공식이, 세상에 존재하는 선과 악을 동시에 잘 설명하는 것처럼 보였다.

그러나 그 악의 문제가 도리어 아우구스티누스를 기독교로 다시 돌아오게 만들었다. 진리와 참된 자아를 발견하기 원했던 그는 당대의 학문을 두루 섭렵했다. 물론 수학과 천문학도 포함되었다. 마니교는 천체에 관한 얘기를 많이 했으나 그것은 천문학적인 지식이 아니라 종교적인 환상과 해석이었다. 때문에, 아우구스티누스가 관찰한 바와 맞아떨어지지 않았다.[50] 선악의 영원한 대립이라는 세계관을 가진 마니교의 주장과 달리, 하늘의 별과 자연은 수학적인 합리성을 지니고 있었고 규칙적인 질서에 따라 조화를 이루고 있었다. 우주의 수학적인 아름다움은 그를 마니교에서 떠나 하나님께로 가게 했다.

C. S. 루이스는 20세기의 변증가라는 영광스러운 이름을 얻었다. 하지만 그는 진지한 무신론자였었다. 성 아우구스티누스처럼 악이 존재하는 한 하나님을 믿을 수 없다고 생각했기 때문이다. 이 세상 어디를 보아도 악이 없는 곳은 없다. 악이 휘두르는 주먹에 깨지고 부서진 흔적이 편만하다. 인간은 어차피 죽을 수밖에 없고, 우주는 어차피 파멸될 수밖에 없고, 모든 존재는 그형태는 달라도 각기 나름의 고통을 받다가 죽어 간다. 이 우주가자비롭고 전능한 하나님의 작품이라고 하기에는 '정반대의 결론을 가리키고 있었다.' 그는 말한다. "우주의 배후에는 어떤 영도존재하지 않거나, 선과 악에 무관심한 영이 존재하거나, 악한 영이 존재하거나 셋 중에 하나라는 것입니다."[51]

그러나 마찬가지로, 이 세계의 어둠이 신의 존재를 부정하고, 설사 존재하더라도 나쁜 신이거나 세상사에 무심한 신일 것이라는 결론에는 치명적 결함이 있었다. 그토록 불량한 세계의 인간이 어떻게 그토록 선량한 하나님을 상상할 수 있었을까? 더 나아가 선한 창조자와 더불어 그분의 선한 창조 세계, 앞에서 아우구스티누스가 말한 이 조화롭고 아름다운 세상은 어떻게 설명할 수 있단 말인가? 이 세계의 악이 무신론에 다다른다면, 진선미(眞善美)는 무엇을 말하는가? 적어도 신이 존재한다는 말이 터무니없는 거짓말은 아닐 것이다.

두 사람 모두, 악에 대한 예민한 감수성이 없어지고 정반대 방향으로 기울어졌기 때문에 선만이 존재하는 것처럼 말한 것은 아니다. 악을 예민하게 들여다보았기에 선을 이해하고 사랑하게 된 것이고, 신을 믿고 사랑하게 된 것이다. 그러므로 오직 악 하나만을 보고 판단해서는 안 되며, 반대로 선만 존재하는 것처럼 말해서도 안 된다. 악의 존재를 통해서 우리는 천박한 낙관주의에서 벗어나며, 선의 존재를 통해서 고독한 비관주의를 탈피하게 된다. 아우구스티누스와 루이스는 선과 악을 동시에 보았다. 그러나 악이 아니라 선이 최종적인 결론이다.

폭력과 고통을 낳는
경계 침해

폭풍 가운데 등장하신 하나님은 크게 두 가지를 소재로 삼아 말씀하신다. 하나는 천문학(38:4-38)이고, 다른 하나는 생물학(38:39-39:30)이다. 전자는 우주의 신비를, 후자는 동물의 신비를 말한다. 공통점은 하나님의 통치다. 하나 더 추가한다면, 욥이 요구한 정의의 차원으로는 다가갈 수 없었던 우주와 자연의 세계 깊숙한 곳까지 들어간다.

사실 이 논리는 욥(28장)도 알고 있었고, 엘리후 연설(36:26-37:24)의 핵심 주제 중 하나이기도 했다. 욥은 그토록 신비한 자연을 창조하신 하나님이 내게 이유를 알 수 없는 고난을 주셨느냐고 따지는 맥락이고, 엘리후는 자연이 주는 치유와 교육적 효과처럼 고난을 통해 미몽에 빠진 우리를 가르치시려는 하나님의 심오함을 일깨우는 맥락이었다. 둘의 차이는 "인과응보의 원리와 개인의 정의에 대한 집착이라는 왜곡된 관점에서 하나님을 곡해하는 결과를 낳았다"는 점이다.[52]

그러면 인간이 아닌 우주와 자연 속에 깃든 하나님의 다스림을 통해 하나님은 욥에게 무슨 말씀을 하고 싶으셨던 걸까? 그 대답을 2절에서 유추할 수 있다. "무지한 말로 생각을 어둡게 하는 자가 누구냐?"(38:2, 개역개정) 개역개정은 '생각', 개역한글은 '이치', 새번역은 '지혜'라고 번역한 단어의 히브리어는 '에짜'다. 이는 생각도 계획도 아닌 '설계(design)'라고 보아야 한다.[53]

하나님 보시기에 욥은 그분이 만드신 모든 세계의 설계도를 알 수 없고, 욥이 한 말은 부지불식간에 하나님의 설계도에 대한 정면 부정 혹은 비판을 함축하고 있다. 즉, 욥은 퍼즐의 전체를 보지 못하고 조각 몇 개로 전체를 판단하려다가 교각살우(矯角殺牛)를 범했다. 자기 자신의 고난에만 함몰되어서 하나님의 전체 그림을 보지 못했고, 자신의 고난이라는 잣대로 하나님의 우주적 계획에 시비를 걸었다.

그래서 하나님은 먼저 우주에 대한 전체 그림을 보여 주신다. 지금 하나님은 욥을 지구로부터 몇 수십만 킬로미터 천공 위로 데리고 올라가신다. 그곳에서 지구를 보게 하시고, 우주의 한 모퉁이에 있는 지구를 감싸고 있는 창조 세계의 거대함과 위대함에 잠기도록 이끄신다. 그 세계를 가만 들여다보면, 만물이 제 자리에서 각자의 역할을 하고 있다. 그것은 각각의 피조물에는 한계가 있고, 그 한계 안에서 존재한다는 말이다. 바다가 바다인 것은 육지가 아니기 때문이다. 아침과 밤도 마찬가지다. 낮과 밤이 교차하는 새벽의 여명도 있지만, 그 둘은 분명하게 구분된다. 그들 각자는 서로의 경계를 침범하지 않는다. 이는 하나님의 설계였고 결정이었다. 하나님이 창조하실 때 그들에게 말씀하셨다. "여기까지는 와도 된다. 그러나 더 넘어서지는 말아라!"(38:11) 그러면서 욥에게 도전하신다. '너는 그것들에게 명령할 수 있느냐? 없던 것을 향해 있으라고 말할 수 있으며, 네가 지정한 자리에 둘 수 있으며, 지정석을 벗어난 것들을 다시 제자리로 돌릴 수 있겠느냐?' 이 질문에 대한 답은 당연히 '아닙니다, 주님. 오로지 당신만이 하십니다'이다.

이것은 폭풍 속 하나님과 직결된다. 이 본문에서의 폭풍은, 엘리후가 하나님의 위엄과 영광과 능력에 관해서 했던 연설에 나오는 그 폭풍이다. 그리고 출애굽기 19장과도 연결된다. 그곳에서 하나님은 폭풍 같은 바람과 함께 자신의 존재를 알리신다(출 19:16-19). 그리고 함부로 다가오지 말라는 경계를 그으시면서 경계선을 넘다가는 죽을 것이라고 경고하신다. "그들이 경계선을 넘으면, 나 주가 그들을 쳐서 죽일 것이다"(출 19:24). 그 하나님이 지금 욥 앞에 나타나신 것이다.

이 말씀은 1-2장에서 사탄에게 하셨던 말씀과도 결부된다. 그곳에서 하나님은 사탄에게 허용하시면서도 계속 제한을 두신다. 소유물은 건드려도 몸에는 손대지 말라(1:12)고 하시고, 다음은 생명만은 건드리지 말라(2:6)고 엄히 명령하신다. 이는 하나님의 주권을 강조하면서, 고통이란 경계의 침해임을 보여 준다.

고난은 폭력과 연결되어 있다. 폭력은 정의하기가 까다로운

데, 영어로 보면 좀 낫다. 폭력(violence)은 침해(violate)다. 그러니까 타인의 것에 대해 타인의 의사에 반하는 물리적 힘을 강제로 행사하는 것이다. 타인의 것이라 함은, 신체로부터 정신, 재산에 이르기까지 모든 것을 망라한다. 방법은 물리적 폭력, 언어폭력, 상징 폭력 등 다양하다. 타인의 주권과 자유, 신체, 재산을 함부로 훼손하는 일체의 행위는 폭력이자 고통이다.

하나님이 자연을 창조하실 때 경계를 세웠다는 말씀은, 지금의 팬데믹 사태와 정확하게 포개진다. 코로나바이러스는 인수공통 감염병이다. 본래는 동물에게만 위협적이었다. 그런데 사람과 동물 사이의 경계가 허물어지고 인간과 잦은 접촉을 하면서 돌연변이가 생긴 것이다. 우리가 자연의 경계를 존중하지 않은 결과를 고스란히 돌려받고 있다. 나와 타인, 나와 자연의 경계를 지키지 않고 존중하지 않는 것, 그것이 폭력이고 고통이다.

고난도, 나도,
하나님 손안에

이제 하나님은 야생동물에 관해 욥에게 질문하신다. 동물들을 각각 쌍으로 묶어 다섯 개로 구성된 총 10종류의 동물에 관해 연달아 질문을 쏟아 내신다. 이 동물들의 특징은 길들여지지 않는 야생동물이라는 점이다. 가축이라면 인간이 어느 정도 알고 손쉽게 다루지만, 야생동물들은 그렇지 않다. 인간의 필요에 순응하지 않고 인간의 질서 밖에 존재한다.

인간은 거대한 자연 앞에서도 허약하고, 거친 대자연을 헤집고 다니는 야생의 세계에서도 무지하고 무력하기 짝이 없다. 그런데 그것들은 하나님의 손안에 있다. 이를 통해 하나님은 욥이 겪는 고난도 당신의 수중에 있다고, 그러므로 욥도 동일하게 돌보신다는 메시지를 전달한다. 내가 아무리 애써도 어쩔 수 없는 고난도 최종적으로 하나님 안에 있다. 욥도, 나도, 하나님 안에 있다. 안심이다.

각종 야생동물들이 살아가는 모습에 대한 묘사는, 하나님이 욥을 다루시는 방법을 암시한다. 욥이 보기에 하나님은 무정하시기 이를 데 없다. 그러나 동물이 자기 새끼를 위해 고통과 수고를 아끼지 않듯이 하나님도 욥을 돌보신다. 그분의 방식으로 말이다. 미련한 타조에게도 제 살길과 지혜를 주셨듯 욥에게도 고난을 이길 힘과 지혜를 주신다.

하나님이 욥에게 도무지 길들일 수 없는 야생동물의 세계를 말씀하시는 까닭은 무엇일까? 지금 욥은 동물의 왕국을 시청할 만큼 한가하지 않다. 그는 지금, 아무리 해도 설명할 길 없는 거친 악의 세계를 이해시켜 달라는 것이다. '왜 내 삶에 불쑥 악이 끼어들어 혼란을 일으키고, 암흑에 빠트리고, 공허하게 만드는가? 그런 내게 넘치는 나일강이 무슨 대수며 굶주린 사자가 무슨 말인가? 하늘의 독수리와 매는 황당하기 그지없다.' 그가 보기에 하나님은 엉뚱하기 짝이 없는, 자신의 요구나 필요와는 생뚱맞은 말씀을 하고 계신다. 과연 그런가?

지금 하나님은 인간이 수천 년 동안 길들이지 못한, 앞으로도 길들이기 어려운 야생동물 이야기를 하신다. 왜? 고난도 그렇다는 것이다. 고난도 길들이지 못한다. 다스리지 못한다. 정복하지 못한다. 인류의 지성과 과학이 발달해서 하늘에 인공위성을 띄우고 달과 화성을 탐사할지라도, 이성의 틀 안에서 얌전하게 설명되지 않는 것이 바로 고난이다.

내 한계를 설정하는 것이 고난이다. 하나님은 말씀하신다. "너는 할 수 없다! 해 봐야 소용없다! 지금껏 네가 일군 모든 것, 성취한 일체의 것이 허사다. 고난 앞에서 그것들은 약하고 약하다. 헛되고 헛되다. 고난은 정복되지 않을 뿐더러 길들여지지 않을 것이다, 언제까지나." 이 점을 앨리스터 맥그래스(Alister MaGrath)도 언급한다.

현대인이 고난을 이처럼 껄끄러워하는 이유 중 하나는 고난의 존재가 인간 성취의 한계를 가리키기 때문이다. 고난은 정복되

지 않고 길들여지지 않은 채로 남아 있다. 인간 문명이 이토록 진보했음에도 불구하고 말이다.[54]

고난은 말한다. "너는 고난 앞에서 어찌할 수 없는 인간이다. 네 주인은 네가 아니다. 통제할 수 없는 고난이 있는 한, 너는 네 인생의 주인이 아니다."

정신과 의사요 작가인 모건 스콧 펙(Morgan Scott Peck)의 유명한 3부작 중 첫 책 《아직도 가야 할 길》(율리시즈)은 "삶은 고통이다"라는 문장으로 시작한다. 인생 자체가 고통이라는 것이 인간에게 가장 위대한 진리라고 한다. 그가 말하려는 바는, 고통이 있다는 것이 가장 위대하다는 말이 아니다. 삶이란 고통스럽다는 것을 받아들이는 것을 말한다. 이는 체념이 아니다. 어차피 인간으로서 고통을 받는다면, 고통을 잘 겪고 그 속에서 가치를 발견하고 정신적으로 영적으로 성장의 기회로 삼아야 한다는 것이다.[55] 고통의 회피는 성장의 거부다. 고통은 그냥 있는 것이고, 있는 그대로 받아들이는 것이 영적 성장의 첫걸음이다.

우리는 모두 욥처럼 어둠이 없는 빛만의 세계를 바란다. 욥은 새벽의 은혜만을 구했지만, 하나님은 어둠의 은총을 통해서도 일하신다. 욥은 그것을 몰랐다. 아니 원하지 않는다. 그래서 자신이 태어난 날이 어둠과 함께 사라지기를 감히 바랐다(3:3-9). 내게 빛나는 날을 주신 하나님께 감사했다면, 고난이라는 어두운 날을 통과하면서 고난이 아니면 볼 수 없었던 나를 보고 하나님 만 난 것을 감사해야 한다.

고난은 인생을 예측할 수 없는 것으로 만들고, 나를 예상치 못 한 곳으로 이끈다. 고난 때문에 나는 죽을 뻔했고, 죽일 뻔했다. 그러나 고난 때문에 나는 작가가 되었다. 내 평생 책 한 권 쓰고 싶다는 욕심은 있었으나, 작가가 되고 자비량 사역자가 될 줄은 정말 몰랐다. "한국의 목사님들 중에서 내가 가장 행복한 목사 야"라는 말을 입에 달고 살 줄 어찌 알았으리오. 이제 인정한다. 하나님이 내 삶을 내가 알지 못하는 방식으로 다스리고 인도하 신다는 것을. 내가 알지 못하는 놀라운 삶으로 인도하신다는 것 을 믿는다!

눈을 들어

우주를 보라

한 소년이 있었다. 일주일이 멀다 하고 병치레를 했고, 부모는 걸핏하면 다투었고, 집은 가난했다. 공부도 잘하지 못했다. 원래 소심한 성격은 더 위축되었다. 자신과 주변 환경 어디를 봐도 답답하기만 하니, 꼬맹이는 자연스레 하늘을 올려다보며 이런저런 공상에 빠지곤 했다. 그러면 현실이 조금 덜 답답하게 느껴졌고 슬픔이 줄어들곤 했다.

어느 날, 여느 때와 다름없이 그날도 하늘을 멍하니 바라보고 있었다. 문득, 자신이 무한한 우주 공간의 지극히 작고 작은 한 점 먼지에 지나지 않는다는 생각이 들었다. 동시에 슬픔도 줄어드는 것을 경험했다. 한숨 쉬는 나와 상관없이 세상은 굴러가고 우주의 행성들은 질서 정연하게 운행되고 있다는 점이 안도감을 주었다. 우주 전체도, 먼지 같은 나도 절대자께서 손으로 쥐고 계신 것이 느껴져서다.

소년은 어른이 되어서 욥기를 읽었다. 38장에서 자신의 어린 시절을 반추했다. 질문이라지만 대답이 필요 없는, 대답할 수 없는 질문들의 의도를 퍼뜩 알아챘다. 그건 '광활한 자연과 우주를 바라보게 하는 것만으로도 그의 발밑에 놓여 있는 고통의 현실로부터 다른 곳으로 눈을 돌리게 할 수 있기 때문'이었다. 목전의 고통에 함몰되지 말고, 그것 너머, 그 바깥을 보라는 말이다. 자신의 사고와 전혀 다른 질서를 갖춘 세상, 자기 내면을 메우고 있는 슬픔과 우울을 넘어선 드넓은 우주가 존재한다. 그 우주를 창조하신 하나님이 살아 계신다.

의사가 된 소년은 10여 년 전부터 내가 섬기는 로고스교회의 교우가 되었다. "말씀을 읽고! 말씀을 믿고! 말씀을 살고!"라는 슬로

건대로 함께 성경을 묵상한다. 위의 이야기는 그의 것이고, 이 본문을 묵상하고 쓴 글을 내가 살짝 각색한 것이다. 그의 묵상 글의 맨 마지막 문장은 이것이다. "눈을 들어 우주를 보라. 나의 도움이 어디서 올꼬. 나의 도움은 우주를 지으신 여호와에게서로다."

나눔과 질문

1. 하나님이 하신 질문을 통해 하나님이 주신 자유를 알게 된 욥은, 이전과 다르게 무엇을 받아들이게 되었는가?

2. 고난이 지나고 보니 선물이 된 경험이 있는가? 그런 경험이 있다면 이야기해 보자.

25

맹목적 복종을
거부하라

❖ 40:1-5 ❖

우리 하나님, 단단히 화가 나셨다. 폭풍이 그 증거다. 물론 폭풍은 하나님의 현현을 가시적으로 드러내는 몇 가지 자연 현상 중하나이기는 하다. 하지만, 폭풍은 분노다. 봄바람이 아니다. 모든 것을 쓸어가는 거칠고 거센 바람으로 욥 앞에 나타나셨다. 욥과 친구들의 논쟁을 더는 참지 못하고 분노를 터뜨리신다. 그런데 누구에게?

욥이다. 우리 하나님은 욥에게 화가 나신 것이다. 하나님이 사용하신 단어에 분노가 여지없이 드러난다. 몇 개의 성경 번역본을 보면 단박에 알 수 있다. "트집 잡는 자가 전능자와 다투겠느냐 하나님을 탓하는 자는 대답할지니라"(40:2, 개역개정), "전능한 하나님과 다투는 욥아, 네가 나를 꾸짖을 셈이냐? 네가 나를 비난하니, 어디, 나에게 대답해 보아라"(40:2).

하나님 보시기에 욥은, 좋게 말하면 다투는 것이고, 대놓고 말하면 트집을 잡고 있다. 그럼 어떤 트집을 잡았다는 것인가? 하나님을 탓하고 비난하고 심지어 꾸짖고 책망한다고 말씀하신다. 1-2장에서는 욥의 경건을 칭찬하셨고 42장에서는 욥의 말이 옳다 하셨던 하나님이, 지금은 벼르고 벼른 표정으로 욥을 마구 몰아붙이신다. 재산 잃고 건강 잃고 가족 잃고 신망 잃은 가련한 욥을, 그토록 친히 뵙기를 청했던 욥을, 이토록 궁지로 몰아넣으시는 저의가 뭘까?

욥은 암묵적으로 하나님의 전능하심과 창조 설계에 오류가 있다고 말했다. 친구들은 하나님의 의로우심을 지키기 위해 욥을 죄인으로 만들었다면, 욥은 자신의 무고를 주장하기 위해 하나님께 문제가 있다는 식으로 은근히 돌려 까기를 한 것이다. 이는 직접적이라기보다는 암시적이다. 그러고 보니 하나님도 화나실 만하다. 사탄에게 자랑까지 한 욥인데, 그런 그가 하나님이 근본적으로 문제라고 말한 셈이니 말이다.

화를 내시는 하나님 앞에서 욥은 그다지 겁먹지 않는다. 나는 이것이 더 충격적으로 다가왔다. 욥은 하나님께 대놓고 화내지 못하지만, 그렇다고 절대복종도 하지 않는다. 왜? 마음에 안 들기 때문이다. 하나님의 첫 번째 연설이 그에게는 만족스러운 대답이 되지 않았다. 나의 자유와 권리를 무작정 침해하는 폭력이 곧 고통이라는 것은 수긍이 간다. 하지만 그 고통이 내게 어떤 의미를 준단 말인가? 그 원대한 세계 질서 속에서 나는 무엇인가? 나는 왜 고통당해야 하는가? 이런 질문들에 답을 듣지 못했다.

그렇기에 욥의 대답은 공손해 보이지만, 뜯어보면 볼멘소리다. 하나님이 친히 나타나셨음에도, 직접 응대하셨음에도, 욥은 감격하기는커녕 뾰로통하다. 나는 이런 욥이 좋다. 하나님에게도 맹목적 복종을 거부하는, 납득되지 않으면 이해가 안 된다고 당차게 말하는 욥, 참 멋지다. 그러나 불안해 보인다.

여전히,
불복종하는 욥

욥의 대답은 공손해 보인다. 먼저, 온 세계를 창조하시고 질서를 유지하시는 위대한 하나님 앞에 선 자신을 보잘것없고 미천한 자로 낮춘다. "저는 비천한 사람입니다"(40:4)라며 엎드리는 욥은, 예의 그 경건을 회복했다고 할 수 있다.

다음으로 하나님께 대답할 것이 없다고 한다. 그동안 얼마나 말이 많았던가. 자신도 인정한다. "이미 말을 너무 많이 했습니다. 더 할 말이 없습니다"(40:5). 하나님이 자기 말을 안 듣고 계신 것 같아서 서운했지만, 사실은 관심을 거두신 적이 없었고 지켜보고 계셨음을 알게 되었다. 그리고 마침내 손을 내밀어 주셨다. 자기 한 사람을 만나기 위해 강림하신 하나님, 그저 고맙고 더는 바랄 것이 없다. 게다가 웅장한 창조 질서와 섭리 앞에서 작은 점에 불과한 인간이 무슨 말을 하겠는가. 분수도 모르고 나댄 것이 하나님께 무안하고 죄송하다.

그러나 욥은 복종하지 않았다. 드러내놓고 저항하지는 않지만, 전적으로 복종하지 않는다. 그 증거 역시 많다. 결국 우리는 상반된 두 증거들 사이에서 하나를 선택하든지, 아니면 양자를 조정하고 통합하는 방법을 찾든지 해야 한다. 욥의 행태의 이중성을 동시에 인정하더라도 욥이 무조건적인 복종을 하지 않았다는 점만은 흔들리지 않는 사실이다. 증거들을 한번 보자.

먼저, 손으로 입을 막는 행위다(40:4). 욥기 안에서 그 행위의 용례를 찾아보면 손으로 입을 막는 것이 무슨 뜻인지 알 수 있다.[56] 비슷한 행위가 두 군데 나온다. 하나는 21장 5절에서 욥이 친구들에게 입을 가려 달라고 요청한다. 더는 듣기 싫다는 것이다. 말을 안 하는 게 돕는 것이라는 말이다. 또 하나는 29장 9절인데, 이번에는 대화가 아니고 독백이다. 욥이 말을 하면 사람들이 손으로 자신들의 입을 가렸다고 한다. 위세 등등하던 시절, 욥 앞에서 사람들은 감히 입을 놀리지 못했다. 이건 복종의 의미다. 전자로 해석하면 하나님의 해명이 듣기 싫다는 것이고, 후자로 보자면 전능한 하나님에 대한 복종의 의미다. 어느 쪽일까? 다른 증거를 더 확보한 연후에 판정해 보자.

둘째, 하나님의 말씀 자체에서 물씬 풍긴다. 위에서 40장 2절의 단어들은 감정 섞인 것들이라고 했다. 하나님과 욥의 대화는, 일방적이지 않고 쌍방 통행이다. 하나님의 강한 톤에 놀란 욥은 미지근하고 시큰둥한 반응을 보였고, 더 화가 난 하나님은 더 강력하게 밀어붙이신다. "너 따위가 감히 전능한 나의 꼬투리를 잡고 늘어지느냐! 네가 무엇이라고 나를 악하다고 하느냐!"며 불같이 화를 내시고, 욥은 "나, 말 안 할 거예요"라며 토라진다. 쌍방향이고 서로가 서로에게 도발한다. 핵심은, 하나님은 욥의 대답이 성에 차지 않으셨다는 것이다.

셋째, 욥이 전적인 항복 선언을 했다면 하나님이 두 번째 말씀을 애당초 하시지 않았을 것이다. 욥이 굴복하지 않으니 하나님도 재차 반복할 수밖에 없으셨다. 물론, 하나님의 첫 연설만으로 충분했다면 욥이 기꺼이 승복했을 텐데, 여전히 미진한 구석이 있었던 거다. 그래서 그는 이런 미적지근한 대답, 또는 냉소 어린 대답을 하는 것이다.

마지막으로, 욥은 하나님의 요구를 수용하지 않았다. 하나님

은 분명하게 말씀하셨다. "대답해 보아라"(40:2). 사람도 누군가
가 물어보면 일러 주고, 가르침을 청하면 가르치고, 해명을 요청
하면 대답한다. 그런데 하나님이 대답하라고 말씀하시는데도 욥
은 안 하겠다고 한다. 무시하는 태도다. 그러니 하나님이 거칠게
반응하시는 것도 당연하다. 욥은 하나님의 대답이 마음에 안 들
고, 하나님은 욥의 태도가 거슬린다.

　욥은 하나님의 대답을 정답으로 받아들이기를 꺼린다. 유보하
는 태도를 보인다. 하나님의 말씀임에도 불구하고 즉각 순응하
지 않는다. 표 나게 거부하지는 않지만, 하나님도 알아차리실 정
도로 쌀쌀맞게 고개를 젓는다. 참으로 놀랍다, 욥은.

대담한 건지,
무례한 건지

나는 지금껏 대답하시지 않는 하나님이 너무 답답했다. 고(古) 박
완서 선생도 오죽했으면, 《한 말씀만 하소서》(세계사)에서 딱 한
말씀만 해 달라고 졸랐겠는가. 참척의 슬픔 속에 제정신을 잃은
어미 가슴에 켜켜이 쌓인 많은 물음들…. 거기에 한마디도 답하

시지 않는 것은 자기 아들까지 내주셨던 하나님에게 어울리지 않는다. 성경을 보라. 처음부터 끝까지 하나님의 말씀이다. 그런데 왜 고난 속에서는 그토록 침묵하신단 말인가?

그건 C. S. 루이스의 질문이기도 하다. 뒤늦게 만나 사랑한 아내 조이의 죽음을 보면서 그는 무너질 듯 하나님을 찾는다.[57] "하나님은 어디 계신가?" 루이스가 보기에 하나님은 참으로 변덕스러우시다. 행복에 겨운 나날을 보낼 때는 다정다감한 하나님이시지만, 정작 위로와 연민의 한 말씀이 그리워 찾으면 면전에서 문을 닫아 버리신다. 더는 찾아오지 말라는 듯, 빗장을 지르는 소리가 요란하게 울린다. 그런 하나님은 참 냉정하고 야박하게만 느껴진다.

니콜라스 월터스토프(Nicholas Wolterstorff)는 앨빈 플랜팅가(Alvin Plantinga)와 더불어 20세기 서양 분석철학계의 조류를 바꾸는 데 혁혁한 공로를 세운 학자다. 정밀한 논리로 신의 존재를 부정하는 기류가 강했던 영미 철학계에서, 그들은 같은 논리로 하나님의 존재를 탁월하게 설명해 냈다. 그랬던 월터스토프는 사랑하는 아들을 잃었다. 그의 아들은 유럽 여행을 떠났다가 결국 돌아오지 못했다.

그도 루이스처럼, 19장의 욥처럼, 일기를 썼다. 탁월한 철학자는 대답 없는 하나님이 섭섭하다면서 고개를 가로젓는다. 월터스토프도 루이스의 책을 읽었는지 이렇게 말한다. "루이스는 아내의 죽음에 관해 쓰며 고통 중에서 하나님께 분노하고 있었다. 루이스야말로 그런 보잘것없는 취급을 당해야 하는 사람은 아니지 않는가? 나는 분노하지는 않았지만, 좌절에 빠졌고, 상처를 받았다. 대답 없는 질문이 내 상처인 것이다. 대답 없는 질문이 전 인류의 상처가 되었다."[58]

그런데 욥은 다르다. 차가운 침묵으로 일관하시는 하나님을 보았던 루이스와 다르고, 일말의 추측도 불가능할 정도로 대답 없는 하나님에게서 상처받은 월터스토프와도 다르다. 욥에게는 하나님이 나타나시지 않았는가.

그렇다면 욥은, 차가운 침묵에서 돌아서신 하나님에게, 추측과 상상 너머의 대답이라도 해주신 하나님에게, 상처가 조금은 아물었다고 대답해야 하지 않나? 그는 무려 두 장에 걸친 길고도 긴 답변을 들었다. 그런데도 여전히, 아직도 냉소적이다. 욥의 이런 태도는 무엄한 독신(瀆神)일까, 아니면 본받아야 할 독실(篤實)함일까.

이렇게 대담한 건지, 무례한 건지 종잡을 수 없는 욥의 처신에서 나는 긍정적인 시그널을 찾아냈다. 욥의 태도가 성경 인물들에게서 흔히 볼 수 있는 것이고, 오늘날의 우리에게 절실한 제자도라는 것이다. 아니, 하나님 말씀에 대거리하는 이들이 성경에 많다고? 그리고 이런 태도가 제자훈련 할 때의 제자도라고? 그렇다.

모세, 예레미야, 하박국, 요나, 이 선지자들이 그랬다. 그리고 하나님께 대거리하는 내용은 시편에 숱하게 나온다. 모세는 '예스맨'이 아니었고, 예레미야는 하나님께 공식적으로 항의했다. 내 고난기에 동행자였던 하박국은 하나님께 거침없이 질문을 퍼부었다. 요나는 '대들기의 끝판왕'이라 해도 반대할 사람이 없으리라.

그래도 대뜸 반문하는 이들이 있을 것이다. 저들이 했다고 반드시 따라 할 건 아니지 않냐고. 맞는 말이다. 성경에 기록되어 있다고 해서 다 허용되는 것은 아니다. 그러나 이것이 신앙의 일부인 것은 분명하다. 66권 중 몇 권의 성경이, 겁도 없이 대드는 하나님의 사람들을 보여 준다. 그러므로 우리 신앙의 전부는 아니더라도 일부이다.

그러니 이따금, 내가 어찌할 수 없는 고난의 파도를 만나거든, 욥처럼 하나님께 대드는 것도 나쁘지 않다. 괜찮다, 괜찮아. 맨날 그러는 것도 아니고, 숨도 잘 안 쉬어지는 시련 속에서 내 사랑하는 아빠 하나님에게 투정 부리는 건데 좀 어떤가. 그분이 내 아빠가 아니고, 나를 사랑하시지 않는다면 애당초 대들지도 않는다. 아빠니까, 날 사랑하시니까, 고난의 궁극적 해결자이시면서 대답을 주실 분이니까, 묻고 따지고 대드는 것이다.

우리가 하나님께 거칠게 맞서는 것이 허용되는 단 하나의 이유가 있다면, 성경의 하나님, 곧 신론 때문이다. 그것은 꾹꾹 눌렀던 내면을 터뜨리는 것, 마치 배설하듯 독설을 내뱉는 것이 내적 치유에 도움이 된다는 인간학적 차원을 넘어서, 그리스도인이 믿는 하나님의 본성과 성품에 대한 성찰의 결론이다. 우리는 하나님 때문에 하나님에게 맹목적으로 복종할 필요가 없다. 무슨 말이 이리 맹랑할까.

서구 사상에는 크게 두 개의 정신적 흐름이 있다고 한다. 헬레니즘과 헤브라이즘이다. 두 사상에 대한 큰 오해 중 하나는, 헤브라이즘은 맹목적 복종을 가르치고 헬레니즘은 신과의 대결도 마다하지 않는 인간 중심적 사유라는 것이다. 오히려 정반대이다. 헬레니즘은 신이 정한 운명을 누구도 거역하지 못한다고 한다. 그리스 신화에서 영웅의 서사는 비극적이다. 거기서 비극이라 함은, 신도 거부할 수 없는 운명과 싸우다가 결국 쓰러져 가는 인간에게서 인간다움과 아름다움을 보는 것이다. 그 대표적 인물이 프로메테우스다.

그런데 맹목적 복종을 가르치는 듯한 헤브라이즘에서는 오히려 하나님이 정하신 운명에 인간이 도전하고, 그 도전을 무참히 짓밟기는커녕 되레 장려한다. 대표적 인물이 야곱이다. 그는 '형과 동생'이라는 결코 뒤집을 수 없는 선천적·생물학적 위계질서를 철저하게 무너뜨린다. 그는 형을 속이고, 아버지에게 거짓을 고한다. 야곱 이야기를 읽어 보면, 에서는 착하고 씩씩한 반면 야곱은 간사하기가 이를 데 없다.

그리스적 세계관에 따른다면, 누가 신의 사랑과 선택을 받은 것일까? 당연히 야곱이다. 왜 야곱인가? 그는 "관습적인 종교의 모든 논리를 넘어서 이 하나님 자신에 의해서 형벌을 받지 않고 축복을 받았다."[59] 그 이유는 단 하나다. 어느 종교나 어느 신화에나, 야곱도 있고 프로메테우스적 인물도 있다. 다만 각자가 믿는 신이 달랐다. 제우스는 응징했지만 야웨 하나님은 축복하셨다. 왜 그런가? '이스라엘의 하나님은 인간을 노예화하지 않고 역사적으로 해방시키는 초월자'이시기 때문이다.

욥은 신성모독이라고 해도 될 만큼 하나님께 꼬박꼬박 말대답하고, 세 친구와 달리 하나님 말씀에 고개를 조아리지도 않았다. 그러고도 죽지 않고 산 것은, 우리 하나님이 구원자이시기 때문이다. 하나님은 우리가 프로그램처럼 작동하는 존재가 아니라, 노예처럼 굴종하는 존재가 아니라, 하나님께도 대들고 잘못된 악에 대해서도 맞서기를 원하신다. 욥의 하나님, 내 하나님, 참 좋다!

나눔과 질문

1. 하나님을 찾았지만 침묵하시는 하나님 때문에 속상했던 경험이 있는가? 하나님의 침묵이 나에게는 어떤 의미였는가?

2. 고통 속에서 하나님께 묻고 따졌던 경험이 있는가? 그때 하나님은 어떻게 나를 회복해 가셨는가?

어여쁜 나의
리워야단

❖ 40:6-41:34 ❖

욥기에서 가장 난해한 대목을 지목하라면 나는 일 초의 망설임도 없이 이 본문을 가리킬 것이다. 2장 "사탄, 그들과 함께 서 있는 우리"에서 말했듯이, 사탄과 리워야단의 존재는 당혹스럽다. 그 장에서 나는 이 두 존재를 이해하지 못하면 욥기 읽기는 험한 산 골짜기를 헤매게 될 것이라고 미리 주의를 준 바 있다.

먼저, 그런 존재가 있다는 것이 충격적이다. 왜 그런 악한 것이 존재하는가? 유한한 인간에게는 선과 악이 대립 쌍이어서 어느 하나가 없으면 다른 것도 없다는 말이 어느 정도 타당하다 치자. 그러나 절대 선이신 하나님이 인간 세계 안에 악한 사탄을, 자연 세계 안에 리워야단 같은 괴물을 창조하실 이유가 없지 않은가. 도대체 왜 만드셨을까? 저런 존재가 없었다면, 태초의 타락도 없었을 것이고 인류가 이토록 고통스러운 세상을 살지 않았을 텐데 말이다.

또한, 존재를 넘어서 그것을 사용하시고 사랑하신다는 점이 가히 경악스럽다. 이 본문에서 하나님은 당신의 주권을 부단히 강조하신다. 아무리 무시무시한 괴물이라도 하나님의 통치에서 한 치도 벗어나지 못하며, 나아가 하나님의 하나님 되심을 높이는 존재임은 분명하다. 하지만, 이 악마적 존재를 어여삐 여기시는 대목에 이르면 공포와 전율이 인다. 아니, 사랑이 많으신 것은 알겠지만 사탄과 리워야단을 사랑하고 사용하신다고?

리워야단에 대한
두 가지 시선

폭풍 속 첫 번째 말씀의 초점은, 우주 삼라만상의 창조와 신비로움을 보여 주시면서 그 모든 것을 제자리에 두시고 함부로 남의 경계를 침범하지 못하도록 막으시는 하나님이었다.

두 번째 말씀의 소재는 베헤못(40:15-24)과 리워야단(41:1-34)이다. 베헤못에 대한 묘사를 보면, 일견 하마 같다. 그래서 개역개정판은 베헤못에 난하주를 두어 하마라고 했다. 리워야단은 악어와 흡사하다. 이 또한 개역개정은 난하주에 악어라고 표기해 두었다. 그러나 베헤못을 하마로, 리워야단을 악어로 동일시하기에는 어울리지 않는 묘사가 여럿 있다. 예컨대 베헤못이 하마라면, 백향목 같은 길고 커다란 꼬리(40:17)가 있을 리 없다. 하마의 꼬리는 돼지 꼬리처럼 짧고 끝이 말려 올라가 있다. 리워야단도 마찬가지다. 바다에 사는 악어는 고대 중근동의 악어가 아니다. 바다에 살 리 없는데 '바다를 기름 가마처럼 휘저을' 리 없다(41:31).

둘 다 실제로 존재하는 하마와 악어를 닮은 것은 사실이지만, 딱 들어맞지 않는다. 그래서 인간이 상상으로 만들어 낸 신화적 동물로 보기도 한다. 우리나라의 '용'이나 《나니아 연대기》에 나오는 반인반수처럼 말이다. 나의 관심은 이것의 실재 여부가 아니다. 악과 고난과의 연관성이다.

그런 점에서 이것들을 바라보는 성경의 두 관점에 주목하는 것이 낫다. 얼추 보면, 양립 불가능한 관점들이다. 하나는 하나님과 하나님의 창조에 대적하는 가장 사특하고도 강력한 힘을 지닌 대적자요 악마적 존재로 본다. 이것이 구약 성경 전편에 나타난 두 괴물에 대한 이해다. [60] 그것은 혼돈을 일으키는 바다의 용으로 하나님의 원수요 하나님의 대적 중 우두머리들이다.

대표적인 구절은 시편과 이사야서에 있다. "리워야단의 머리를 짓부수셔서 사막에 사는 짐승들에게 먹이로 주셨으며"(시 74:14), "그날이 오면, 주님께서 좁고 예리한 큰 칼로 벌하실 것이다. 매끄러운 뱀 리워야단, 꼬불꼬불한 뱀 리워야단을 처치하실 것이다. 곧 바다의 괴물을 죽이실 것이다"(사 27:1). 이처럼 구약 성경은 일관되게 리워야단을 하나님을 대적하는 악마적 존재로 묘사한다. 리워야단은 하나님의 심판을 피할 수 없다.

그런데 예외적으로 시편 104편 26절에서는 선한 존재라고 말한다. "물 위로는 배들도 오가며, 주님이 지으신 리워야단도 그 속에서 놉니다." 여기서는, 리워야단도 하나님의 창조물이며 따라서 하나님께 저항한다거나 대적하는 것은 생각도 못 할 일이다. 해코지하는 존재가 아니다. 바다 괴물인 리워야단은 물속을 유영하는 한 마리 물고기로 나타난다. 그 모습에서 악은 눈 씻고도 찾아볼 수 없다. 하나님의 선한 창조물일 뿐이다.

이런 면은 욥기에서 도드라지는데, 인상적인 점이 두 가지다. 한 가지는, 욥기에서 베헤못과 리워야단은 엄청난 능력을 지닌 존재로 나온다는 점이다. 그것들은 무시무시한 힘을 가진 존재로 지상에서는 대적할 자가 없고 누구도 통제할 수 없다. 하나님은 몇 번이나 두 야수와 대적할 자 누구냐고 물으신다. 당연히 없다고 답해야 한다. 있다면 딱 한 명, 바로 욥이다.

다른 한 가지는, 심미적으로 묘사된다는 점이다. 욥기의 설명을 보면 아름답기는커녕 흉측해 보인다. 베헤못의 '꼬리는 백향

목처럼' 뻗었다(40:17). 푸른 초원 위를 뛰어다니면서 장난스럽게 놀고, 풀을 뜯어 먹는 양과 같다. 이 장면은 목가적이고 전원적인 냄새를 풍긴다. 하나님은 한술 더 떠서 리워야단을 애완견, 집에서 기르는 새, 여자아이들이 갖고 노는 장난감이나 노리개(41:5)처럼 말씀하신다.

자, 나의 질문은 이것이다. 어떻게 성경은 동일한 존재에 대해서 이리도 상반된 시각을 동시에 보여 주는가? 그리고 왜 욥기는 선하고 긍정적인 존재라고 말하는가?

———

악인을 통해
연단받는 의인

고난에서 허우적댈 적에 나를 몹시도 괴롭혔던 신학적 물음이 하나 있었다. 하나님이 나를 못살게 구는 그'를', 아니 그'도' 사랑하신다는 불온한 진실에 관한 것이었다. 그를 사용해서 나를 변화시키신다는 환장할 진실이었다.

죽음을 생각할 정도로 나를 괴롭힌 장본인을 하나님이 사랑하신다는 것은 말이 안 되었다. 그를 미워하셔야 마땅하다. 그리고 그에게 벌을 주셔야 한다. 그렇지 않으면 내가 숨넘어갈 판이었다. 정말 가끔 숨이 잘 쉬어지지 않았다. 당시 나의 대안은 죽이거나 죽거나 중 하나였는데, 죽일 수는 없으니 차라리 죽자는 생각만 주야장천 했었다. 그런데 어떻게 그를 사랑하신단 말인가?

그를 사랑할 뿐만 아니라 나를 연단하기 위해 사용하시는 하나님의 종이요 일꾼이라는 말에 내 온몸이 부들부들 떨렸다. 나보다 조금이라도 나은 이가 내 부족함을 따끔하게 지적하고 내 잘못을 엄히 나무란다면, 감정은 상하겠지만 새겨들었을 것이다. 나보다 나은 사람이니까 말할 자격이 있다. 그러나 나를 까닭 없이 괴롭히는 이, 나보다 형편없는 이, 그를 하나님이 사랑하고 사용하신다는 것은 부조리하다고 생각했다.

리워야단을 사랑하고 사용하시는 하나님은 나를 호되게 일깨워 주셨다. 하나님은 악인을 사용해서 의인을 연단하신다는 사실을 깨닫게 하셨다. 하박국서에는 악하고 폭력적인 제국 바벨론을 사용하여 하나님의 백성인 이스라엘의 죄를 심판하시는 내용이 나온다. 영락없는 내 이야기다. 하박국 선지자도 그것이 선한 하나님의 본성에 부합하는지를 따져 묻는다. 그것은 하나님답지 못하다고 생각한 것이다.

예언자 하박국은 결국 수긍한다. 첫째, 그것은 현실이기 때문이다(합 1:12-17). 악한 자가 승승장구하고 선한 이가 피해 보는 일이 없었던 적이 있는가. 그런 일이 옳다는 게 아니라 그런 일이 늘 있었다는 사실을 말하는 것이다. 그런 사실을 인정하지 않고 당위만 말해 봤자, 현실에는 아무 영향을 미치지 못한다. 더 괴로워질 뿐.

다른 한편으로 하나님에 대한 믿음 때문이다(합 2:4). 망루에 올라가서 대답을 기다리는 예언자에게 주어진 대답은 '믿음'이다. 공의로운 하나님이 악을 심판하러 기필코 오신다는 것, 물이 바다 덮음 같이 하나님이 승리하시는 날이 온다는 것을 하박국은 믿게 되었다. 그건 욥도 마찬가지다. 하나님을 믿으니까 하나님께 따졌고, 하나님을 믿으니까 결국 승복한 것이다. 그러므로 하나님을 신뢰하며 기다리는 것은 체념이 아니고 희망이요 노래다.

마지막으로 악은 악에 의해서 멸망하기 때문이다(합 2:5-20). 피와 폭력으로 건설한 도시는 그들이 흘린 피와 폭력에 의해 타도된다. 악과 폭력의 본성은 악인마저 집어삼킨다. 처음에는 악인이 악을 행하지만, 곧 악이 악인에게 악을 가한다. 마침내 악인은 자신의 악에 의해 몰락하고 만다.

욥기도 이 점에서는 관점이 같다. 욥은 친구들을 끔찍이 혐오했다. 그들을 증오했던 이유는, 자기가 보기에 세 친구가 자신보다 못했고, 자기 삶을 설명하지 못하는 신학을 들이댔기 때문이었다. 저런 자들이 한때는 도타운 우정을 쌓았던 친구들이라는 사실이, 그런 그들과 어울린 자신이 싫었을 것이다. 그에게 친구들은 베헤못이요 리워야단이다. 고난도 그에게는 베헤못이요 리워야단이다. 그런데 주님은 말씀하신다. "이제 소같이 풀을 먹는 베헤못을 볼지어다 내가 너를 지은 것같이 그것도 지었느니라"(40:15, 개정개역).

욥도 나처럼 생각했을 것 같다. '하나님도 참 너무하시지. 어찌 저런 것들을 보내서서 나를 교육하고 연단하고 성숙하게 하신단 말인가.' 그러나 욥도 하박국처럼, 나처럼, 하나님을 신실하게 믿는다. 때문에 뼈아픈 진실도 수용한다. 그 악인이 나를 새롭게 하기 위한 하나님의 수단이요 하나님의 일꾼이라는 사실을. 하나님의 주권과 주인 됨을 인정한다면, 내 삶의 악인도 결국 하나님의 장중에 있음을 인정하는 것밖에 달리 길이 없다.

내 안에 있던
리워야단

둘째는 악인도 사랑하신다는 것이다. 나는 절대로 그러면 안 된다고 생각했다. "사랑할 사람이 따로 있지, 어찌 저런 사람을 사랑하시나." 그리고 화딱지 나는 것은 이것이었다. "그 사람을 사랑하시지 말고 나를 사랑하셔야지." 그런 사람을 사랑할 힘과 에너지가 있다면 당연히 내게 부어 주셔야 한다고 여겼다.

나의 뒤통수를 후려갈긴 사고의 전환은 십자가에서 왔다. 십자가는 말한다. "우리 모든 사람은 죄인이다. 그리고 하나님은 우리 모든 사람을 사랑하신다." '모든 죄인'에서 제외된 사람은 없다. '사랑받는 모든 사람'에서 예외인 사람도 없다. 그가 누구이든, 무엇을 하든, 어떻게 살았든, 심지어 가룟 유다처럼 예수를 배반하거나 베드로처럼 몇 번이고 부인하더라도, 보혈의 공로에서 제외되지 않는다.

그러니까 내 생각이 가진 치명적 위험은 두 가지다. 나는 사랑받아야 할 쪽에 포함시키고, 그는 심판받아야 할 죄인에 집어넣은 것이다. 나를 힘들게 하면 악인이었고 나를 기쁘게 하면 선인이었다. 이것은 나를 기준 삼아 타인을 재단한 것이다. 내가 간과한 것은, 아니 내가 죽어도 인정하기 싫었던 것은, 하나님 기준으로 보면 그도 사랑하는 자녀라는 사실이었다. 내게 악인이라도 하나님이 창조하신 사람이다. 그를 구원하기 위해 예수님은 십자가에서 피 흘리셨다. 그런데 내 멋대로 악인이라고 규정하는 것은, 내가 하나님의 자리를 꿰찬 것과 다를 바 없다.

남아프리카 공화국에서 인종차별정책을 철폐하는 데 앞장섰던 데즈먼드 투투(Desmond Mpilo Tutu)는 '진실과 화해 위원회'를 이끌었다. 만약 그에게 당신은 악마를 본 적이 있냐고 물어 본다면, 너무 많이 보아서 특정할 수 없다고 답할 것이다. 그런 그가 까무러칠 듯한 발언을 한다.

신학은 사람이 아무리 사악한 행위를 저질러도 그가 악마가 되는 건 아니라고 말한다. 우리는 악행과 범죄자, 죄인과 죄를 구별해야 한다. (중략) 요점은 우리가 범죄자들을 괴물과 악마로 단정하고 포기해 버리면 자연히 그들에게 책임을 물을 수 없다는 것이다. 그들이 자신의 행위에 책임을 질 수 있는 도덕적 존재가 아니라고 선언하는 셈이 되기 때문이다. 더욱이 그것은 그들이 더 나아질 수 있다는 희망을 모두 버렸다는 뜻이 된다. 그러나 신학은 그들이 참으로 끔찍한 일을 저질렀음에도 여전히 회개하고 달라질 수 있는 하나님의 자녀들이라고 말한다.[61]

위 인용문에 나타난 그의 생각은 두 가지다. 하나는 악을 단죄하기 위해서는 악에 대한 도덕적 책임을 물을 수 있는 도덕적 주체가 있어야 한다. 만약 악한 행위를 한 사람을 악마로 규정해 버리면, 그는 선과 악을 선택한 것에 대한 행위의 책임을 물을 수 있는 인격적 존재가 아닌 게 된다. 누구나 배가 고프면 먹어야 하지만, 만일 남의 음식이나 돈을 훔친다면 그건 악이고 벌을 받아야 한다. 왜냐하면 남의 돈을 훔친 것은 그의 선택이고, 이에 따른 책임을 져야 하기 때문이다.

다른 하나는 리워야단 같은 악인은 하나님의 형상이기도 하다. 그는 여전히 하나님의 자녀로 남아 있다. 진실을 말하고 용서를 청하면, 돌아온 탕자처럼 환대를 받고 권리와 신분을 회복

어여쁜 나의 리워야단

해 주어야 할 하나님의 아들이요 딸이다. 그가 무엇을 했든 간에, 그것은 하나님의 자녀라는 사실을 허물지 못한다. 그렇기에 욥기는 리워야단도 하나님이 창조하고 사랑하시는 피조물이라고 역설하는 것이다.

리워야단처럼 괴수된 우리를 향한 사랑의 정점이자 절정은 십자가다. 십자가는 "너는 죽어 마땅한 죄인"이라고 말한다. 그러나 곧이어 또 말한다. "너는 내가 너를 대신해서 죽어도 아깝지 않을 만큼 귀하고 사랑스러운 내 아들이다"라고.

그리고 십자가 사랑은 우리에게 두 가지 위험을 피하게 해 준다. 첫 번째 위험은 내 기준으로 타인을 악인으로 규정하는 것이고, 두 번째 위험은 나를 선인에 포함시키는 것이다. 그리고 그것은 실제 삶의 현장에서 발생하는 두 가지 잘못도 범하지 않게 한다. 내가 기필코 악을 제거하고 말겠다는 오기를 부리는 잘못과, 그 오기로 선을 행하려는 적극 의지를 봉쇄해 버리는 잘못 말이다. 그래서 "우리가 밭으로 나가 모든 악의 가라지를 뽑을 수 있다고 생각하는 것은 악의 특징을 과소평가하는 동시에 선을 향한 우리 자신의 능력은 지나치게 과대평가하는 것이다."[62]

하나님이 리워야단이라는 괴수를 말씀하신 것은 나도 누군가에게 리워야단이라는 뜻이다. 그는 내게, 나는 그에게 리워야단이었다. 나는 리워야단을 사용하시는 하나님은 증오했지만, 리워야단 같은 나를 사용하시는 하나님은 찬미했다. 리워야단을 사랑하시는 하나님은 혐오했지만, 리워야단 같은 나를 사랑하시는 하나님은 숭배했다.

세상을 구원하는
대속적 고통

기독교에서 고난을 이해하는 중추는 '대속적 고통'이다. 앞 장에서 말한 창조적 고통은 기독교뿐만 아니라 다른 종교나 가르침에서도 얼마든지 찾을 수 있다. 하지만 대속적 고통은 고난에 관한 기독교만의 독특한 해석이다. 하나님이 사람을 위해 자기 자신을 희생하신 십자가 이야기는 인류 역사에서 찾을 수 없는 예외적이고 기이하고 낯선 이야기다.

선교사인 스탠리 존스는 인도인들의 십자가 이해를 다음과 같이 들려준다. 그들에게 십자가에 달린 예수 이야기를 하면, 그들의 반응은 딱 하나라고 한다. "예수가 그의 전생에서 그렇게 사악한 사람이 아니었다면, 그렇게 심한 십자가의 고통 같은 것은 당하지 않았을 텐데요…."[63] 그들은 그 고통이 카르마(karma), 곧 업보 때문이라고 생각하기 때문에 이렇게 말한다.

그 말에 대해 존스는 이렇게 답한다. "다른 사람을 위해 그 사람 대신 고통을 겪는다는 것은 카르마 사상으로는 이해할 수 없는 일입니다." 그들은 고통이 한 사람의 인생을 파멸한다는 사실만 안다. 그들에게 고통은 죄의 결론이고 실패의 결과일 뿐이다. 그래서 고통의 재창조라는 성격을 알지 못한다. 알더라도 거기에서 멈춘다. 나의 고통으로 남을 구원하는 대속적 고통을 알지 못하고 거부감을 표현한다. 그러나 기독교는 인도에서 발원한 종교들과 달리 십자가를 구원이라고 믿는다. 무고한 자가 타인을 위해 받는 고통은, 사람을 구원하고 세상을 구원한다. 그렇게 남을 구원하는 고통이기에 대속적 고통이라고 한다.

물론, 욥기에서는 예수의 십자가에 나타난 대속적 고통을 찾기 어렵다. 욥이 타인을 위해 고통을 자처한 것이 아니기 때문이다. 그는 피할 길 없는 운명처럼 들이닥친 고통, 불가항력적인 그 고통의 쓰나미에 휩쓸려 무너지고 쓰러졌을 뿐이다. 그의 고통은 현재 나의 고통을 해석하는 데 부족함이 없다. 욥의 이야기는 그만의 것이 아니라 우리 모두의 이야기, 수많은 욥의 이야기이기 때문이다. 그런 점에서, 엘리후가 하나님의 나타나심을 준비한 자였다면 욥은 예수 그리스도의 길을 예비한 사람이었다.

만약 엘리후가 대속적 고통을 고난의 의미로 제시했다면, 하나님이 친히 나타나시지 않았을지도 모르겠다. 그러나 하나님은 나타나셔야 했고, 욥기만으로는 고난의 총체적 의미를 드러낼 수 없었기에 십자가의 예수가 오셔야 했다. 그러나 우리는 상처 입은 치유사가 되기 전에 상처 입은 욥의 이야기를 경청하는 자가 되어야 하며, 십자가로 나타나신 하나님 이전에 거친 바람과 함께 나타나신 하나님의 음성을 먼저 들어야 한다.

나는 욥기에 창조적 고난은 있으나 대속적 고난은 찾기 어렵다고 말했다. 그러나 십자가의 사랑은 엿보인다. 리워야단 같은 나를 사용하고 사랑하시는 하나님 말이다. 리워야단을 위해 돌아가시고 다시 살아나신 예수님이 보인다. 내게 고난을 준 리워야단에게서 내 모습을 본다면, 그도 하나님이 사용하고 사랑하시는 존재라는 사유의 전환이 일어날 것이다. 그때, 십자가가 부활의 전주곡이었듯, 우리의 고난도 새로운 국면으로 접어들 것이다. 내키지 않지만, 이제, 기꺼이, 고백한다. "내게 리워야단 같은 원수도 하나님이 창조하셨고 사용하시고 사랑하신다. 나는 누군가에게 리워야단이다. 그런 나도 하나님이 창조하셨고 사용하시고 사랑하신다."

나눔과 질문

1. 나의 기준으로 선과 악을 판단하고 사람을 미워한 적이 있는가?

2. 악을 사용하여 선으로 바꾸시는 하나님을 기대하는가?

나는 이 본문이 참 좋다. 그냥 좋은 게 아니다. 좋은 글에는 부사를 적게 사용한다는데, 나는 그리할 수가 없다. 달리 표현할 말이 없다. 아주아주 좋다고, 곱빼기로 좋다는 말밖에 쓸 수가 없다. 좋아서 눈물이 날 정도다. 조용히 읊조리는데 코가 시큰해진다. 광풍보다 더 장대한 주님의 대답은 너무 큰 스케일이었고, 욥기에 대한 나의 인식을 바꾸어 주었다. 하지만 내 가슴을 울리지는 못했다. 그런데 이 본문은 나를 울린다.

뭐가 그리 좋은가? 그걸 말하려면 내 아픈 과거를 한 번 더 들춰야 한다. 나는 《하박국, 고통을 노래하다》에서 십 수 년 전에 만났던 참으로 잔인한 하나님 이야기를 기록했다.[64] 내 원수로 인해 매우 괴로웠고, 죽이지 못하니 내가 죽어야지 하면서 가슴 치며 살았던 모진 시간이었다. 그 원수로 인해 통곡하며 기도할 때, 하나님이 정말로 내게 말씀하셨다. 내 귀에 생생하게.

간단한 말씀이었다. 첫째, 나는 그를 사랑한다. 둘째, 너는 죄 없니? 셋째, 가서 용서해 주어라. 가슴 저민다는 말을 나는 조금 이해한다. 횟집에서 생선 써는 것을 본 적이 있을 것이다. 바로 그렇게 내 가슴을 하나씩 하나씩 도려내는 것, 그것이 가슴 저민다는 말이다. 하나님의 말씀을 들었을 때, 내 가슴이 저미는 것처럼 아팠다. 하나님이 원망스러웠다. 물론, 이 말씀을 오래 숙고하면서 그 안에 담긴 하나님의 진실을 조금이나마 알게 되었다.

속 시원한
하나님의 정의

그런 전력이 있는 나로서는 이 본문을 보면서 감탄사가 나왔고, 춤이라도 덩실 추고 싶었다. 첫째, 욥이 옳다고 하신다. 그 말을 욥에게 하시지 않고, 우정을 배신하고 신앙을 왜곡한 친구 놈들 면상에 대놓고 하셨다. 욥의 정당성을 욥에게 말해 주면 무슨 소용 있나. 욥을 괴롭힌 이들에게 직접 말해 주어야지. 진실로 시원하다.

하나님의 감정까지 실어서 말씀하시니 황홀하다. "내가 너희 세 놈에게 '분노'한다. 화가 나서 참을 수 없다." 저 감정은 욥의 것이리라. 욥을 대신하는 것이고, 그래서 욥에게는 이루 말할 수 없는 위로다. 하나님이 나를 대신해서, 나를 위해서 저리 화를 내시다니…. 그것만으로 눈물 나게 고맙다.

게다가 '분노'라는 단어가 예사롭지 않다. 그냥 화가 났다는 뜻을 지닌 히브리어가 아니다. '천벌받을 무엄한 행위'란다.[65] 그냥 내 종인 욥의 기분을 상하게 했다는 정도가 아니다. 신성모독에 가까운 짓을 친구들이 했다는 것인데, 고대 율법을 토대로 하면 두 명의 증인만 있으면 그런 자들을 돌로 쳐서 죽일 수 있었다. 하나님도 그리하고 싶으실 정도로 화가 나신 것 같다. 나를 위해, 내 감정 이상을 실어서, 내 원수를 향해 분노를 퍼붓는 하나님이 나는 참 좋다.

용서의 출발점은 정의다. 만약 용서에 정의가 없다면, 그것은 피해자의 굴욕이고 강자의 승리일 뿐이다. 하나님이 친구들에게 하신 것처럼, 그들이 무슨 짓을 저질렀는지 실상을 직면하게 하는 것이 용서의 출발점이다. 그 용서는 진실 말하기에서 시작한다.

둘째, 이 부분을 읽으면 독자들이 기겁할 것 같아 미리 주의를 준다. 하나님이 세 친구에게 준비하라고 하신 것을 자세히 보라. '수송아지 일곱과 숫양 일곱'(42:8)이다. 처음 읽을 때는, 레위기에 나오는 화목제물로 자기 잘못을 시인하기 위해 드리는 제물인가 보다 했다. 욥이 동방 최고의 갑부였고 그의 친구들 역시 나름 부자였을 테니, 제물의 양이 좀 많을 수 있겠다 생각했다.

그런데 그게 아니었다. 저것은, 한 개인이 타인에게 화목제물로 바치기에는 너무 많은 양이다.[66] 구약 성경에는 수송아지 일곱과 숫양 일곱을 번제물로 바치는 경우가 몇 군데 나오는데(겔 45:23; 민 23:1, 29; 대상 15:26; 대하 29:21), 이 제물은 이스라엘 온 민족이 유월절 행사를 하는 7일 동안 하나님께 바치는 양이다.

그러니까 세 사람은 욥에게 몹쓸 짓을 한 정도가 아니라 이스라엘 온 민족이 지은 죄와 맞먹는 죄를 자행했다는 것이다. 그래서 화목제물로 드리는 통상적인 제물에 비해 과하게 많은 것을 요구하신다. "너희들이 한 짓이 얼마나 나빴는지 알려 줄까? 수송아지 일곱과 숫양 일곱을 마련해서 번제로 드려라!" 이 말을 들은 세 친구는 패닉 상태가 되었을 것이다. 하나님의 이 명령은, 용서에는 보복의 차원이 존재한다는 것을 보여 준다. 죄를 지은 자가 용서받았다고 해서 그의 죄가 없어지는 것은 아니다. 죄는 죄로 남아 있다.

하나님의 정의와 폭력, 그리고 용서의 문제에 깊이 천착했던 동유럽의 크로아티아 출신 신학자 미로슬라브 볼프(Miroslav Volf)도 용서에는 복수의 차원이 내포되어 있다고 말한다. 1993년경, 크로아티아 사람들은 세르비아 민병대에 의해서 잔인하게 학살당했다. 한 동네에서 나고 자랐던 사람들이 강간하고 죽였으며 같은 기독교인이면서도 교회와 성당을 불태웠다. 그래도 그는 용서할 것을 강력하게 주장한다.

하지만 신학자로서 그는 딜레마에 빠졌음을 인정한다.[67] 피해자와 약자를 위한 하나님의 정의와 죄인을 용서하시는 하나님의 사랑 사이의 상충을 진지하게 성찰한다. 어느 하나를 취하면 다른 하나를 버려야 하고, 그것은 배제된 자에 대한 배반 아니면 신앙의 배반이다. 그는 양자가 논리적으로 모순이고 자신은 분열될 지경이라고 고백한다.

나는 둘이 쉽게 통합되지 않는 것이 사실이지만, 십자가 안에서 하나로 합해진다고 본다. 왜냐하면 십자가 사건은 죄인을 향한 하나님의 정의와 사랑이 동시에 나타난 것이기 때문이다. 하나님은 죄인의 죄를 용서할 수 없으셨기에 예수 그리스도를 십자가에서 대신 죽게 하셨고, 이로 인해 하나님의 정의가 실현되었다. 죄인을 궁극적으로 심판할 수 없으셨기에 예수 그리스도가 십자가에서 죽으셨고, 이로 인해 하나님의 사랑은 실현되었다.

볼프의 주장에 찬성하지만, 그가 아주 중요한 진실 하나를 분명하게 말하지 않았다고 본다. 하나님의 정의와 용서에 복수의 차원이 존재하는 것은 맞다. 그러나 성경은 인간이 복수의 주체가 아니라고 일관되게 주장한다. 가장 대표적인 것이 사도 바울이 보낸 편지의 한 구절이다. "원수 갚는 것이 내게 있으니 내가 갚으리라고 주께서 말씀하시니라"(롬 12:19, 개역개정).

그리고 이 장의 본문도 보라. 세 친구가 욥에게 주었던 모진 말과 상처를 죄라고 규정하신 이도 하나님이시고, 분노를 터뜨리신 이도 하나님이시다. 여기서 하나님은 분명 진노의 하나님, 정의의 하나님이시다.

셋째, 내가 42장 8절에서 특히 환호했던 부분은 '너희가 가서 욥에게 용서해 달라고 빌어라'이다. 하박국서에서 만났던 하나님은, 죄 없는 자가 죄 있는 자에게 가서 적극적으로 용서해 주라고 하셨다. 그런데 욥기의 하나님은, 정반대로 가해자가 피해자에게 가서 사죄를 청하라고 하신다.

나는 주님이 "가서 용서해 주어라"고 하셨을 때, 약간의 수치감을 느꼈다. 이건 좀 뒤바뀌었다는 불만이 있었다. 잘못한 사람이 먼저 찾아와서 용서를 구하고 나는 목사답게 안아 주면서 용서한다고 멋있게 말하면, 그림이 얼마나 보기 좋은가.

그런데 내가 먼저 연락해서 만나사 하고, 하나님 말씀에 순종해 당신을 용서한다고 말하는 것이 정말 싫었다. 게다가 그 사람이 어떤 반응을 할지 전혀 모르는 예측 불가의 상황이었다. 용서의 주권이 내게 있지 않고, 나 아닌 하나님과 나 아닌 원수에게 있었다. 그로 인한 무기력감이 일말의 수치감까지 주었다.

욥의 하나님은 반대로 말씀하신다. 용서의 최종 결정권을 욥에게 주시면서, 그들을 용서하라는 어떤 언질이나 당부도 없으시다. 그들에게는 '네 놈들이 저지른 죄를 단단히 깨닫고 손이 발이 되도록 빌어라'고 하신다. 전적으로 피해자 중심의 메시지다.

용서는 피해자가 가해자에게 주는 것이고, 가해자는 피해자에게 용서를 받는 것이다. 피해자가 용서를 허락하지 않는 한, 가해자는 용서받았다고 결단코 말할 수 없다. 대표적인 경우가 영화 〈밀양〉에 나온다. 자신이 죽인 아이의 어미 앞에서, 살인자는 세상 가장 행복한 얼굴로 하나님께 용서받았다고 말한다. 그것은 욥기의 하나님이 아니시다.

욥기의 하나님은 말씀하신다. "너는 용서 받지 않았다. 네가 피해자에게 용서를 청하고, 피해에 합당한 배상을 하기 전까지 네게 용서는 없다. 피해자가 '당신을 용서한다'고 말하기 전까지 네게 용서는 없다."

새로운 이야기의 시작,

용서

용서란 진실을 말하는 것이고, 보복을 배제하지 않으며, 그 권한은 피해자가 가졌다. 그리고 용서는 새로운 삶을 가능케 한다. 우리가 주목할 것은, 욥이 물질적 복을 두 배로 받고 친지·친구와의 관계가 회복되는 그 시점이다. 그 시점은 바로 친구들을 용서한 이후이다. "욥이 주님께, 자기 친구들을 용서해 달라고 기도를 드리고 난 다음에, 주님께서 욥의 재산을 회복시켜 주셨는데, 욥이 이전에 가졌던 모든 것보다 배나 더 돌려주셨다"(42:10). 그는 용서함으로써 적어도 자기 자신의 삶을 새롭게 했다. 용서는 위에서 말한 대로 시작점이다.

용서가 새 삶의 출발선임을 주장한 현대의 정치철학자가 있는데, 한나 아렌트(Hannah Arendt)다. 그는 인간이 인간답게 사는 공적 사회의 조건을 탐색했고, 누구보다도 인간 사회에 깊이 뿌리내린 악에 대해 사유했다. 그에 따르면, 우리 사회에 만연한 악을 극복하지 않으면 폭력의 악순환에 빨려 들어간다. 아우슈비츠 이후의 사회를 상상하고 실현하기 위해서는 이전 세계를 리셋 해야 하는데, 그것이 바로 용서라고 한다.

아렌트의 말이다. "인간사의 영역에서 용서의 역할을 발견한 사람은 나사렛 예수이다. (중략) 용서는 행위가 초래하는 필수불가결한 상처를 치유하는 데 필수적"이다.[68] 그는 그리스인들은 용서를 전혀 몰랐고, 로마인들은 어렴풋이 알았다는 말을 덧댄다. 나는, 용서는 이미 창조와 더불어 구약 성경의 첫 부분부터 나타난다는 말을 보탠다. 그리고 그 용서가 한 인간과 한 사회를 재구성하는 힘이다.

아렌트는 용서의 반대는 보복이라고 말한다.[69] 용서와 보복의 차이는 과거와 결별하게 하느냐의 여부에 달려 있다. 보복은 가해자와 피해자 모두를 과거의 상처에 붙잡아 두는 반면, 용서는 고통을 유발했던 악한 행위로부터 자유롭게 한다. 그리하여 새로운 삶을 시작할 수 있게 되는 것이다.

욥은 절친들에게 복수하지 않고 용서함으로써, 과거에 매인 삶이 아니라 미래를 향해 나아가는 위대한 힘을 얻게 되었다. 그리고 그는 하나님이 설계하신 인간 본연의 모습으로 부르심에 합당한 삶을 살게 되었다. 그것은 바로 중보자의 모습이다. 욥은 친구들을 용서하여 주시도록 하나님께 기도한다(42:9). 건성으로, 마음도 없이 시늉만 한 것이 아니라 진심을 다해 기도드렸다.

사실 중재하는 욥의 모습은 낯설지 않다. 1장에서 그는 자녀들과 하나님 사이의 중재자였다. 행여 아이들이 잔치를 벌이는 도중 부지불식간에 지은 죄가 있을까 봐, 자녀들 수만큼의 번제를 드렸다. 그리고 그는 몇 번이나 하나님이 친히 자신을 중재해 주시길 요청했다. 한편으로는 하나님을 직접 대면하기를 갈망하면서도, 하나님이 자신과 친구들 사이에 서 주시길 간청했다.

자녀를 위해 중보 제사를 드리는 이야기로 시작한 욥기는, 친구들을 위해 제사하는 것으로 마친다. 전자는 사랑하는 가족이었고 후자는 증오하는 원수였다. 앞엣것이 부지 중 지은 죄를 용서해 달라는 제사라면, 뒤엣것은 알면서도 악의적이고 고의적으로 지은 죄에 대해 용서를 구하는 제사이다. 이 본문에서는 그 자신이 중재자가 되었다는 점에서 1장의 욥을 회복했음을 보여 준다. 그리고 그토록 원했던 중보자가 다름 아닌 욥 자신임을 깨닫게 해 주셨다. 용서받는 자로서 용서하는 자가 되었고, 중보자를 찾던 자가 중보자가 되었다. 고통으로 신음하던 피해자가 고통받는 가해자를 치유하는 자가 되었다. 헨리 나우웬의 유명한 책 제목 그대로 '상처 입은 치유자'가 된 것이다.

욥이 진심을 다해 중보 기도를 드렸다고 해석하는 데는 나의 경험이 깔려 있다. 나에게는 날마다 죽음을 묵상하며 살았던 지옥 같은 5년의 세월이 있었다. 나를 고통스럽게 했던 그분을 위해 기도하는 중에 용서하는 경험을 했다. 그로부터 몇 해가 지난 어느 즈음, 그분이 몹시 아프기 시작했다. 처음에는 별일 아니라고 여겼는데, 생사의 갈림길에 서게 되었다.

그때 나는 정말 기, 뻤, 다. 그리고 하나님께 감사를 드렸다. 왜 기뻐했을까? 내가 기뻤다고 말하면, 사람들은 순간 얼어붙으면서 표정이 아주 살짝 일그러진다. 머릿속에 스치는 생각은 이런 것이리라. 일단, '목사를 힘들게 하면 벌받는다더라'는 말을 떠올리기 일쑤다. 그리고 '그가 벌받는 것을 보고 좋아하는 목사구나' 등의 생각을 하며 각자의 경험치대로 내 말을 해석하곤 한다. 어떤 이는 정당한 감정이라고 격려까지 한다.

단언컨대, 내 원수가 고통받는 것에 대한 일체의 쾌감은 없었다. 정의가 실현되었다는 고상한 생각은 더더군다나 없었다. 기뻐하고 감사했던 단 하나의 이유는, 내가 그의 생명을 살려 달라고 마음 다해 기도할 기회를 얻어서였다. 그를 살려 달라고, 건강을 되찾게 해 달라고 금식하고 울며 기도를 바쳤다. 그리고 하나님은 그를 살려 주셨다! 욥도 그러했으리라.

용서는 끝이 아니다. 용서로 우리의 모든 이야기는 끝나지 않는다. 용서는 시작이다. 하나님과의 첫 만남은 내 죄를 용서하시는 하나님이셨다. 그 용서가 우리 삶의 목표라면, 삶을 살 더 이상의 이유가 없으며 삶의 가치도 사라질 것이다. 하나님께 용서받은 자는 이웃을 용서하며 살아간다. 그것이 용서받은 자의 앞으로의 삶의 이야기이다. 그리고 용서한 자의 마지막 이야기는 '오래오래 행복하게 잘 살았다'일 것이다. 그것이 나와 우리 모든 욥들의 최종 결말이다.

나눔과 질문

1. 본문을 읽는 동안 내가 용서해야 할 사람이 떠올랐는가? 그를 위해 내가 할 수 있는 일은 무엇인가?

2. 원수처럼 여겼던 누군가를 용서하고 도리어 그를 위해 기도한 적 있는가? 그때 나의 마음은 어떠했는지 이야기해 보자.

28

오래오래
살다가

❖ 42:10-17 ❖

욥기의 결말은 의아함과 안도감을 동시에 안긴다. 의아한 점은 욥이 두 배의 복을 받고 장수의 복을 누렸다는 것이다. 욥은 앞부분에서 인과응보의 하나님, 인과율에 사로잡힌 하나님을 그토록 거부하고 투쟁했는데, 결국 돌고 돌아 제자리 아니냐는 반문이 생긴다. 그럴 거면 욥은 왜 고통받았으며, 고난의 결과가 곱절의 축복이라면 기복 신앙과 다를 바 없지 않냐는 반감이 확 밀려온다. 작품이 모순을 내포하더라도, 1장부터 41장까지의 내용을 전면 부정하는 자기 부정은 설득력도 떨어지고 용납하기 어렵다.

한편, 안도감을 주기도 한다. 우리의 주인공이자 영웅인 욥이 마지막에서라도 회복된 것은 우리에게 안정감을 주고도 남는다. 그토록 갈구했던 하나님을 만나고 꼴도 보기 싫은 친구들을 용서한 욥이, 끝까지 질병과 가난에 허덕이며 외롭게 죽었다면, 글쎄, 그것이 논리적으로 타당한지 어떤지 상관없이, 눈물 나서 못 볼 것 같다.

욥기의 결말에 대한 나의 결론은 "행복하고 감사합니다"이다. 나는 욥이 행복했으면 좋겠다. 그래서 욥기의 해피엔딩을 적극적으로 지지한다.

두 배로 돌려주신
까닭

앞장에서 그는 하나님을 친히 만났고, 불가능한 용서를 수행했다. 하나님도 그동안 참고 계셨다는 듯, 잃어버린 모든 것을 한꺼번에 회복시키신다. 그것도 두 배씩이나. 먼저 관계의 회복이다. 보기에 따라 다르지만, 가족과 친구들의 행태는 얍삽하게 느껴진다. 고통받는 욥을 '나 몰라라' 한 건지, 세 친구와 같은 생각을 하면서 뒤에 숨어 있었던 건지, 어떤 말로도 위로를 건넬 수 없어

지켜보고만 있었던 건지, 알 길이 없다. 어쨌든 욥의 자리에서 보면, 그들은 야박하고 기회주의자 같다.

결말 부분에서 욥은 하나님을 만났고, 세 친구를 복수가 아닌 용서로 받아들였다. 그리고 책임 있는 전사로 떨치고 일어설 준비가 되었다. 한마디로 갱신되었고 회복되었다. 그런 그의 내면과 얼굴에서 뿜어져 나오는 기운은 주변을 환히 밝혔을 것이다. 하나님께 대들고 친구들을 증오하면서 쏟아냈던 독기가 말끔히 사라진 것이다. 그런 그에게 친구들과 가족들이 다가오기 시작한다.

저 해석은 사실 내 경험에서 온 것이다. 고통받을 때의 내 모습을 돌아보면 가관이었다. 날마다 미워하고 증오하고 원망하던 나는, 주변 사람들을 만나면 나도 모르게 분기 가득한 말을 쏟아냈다. 그래서 그때는 사람을 만나는 것 자체를 피했다. 그러다가 하나님을 만나고 내 원수를 용서한 후, 어느 날 저녁 기도회 시간이었다. 매일 저녁 기도회에 오시는 이웃 교회 권사님이 한 분 계셨는데, 나를 보고 웃으며 말씀하셨다. "목사님, 요즘 얼굴이 편해 보여요." 당사자인 나도 잘 감지하지 못했던 어떤 것이 그분에게는 보였던 모양이다. 내 영혼이 하나님 안에서 편안해진 후에는 사람 만나는 것이 훨씬 편해졌다. 욥도 마찬가지 아니었을까?

다음으로, 욥의 재산이 늘어난 대목을 보자. "여호와께서 욥에게 이전 모든 소유보다 갑절이나 주신지라"(42:10, 개역개정). 인간의 탐욕과 탐심은 본성과 같아서 예외를 찾기 힘들다. 아무리 경건한 욥이라도 재물이 두 배로 늘어난 것을 마다하지는 않았으리라. 주신다는데 굳이 안 받을 이유가 없다.

하지만 다른 질문을 한번 해보자. 잃었던 재물을 속속 되찾고, 그 재물이 눈덩이처럼 불어나서 이전보다 더 큰 부를 거머쥔 욥은, 그것 때문에 행복해했을까? 극심한 고통을 겪은 욥이, 자식을 잃은 욥이, 재산이 증가했다고 행복을 느꼈을까? 거부가 되어서 좋아하긴 했겠지만, 그것 때문에 행복해하지는 않았을 것 같다.

그런데 우리가 주목할 것은 재산보다 '두 배'라는 수치다. 재산이 갑절로 늘었다는 데 초점을 맞춰야 한다. 왜냐하면, 구약 성경에서는 남의 것을 빼앗은 자가 배상할 때 훔쳤던 것의 '두 배'를 되돌려주기 때문이다(출 22:4).[70]

이를 두고 학자들은, 하나님이 욥에게 주셨던 고통에 대한 배상이냐의 여부를 두고 갑론을박을 벌인다. 나는 배상이라고 본다. 왜 그런가? 42장 11절을 보자. 욥을 찾아온 형제, 자매와 친구들의 말이다. "그들은 주님께서 그에게 내리신 그 모든 재앙을 생각하면서." 여기서 '재앙'은 문자적으로는 '악'과 동일한 단어다. 친구들이 그를 위로하면서 돈과 금반지를 주었듯이, 하나님도 고통에 대한 사과의 의미로 그에게 두 배의 물질을 주셨다는 해석이 가능하다.

그러나 나의 이런 해석은 강한 거부감을 불러일으킬 것이다. 하나님이 욥에게 사죄했다고? 그렇다. 하나님은 욥에게 용서를 구했다. 어떤 근거로 그렇게 말할 수 있는가? 또 다른 욥인 예수 그리스도와 그분의 십자가가 그 근거다. 사실 고난에 관한 기독교의 모든 대답의 출발점이자 도착점은 십자가다. 왜 고난이 있는가? 십자가를 보라! 왜 하나님은 침묵하시고 악을 방치하시는가? 십자가를 보라! 십자가는 고난에 대한 하나님의 대답이다.

십자가는 인간의 죄에 대한 징벌이자 하나님 스스로 책임지신 행위다. 인간 스스로 해결할 수 없는 죄를 정의의 이름으로 심판하는 것, 이런 해결책은 뫼비우스의 띠가 되고 만다. 순환 고리를 깨는 일은 인간에게 주어지지 않았다. 하나님만이 십자가를 지심으로써 우리에게 구원의 길이 열린다. 십자가는 인간에 대한 심판인 동시에 인간에 대한 하나님의 사랑이다. 인간의 죄에 대한 하나님의 책임적 행동이며, 인간의 고난에 대한 대속적 사랑이다. 하나님은, 그리스도 이전의 그리스도인 욥에게 물질적 배상을 하심으로써 십자가의 실루엣을 엿보게 하셨다.

버티고 통과해야 할
고난

그래도 우리는 여전히 반감이 가시지 않는다. 특히 자녀들 문제에서 그렇다. 아내에 관해서는 5장 "욥의 아내, 나의 아내"에서 언급했었다. 욥은 아내를 버리지 않았고, 아내는 욥을 떠나지 않았다고 말이다. 그러나 7명의 아들과 3명의 딸은 전혀 다른 문제다. 이미 죽은 아이들은 어쩌란 말인가. 아이들이 다시 태어나도 죽은 아이들을 대체할 수는 없다. 절대로, 결코!

나는 종종 욥의 아내가 그 길고 긴 논전에 등장하지 않고 사라졌다가 마지막에 나타나는 점이 의아했었다. 욥이 그토록 발악하면서 난리 치고 있을 때 그녀는 누구와, 어디서, 무엇을 하고 있었던 걸까? 남편이란 작자는 허구한 날 친구들과 말다툼하거나 하나님께 버럭버럭 소리만 질러대고 있다. "그러나 나는 입을 다물고 있을 수 없습니다. 분하고 괴로워서, 말을 하지 않고는 견딜 수 없습니다"(7:11). 그래서 남편은 계속 떠들고 있다.

아내는 그런 남편에게 신경 쓸 여유가 없다. 그럴 마음도 없다. 다른 것이 그녀 마음을 가득 채우고 있었다. 내 아내도, 내가 죽네 사네 하면서 기도하고 글이라도 쓰면서 해소하는 동안 별말이 없었다. 그럼 아내는 무엇을 하고 있었을까? 빠듯한 살림을 아끼고 아끼면서 내 뒷바라지와 아이들 챙기기에 여념이 없었다.

욥의 아내도 그러지 않았을까? 십중팔구 그녀는 아이들 무덤가에 움집 짓고 살았을 것이다. 먼저 간 자식들을 위해 시묘살이라도 했을 것이다. 죽은 자식들에게 날마다 가서, 풀도 뜯고 때마다 철마다 아이들이 좋아하던 꽃도 놓아 주고 행복했던 지난날을 추억하면서, 가슴 저미는 슬픔에 울면서 지냈을 것이다.

그런 그녀가 죽은 아이들 숫자만큼 다시 자녀를 낳을 때, 그 심정은 어땠을까? 아이가 태어날 때마다 젖을 물리는 그녀의 얼굴은 어땠을까? 이전의 아이들처럼 화목하게 지내는 걸 보는 그녀의 코는 시큰거리지 않았을까? 위안을 얻으면서도 그 무엇으로도 채울 수 없는 허기를 안고 살지 않았을까?

남편 욥은 어땠을까? 잃은 아이들 수만큼 새로 얻은 아이들이 욥에게는 어떤 의미였을까? 이 대목에서 욥이 한마디도 하지 않았다는 점에 주목할 필요가 있다. 지금껏 우리가 보았던 욥은 달변가요 다변가다. 쉴 새 없이 속사포처럼 말한다. 심지어 하나님도 예외가 아니었다. 하나님과도 맞짱 뜨겠다고 벼르던 욥이다. 논리에 뒤지지 않을 자신이 있었고, 가슴 속에 쟁여 둔 말이 많았다. 그 말을 하지 못하면 미칠 것만 같아서 배설하듯 발설했었다.

욥의 지난 시간을 모르는 누군가가 물었다고 해보자. "자녀가 어떻게 되세요?" "아들 일곱에 딸이 셋이라오"라고 했을까? 아니면 "이전에 열이 있었는데 모두 잃고 다시 열을 얻었다오"라고 했을까? 이도 저도 아니고 그저 씁쓸한 미소 지으며 침묵을 택할까? 여기 힌트가 있다. 아들을 잃은 니콜라스 월터스토프다.[71] 그는 자신을 "아들을 잃은 아버지입니다"라고 소개하고 실족사로 죽은 아들 에릭을 쳐서 자녀 수를 말한다고 한다. 아니면 아예 말을 하지 않는다고 한다. 욥도 그러지 않았을까?

사고로 딸을 잃은 분이 계시다. 그분이 내게 그런다. "목사님, 어떨 때는 내가 정말 나쁜 죄인으로 보여요." "아니 왜요?" "우리 딸아이 생각을 잊고 웃어요." 그게 인생이고 인간이 아닐까. 잠시 잊고 웃었다가 다시 기억하고 눈물짓는 것, 그것이 상처를 안고 사는 사람들의 모습이다.

나는 확언한다. 욥은 고통을 이겨 낸 것이 아니라 다만 고통을 통과했을 뿐이라고. 욥의 가슴속에는, 이미 땅에 묻었지만 기억 속에는 여전히 살아 있는 아이들 얼굴과 이름이 있어서, 문득 욱신거리고 시렸을 것이다. 그들을 생각하면서 '너희가 있어 행복했다. 내가 너희 아버지였던 게 참으로 미안하다'고 되뇌었을 것이다. 욥은 죽는 날까지 상처를 안고 살았다. 고난은 이기는 것이 아니라 견디는 것이다. 고난에 관한 한, 극복은 없다. 통과할 뿐이다.

어머니 같은
하나님과의 만남

이전에도 아들 일곱에 딸이 셋이었다. 하나님은 자녀들 숫자를 이전과 똑같이 맞춰 주신다. 처음 부분과 다른 점은, 딸들의 이름을 일일이 호명한다는 것이다. '여미마'는 하늘 나는 비둘기, '굿시아'는 향수의 일종인 카시아를 뜻하고, '게렌합북'은 화장품의 이름이다(42:14). 이름에 별다른 뜻은 없어 보인다.

여기서 특이한 점은, 자녀 이름을 아버지 욥이 지었다는 것이다. 유대 사회에서 자녀 이름은 어머니의 몫이다. 그런데 여기서는 왜 욥이 했을까? 몰락했다가 다시 일어선 용사의 자부심으로 가부장적 권위를 행사하며 아내의 권리를 빼앗은 걸까? 아니면, 딸들이 사랑스럽다고 여러 번 강조하는 것으로 보아, 딸바보라서? 그것도 아니라면, 관습적 지혜를 거절한 욥답게 자녀 이름은 아버지가 지어야 한다고 우겼던 걸까?

또한 딸들의 이름은 알려주는데 아들의 이름은 알려주지 않는다는 것도 특이하다. 이례적인 경우다. 열 명 모두 기록하든지, 아무도 기록하지 않든지 그래야 하는 거 아닌가. 1장에서는 열 명 모두의 이름이 적혀 있지 않다. 그런데 결말 부분에서는 딸들의 이름만 적었다. 참 이상한 일이다. 당시가 가부장제 사회였다는 것을 유념하면 더 특이한 일임을 단박에 알 수 있다.

나는 이것이 욥이 만난 하나님과 연결된다고 주장한다. 즉, 가부장적 시대에 딸의 이름만 거론한 것은 욥이 만난 하나님과 관련 있다고 보아야 한다. 그는 거칠고 거세기만 한 남성적 하나님뿐만 아니라 여성적 하나님도 만났기 때문에 이런 기록이 남은 것이다. 하나님은 아버지 하나님이시자 어머니 같은 하나님이시다.

《침묵》의 작가 엔도 슈사쿠는, 기독교의 신에 대한 일본인들의 이해를 대표하는 '마사무네 하쿠쵸'를 비판적으로 읽는다. 하쿠쵸의 하나님은 내 일거수일투족을 다 알고 감시하시는 하나님이다. 적어도 내 내면만은 나만의 고유한 공간이어야 하는데, 그것마저도 샅샅이 파헤치고 일일이 따지고 심판하시는 하나님은 정말 무섭고 두렵다. 이 하나님은, 사람을 너그럽고 따뜻한 시선으로 바라보는 신이 아니라 늘 감시하는 가혹하고도 공포스러운 신이다.

이미 《침묵》에서 배교한 자와도 함께 하시는 하나님, 패배한 자도 감싸 안으시는 십자가의 하나님을 말했던 슈사쿠이기에, 하쿠쵸의 하나님 이해는 기독교 신앙에 대한 오해이자 일부를 전체로 환원한 것이라고 보았다. 분명 하나님은 우리를 심판하신다. 그분의 정의는 우리 죄를 가볍게 넘기지 않으신다. 그런 도덕과 정의가 없다면 인류 사회는 자멸할 것이다. 그런 하나님을 엔도 슈사쿠는 '아버지 하나님'이라고 명명한다.

반면에 그는 '어머니 하나님'도 있다고 분명하게 말한다. 순교자의 하나님이라는 시각에서 보면 아버지 하나님이시지만, 배교자의 하나님이라는 시각에서는 어머니 하나님이시다. 일본 막부의 혹독한 박해를 피하고자 자신의 신앙을 감추었던 '기리시단(그리스도인)'은, 불교의 관음상을 마리아로 조각하거나 관음상 뒷면에 마리아상을 조각했다. 이를 근거로 슈사쿠는 하나님은 '심판하는 아버지 하나님'인 동시에 '용서하는 어머니 하나님'이라고 단언한다.

한 가지 분명히 말해 두지 않으면 안 되는 것은, 기독교가 하쿠쵸가 오해했던 것처럼 아버지의 종교만은 아니라는 점이다. 기독교 속에는 어머니의 종교도 포함되어 있다. (중략) 신약성서는 오히려 '아버지의 종교'였던 구약의 세계에서 모성적인 것을 도입함으로써 이것을 부-모적인 것으로 만들었다.[72]

내가 슈사쿠의 말을 인용한 까닭은 내 경험과 맞닿아 있기 때문이기도 하다. 어려서 아버지를 여읜 나는, 아버지의 엄격한 모습만 기억하는 탓에 하나님을 '아버지'라고 부르며 기도하지 못했다. 내가 아는 아버지는 무섭거나 내 곁에 부재하는 존재일 뿐이었다.

그러다가 1989년의 초겨울 날, 대전에서 서울로 가는 기차 안에서 아버지 하나님을 만났다. 대학 시절 데모한답시고 돌아다녔던 내 행동의 원천에는 아버지가 있었고, 내 잘못을 엄격하게 나무랐던 아버지가 정의라는 이름으로 나타났던 것이다.

그리고 그 자리에서 어머니 같은 하나님도 만났다. 동네에서 나름 잘 살던 안방마님이 남편 잃고 재산 잃고 이집 저집을 전전해야 했으니 그 마음이 어떠했을까. 그런데 유일하게 대학 간 아들은 그런 어머니에게 대뜸 신학교에 가겠다고 했다. 어머니가 아직 신앙도 없으실 때였다. 그때 나는 어머니의 당혹감과 서운함, 그리고 이글거리는 분노를 보았다.

신대원 1학기를 마치고 어미 품을 찾은 아들에게 어머니는 등록금이 얼마냐고 물으셨다. 그러고는 장판 아래에서 한 묶음의 지폐를 꺼내셨다. 몇 번을 세어 보신 후 대부분을 뚝 떼어 주셨는데, 잠시 망설이시더니 나머지도 모두 건네주셨다. "등록금 내고, 생활비로 써라" 말씀하시고는 한참 동안 돌아앉아 계셨다. 그날, 나는 모든 것을 내어 주시는 하나님은 어머니와 같다는 것을 깨달았다.

나는 고백했다. '아, 하나님은 정의로우신 아버지 하나님이시구나. 아, 하나님은 나를 사랑해서 모든 걸 주시는 어머니 하나님이시구나'. 내가 만난 하나님을 진실하고 적실하게 설명하는 표현은, '삼위일체 하나님'보다는 '아버지 하나님, 어머니 하나님'이시다.

지금껏 죄에 대해 엄격하신 아버지 하나님을 알았던 욥도, 고난을 통과하면서 자신과 함께 울고 아파하면서 모든 것을 아낌없이 주시는 어머니와 같은 하나님을 만났다. 그래서 딸들의 이름을 친히 지어 주고, 딸들 이름만 호명했던 것이다.

이 땅의 모든 욥들이
행복하기를

그는 그 뒤로도 무려 백 사십 년을 더 살았다. 칠십인역은 이백 사십 년이라고 했다. 그가 회복된 시점으로부터 계산한 것인지, 한때나마 저주했던 그날, 즉 생일부터 계산한 것인지는 모르겠다. 욥기가 창세기만큼이나 오래된 책이고, 창세기 초기 인물들의 나이로 미루어 보건대, 고난 이후 이백 사십 년을 더 살았다고 해도 그리 놀랍지 않다.

욥의 말년을 상상해 본다. 손주를 사대까지 보았다(42:16). 명절이나 가족의 생일이면, 일가족이 모두 모여 1장 4절 말씀처럼 즐거운 파티를 벌인다. 조용히 웃으면서 손뼉도 치고, 재롱떠는 손주들을 안아 주기도 하고, 자식들에게 용돈도 쥐어 주던 욥이 조용히 사라진다. 가장 좋아하는 고조 · 증조할아버지이기에 손주들은 할아버지 어디 가셨느냐고 찾는다. 아들들은 어린 자식들의 시선을 딴 데로 돌리고, 할머니는 일어나 달 밝은 뒤뜰로 나간다.

욥의 곁에 앉은 아내는 아무 말 없이 같이 하늘을 올려다본다. 두 사람은 손을 잡고 서로 어깨를 기대 머리를 맞댄다. 상대의 손등을 쓰다듬어 준다. 말을 하지 않아도 서로 안다. 먼저 떠나간 녀석들이 그리운 것이다. 그렇게 한참을 앉았다가 다시 잔치 자리로 돌아와서 먹고 마시고 춤추고 노래하는 욥과 욥의 아내. 그렇게 오래오래 살다가, 지상의 소풍을 끝내고, 하나님과 자식들 만나러 아름다운 하늘나라로 갔을 것이다.

나는 욥의 결말에 의아함과 안도감을 동시에 느꼈다고 말했었다. 나의 마지막 말은, 욥이 오래오래 살면서 행복했으면 좋겠다는 것이다. 이 마무리가 이상하다는 이에게 나는 되묻고 싶다. 그러면 욥이 계속 구질구질하게, 온몸을 긁고 신세 한탄하면서 살기를 원하냐고.

나는 이 땅의 모든 욥도 욥의 말년처럼 행복했으면 좋겠다. 아프지도 않고, 재산도 넉넉하고, 인심도 후하고, 가족끼리 오순도순 사이좋게 지내는 말년을 상상하고 축복한다. 그래서 오래오래 행복하게 살았다는 욥의 결말을 적극적으로 응원한다. 부디 욥처럼 경건하기를, 부디 욥처럼 고난받기를, 부디 욥처럼 행복하기를!

나눔과 질문

1. 하나님이 욥에게 이전의 모든 소유보다 갑절로 주신 까닭은 무엇인가?

2. 욥의 결말을 다시 묵상해 보자. 욥처럼 나의 고통도 지나가고, 그 과정 속에서 나를 변화시켜 가실 주님을 신뢰하는가?

주(註)

1. 데이빗 J. A. 클라인스, 《욥기 상》(CLC, 2006), p. 195.
2. 성 어거스틴, 《성 어거스틴의 고백록》(대한기독교서회, 2019), 7권 12장, 13장, 16장.
3. 김기현, 《가룟 유다 딜레마》(IVP, 2008).
4. 스탠리 그렌츠, 《조직신학》(CH북스, 2017), p. 342에서 재인용.
5. 자끄 엘륄, 《네가 하나님의 아들이라면》(대장간, 2010), p. 28.
6. 요한 볼프강 폰 괴테, 《파우스트》(민음사, 1999), p. 24.
7. 마쓰미 토요토미, 《참 사랑은 그 어디에》(IVP, 2003).
8. 폴 D. 핸슨, 《성서의 갈등 구조》(한국신학연구소, 1996).
9. C. S. 루이스, 《고통의 문제》(홍성사, 2008), pp. 17-19.
10. 김근주, 《특강 예레미야》(IVP, 2013), pp. 14-18.
11. 루드비히 비트겐슈타인, 《철학적 탐구》(서광사, 1994), 66항.
12. 왕대일, 《왕대일 교수의 신명기 강의》(대한기독교서회, 2011), pp. 265-290.
13. 존 스토트, 《기독교의 기본 진리》(생명의말씀사, 2009).
14. 로날드 사이더, 《그리스도인의 양심 선언》(IVP, 2005).
15. 블레즈 파스칼, 《팡세》(두란노, 2020), 114/397.
16. 같은 책, p. 149/430.
17. 피터 크리프트, 《삶의 세 철학》(성지출판사, 2000).
18. 리처드 헤이스, 《신약의 윤리적 비전》(IVP, 2002).
19. 박소희, "생존학생 법정 증언 '선원 엄벌보다 더 원하는 건.'" 오마이뉴스. 2014. 7. 28.
20. 앨리스터 맥그래스, 《종교 개혁 사상》(CLC, 2017), p. 176쪽에서 재인용.
21. 같은 책.
22. 제럴드 젠셴, 《욥기》(한국장로교출판사, 2007), pp. 133-137.
23. 크리스토퍼 애쉬, 《욥기》(성서유니온, 2014).
24. 수전 손택, 《타인의 고통》(이후, 2007), p. 164.
25. 엔도 슈사쿠, 《침묵의 소리》(동연, 2016), p. 80.
26. 구스타보 쿠티에레즈, 《욥기》(나눔사, 1999), p. 81.
27. 블레즈 파스칼, 《팡세》, p. 449, 585.
28. 월터 라우리, 《키르케고르: 생애와 사상》, 임춘갑 옮김(종로서적, 1993), p. 295.
29. Terrence Tilley, *The Evil of Theodicy*(Wipf and Stock, 2000).
30. Stephen T. Davis, *Live Options in Theodicy*(Atlanta: John Knox Press, 1981), p. 19.
31. WBC 상, p. 628.
32. 크리스토퍼 애쉬, 《욥기》, p. 228.
33. C. S. 루이스, 《개인 기도》(홍성사, 2007), p. 90.
34. 같은 책, p. 68.

35. 진 에드워드, 《크리스천에게 못박히다》(좋은씨앗, 2005).
36. 목회와신학 편집부 엮음, 《욥기 어떻게 읽을 것인가》(두란노, 2008), p. 191.
37. 민영진, 《설교자와 함께 읽는 욥기》(한국성서학연구소, 2002), p. 149.
38. 김기현, 《글쓰는 그리스도인》(성서유니온, 2017).
39. 헤럴드 쿠쉬너, 《왜 착한 사람에게 나쁜 일이 일어날까》(도서출판 창, 2000), p. 21.
40. 김기현, 《공격적 책읽기》(SFC, 2004), p. 153.
41. 테리 이글턴, 《악》(이매진, 2015), p. 179.
42. 구스타보 구티에레즈, 《욥기》, p. 91.
43. 김기현, 《자살은 죄인가요?》(죠이선교회, 2010) 참고.
44. René Girard, *JOB: the victims of his People*(Stanford University Press, 1987).
45. 스탠리 존스, 《순례자의 노래》(복있는사람, 2007).
46. 함석헌, 《뜻으로 본 한국역사》(한길사, 1983), p. 322.
47. 콘라드 젬프, 《예수께서 물으셨다》, (살림, 2008), p. 19.
48. 김기현, 《하박국, 고통을 노래하다》(복있는사람, 2016), pp. 261-63.
49. 빅터 프랭클, 《삶의 물음에 '예'라고 대답하라》(산해, 2009), pp. 35-36.
50. 성 어거스틴, 《성 어거스틴의 고백록》, 5권 3장 6항.
51. C. S. 루이스, 《고통의 문제》, p. 19.
52. 권지성, 《특강 욥기》(IVP, 2019), p. 301.
53. WBC 하, p. 139.
54. 앨리스터 맥그래스, 《고난이 묻다, 신학이 답하다》(국제제자훈련원, 2010), p. 115.
55. 모건 스콧 펙, 《아직도 가야 할 길》(열음사, 2007), pp. 16-19.
56. 안근조, "하나님의 계시와 욥의 응답," 목회와 신학편집부 엮음, 《욥기 어떻게 설교할 것인가》(두란노, 2008), pp. 328-329.
57. C. S. 루이스, 《헤아려 본 슬픔》(홍성사, 2004), p. 22.
58. 니콜라스 월터스토프, 《나는 사랑하는 사람을 잃었습니다》(좋은씨앗, 2003), p. 113.
59. J. M. 로흐만, 《그리스도냐, 프로메테우스냐?》(대한기독교서회, 1975), p. 20.
60. 존 D. 레벤슨, 《하나님의 창조와 악의 잔존》(새물결플러스, 2019), pp. 119-137.
61. 데즈먼드 투투, 《용서 없이 미래 없다》(홍성사, 2009), p. 102.
62. 토마스 G. 롱, 《고통과 씨름하다》(새물결플러스, 2014), p. 214.
63. 스탠리 존스, 《인도의 길을 걷고 있는 예수》(평단, 2005), p. 130.
64. 김기현, 《하박국, 고통을 노래하다》.
65. WBC 하, p. 365.
66. 데이빗 J. A. 클린스, 《욥기 하》(솔로몬, 2014), pp. 363-364.
67. 미로슬라브 볼프, 《배제와 포용》(IVP, 2012), p. 14.
68. 한나 아렌트, 《인간의 조건》(한길사, 1996), p. 303.
69. 같은 책, pp. 305-306.
70. WBC 하.
71. 니콜라스 월터스토프, 《나는 사랑하는 사람을 잃었습니다》.
72. 엔도 슈사쿠, 《침묵의 소리》, p. 118.